コーチングに役立つ

# 実力発揮のメンタルトレーニング

COACHING FOR THE INNER EDGE

Robin S. Vealey

ロビン・S・ビーリー［著］
徳永幹雄［監訳］

大修館書店

# COACHING FOR THE INNER EDGE
by Robin S. Vealey



Japanese translation rights arranged
with West Virginia University Board of Governors
on behalf of West Virginia University, Morgantown, West Virginia
through Tuttle-Mori Agency,Inc.,Tokyo.

TAISHUKAN PUBLISHING CO., Ltd.
Tokyo, Japan,2009

## ◉まえがき

あなたは、選手の精神的な強さを高めるために、どのような指導ができますか。つぎの質問はコーチたちから、よく耳にするものです。

・プレッシャーや緊張しすぎた選手に、どのような指導をすればよいですか？
・選手を動機づける最も良い方法は何ですか？
・選手に良いパフォーマンスをさせるには、どんなイメージトレーニングをすればよいですか？
・チームに良いパフォーマンスをさせるためには、どのようなことをすればよいですか？

これらの答えは、すでにスポーツ心理学者によって出されており、科学的な本によく掲載されています。しかし、コーチたちにとっては実践的でなく、うんざりするくらい専門的に書かれているのがほとんどです。

そこで本書では、選手が精神的強さを得るために、スポーツ心理学の実践的情報を提供することを目指しています。この本の情報は多くの文献を参考にしていますが、コーチに役立ち、興味あるものになるように企画しました。コーチに読んでもらうために、大学時代のバスケットボール選手、コーチ経験やスポーツ心理学者、コンサルタントとしての実践的体験に基づいて書きました。その内容は、スポーツ心理学者の考えを変えたコーチたちの話から引き出された知識でもあります。なかには、優れたコーチたちが精神的強さを高めるためにしているコーチングの例、使用する言葉、見本となるアイディアなどを紹介しています。そのほかに、一流選手が精神的強さをどのように向上させたかについての実例もあります。

本書は、将来コーチを目指す人たちばかりでなく、現在のコーチにも焦点を当てています。選手、教師、競技トレーナー、コンサルタントのような他の指導者も、十分に興味ある内容です。そして、いろいろな競技レベル（ユース、高校生、大学生、一流選手）の選手にも役立つでしょう。

あなたがスポーツ心理学を学ぶために、できる限り意義深く、経験に基づいたものにしようと思いました。また、選手が精神的強さを得られるために、あなたの興味や熱意を高めようと思っています。

本書の内容が、スポーツ心理学への情熱や精神的強さの研究を高める「鍵」になることを願っています。あなたのコーチングの中に、本書からいくつかのコンセプト（考え）を取り入れられることを期待しています。スポーツ心理学の新しい知識を通して、あなたの将来が、どのように変化させられるかに驚かされるでしょう。もし、あなたが将来を考える時に、ここに書かれているアイディアが生かされるならば、著者としては成功であります。

良いコーチングを！　幸運を祈ります。

ロビン S. ビーリー

◉目次

ESTABLISHING A SOLID FOUNDATION

# 第1部 メンタルトレーニングの基礎知識

# 第1章　スポーツ心理学とは

1996年のアトランタオリンピックで、マイケル・ジョンソン（陸上競技選手）は、金メダルを必ず取るという宣言として、キラキラと輝く金色の靴でトラック上に現れ、オリンピック新記録で、400メートル走に勝った。「プレッシャーはあったが、私はプレッシャーを強く望んでいる。私はまさに、スタートラインに立つ瞬間のために生きているのだ」と、後で述べている。そして、数十年間破られないと思われていた世界記録を塗り替え、19秒32秒のタイムで200メートル走にも勝った。

マイケル・ジョンソンのように、オリンピックの試合で最高のパフォーマンスを達成することは難しい。最適なパフォーマンス状態でない時に試合に臨むことは、選手にとってよくあることである。選手の目標は、最適にパフォーマンスを行うことであり、そのためには、最適な精神状態でパフォーマンスすることや心理的なスキル（メンタルトレーニングで用いるスキル）に習熟していることが求められる。マイケル・ジョンソンは、苦しいトレーニングの中で精神的に強くあり続けるため、競技に集中し続けるため、そして精神が身体をコントロールできるようにするために、スポーツ心理学の知識を利用した。

## 1. スポーツ心理学とは

スポーツ心理学とは、スポーツに参加する際に、人がどのように考え、行動し、感じるかを分析する学問である。そのため、スポーツ心理学者は、選手の考え、行動、そして情動が、スポーツ参加にどのように影響したり、影響されたりするのかに関心を持っている。なぜ知的でのんびりしたアイスホッケー選手がグローブを床に叩きつけ、対戦相手と氷上で格闘するのだろうか？　なぜ本拠地よりも遠征地で勝つのが難しいと選手は信じているのだろうか？　なぜ才能のある高校生バスケットボール選手が、大会の決勝戦で、突然シュート感覚を失ってしまうのだろうか？

これらの疑問はすべて、スポーツ心理学研究のテーマであるスポーツ参加の心理社会学的側面を捉えており、心理学的要因（選手の性格など）が、選手と選手のパフォーマンスに影響するスポーツの社

▲圧倒的なパフォーマンスを見せつけたマイケル・ジョンソン

会的要因（競技におけるプレッシャー、コーチのリーダーシップのスタイル、観客の規模）と影響し合うことを表している。アイスホッケー選手が格闘するのは、アイスホッケーが好戦的なスポーツとして人気が高く、ファンの観客動員を増加させるために格闘することを求められ、期待されているためであろう。チームが遠征地よりも本拠地で勝つことは統計で実証されているが、そのことを信じることによって、選手の行動は影響を受け、遠征地でのパフォーマンスが悪くなる。才能のあるバスケットボール選手は、チームが優勝するため、大学の奨学金を得るため、そして両親とコーチのために、良いパフォーマンスをしたいというプレッシャーが増えてしまい、その結果、競技ストレスの犠牲となり、リラックスする能力とプレーへの集中を失ってしまったのだろう。

## 2. スポーツ心理学の目的

本章では、選手とコーチのために、実践的視点からスポーツ心理学の三つの目的を紹介する。三つの目的とは、選手が、①最適なパフォーマンスをすること、②最適な成長をすること、そして③最適な経験をすることをスポーツ心理学が支援することである。

### ◉最適なパフォーマンスの達成

これまでに、スポーツ心理学的な介入やメンタルトレーニングが選手のパフォーマンスを高めることが明らかになっている。本書で示すいくつかの技法（イメージ、リラクセーション、自己会話など）については、選手のパフォーマンスを高めることが報告されてきた。一流選手のレベルでは、成功しなかった選手よりも、成功した選手が計画的な精神的準備を行っていたということが明らかになっている。野球選手の研究において、心理的なスキルは、まさに身体的なスキルと同じくらい打率を予測するし、ピッチャーでは、心理的なスキルは身体的なスキルよりも成功の可能性を高める。さらに、心理的なスキルによって、二、三年後におけるプロの野球選手の生き残りを予測することができる。

心理的なスキルに習熟した選手は、より良いパフォーマンスを行えるとコーチは考えていること、心理的なスキルは選手に教えることができること、そして心理的なスキルは選手のパフォーマンスを高めるということがわかっている。選手の最適なパフォーマンスの達成を支援することは、間違いなく、スポーツ心理学の重要な目的であるが、選手の最適な成長の達成を支援すること、および選手の最適な経験の達成を支援することも、スポーツ心理学の重要な目的である。

## ◉最適な成長の達成

「あなたがもし、尊敬と愛とともに、あなたの子どもを称賛するならば、奇跡が起こるでしょう」と、アール・ウッズは語った。この場合の奇跡とは、アールの息子であるタイガー・ウッズ（プロゴルファー）のことである。タイガーが子どもの頃に参加した最初のトーナメントにおいて、アールは、「息子よ。君が何をしたとしても、私が君を愛しているということを知ってほしい。君は自分のプレーを楽しみなさい」と言った。タイガー・ウッズがスター選手になれた理由は、ゴルファーとしての優れた身体能力を持っていたというだけでなく、彼の競技能力を成長させる特別な環境があったためである。

タイガー・ウッズは、スポーツ心理学の第二の目的である最適な成長を象徴的に表した例である。誰もが成功して、有名なタイガー・ウッズのような選手になることはできないかもしれない。しかしスポーツ心理学は、すべての選手が、身体的なスキルの最適な向上と同様に、重要な自己認知の向上を経験できるように支援することができる。

子どもたちは、技術を上達させるため、楽しむため、そして友達と一緒にいるために、スポーツチームに参加する。勝利は、年齢が進めば、選手にとって重要な目的になるが、子どもは単純に、どのようにプレーすればよいか学びたいと考えている。動機づけの理論はすべて、厳しい競争に触れる前に、自分自身の有能さを感じることが重要であると強調している。スポーツ参加に子どもを動機づけ続けるための秘訣は、大人になっても競技に挑戦し続けることを目指して、技術の向上や改善を支援することである。そして多くの人びとは、成長は子どもにおいてのみ重要であり、大人は結果に注目すべきであると信じているが、それは正しくない。

## ●最適な経験の達成

なぜ、最適な経験がスポーツ心理学の重要な目的となるのだろうか。ランス・アームストロング（自転車競技選手）は、ツール・ド・フランス（自転車競技の有名な大会）のチャンピオンに七度もなっている。その結果のみに注目すると、スポーツが彼に対して意味づけているものの本質を見逃してしまう。スポーツ心理学者は、選手がスポーツ経験の質を楽しむこと、楽しい時間を過ごすこと、有能で価値があると感じること、個人的な達成感やスポーツ参加を通して意味を得ることを支援したいと考えている。スポーツにおいて最適な経験を楽しむためには、選手が世界レベルやオリンピックレベルである必要はない。

あなたは、時間の経過を完全に喪失するほどに夢中になっていた活動のことを覚えているだろうか？もし覚えていれば、あなたは「フロー」経験を思い出していることになる。チクセントミハイによって、「課題に対して完全に没頭した最適な精神状態」として定義された「フロー」は、多くの選手がゾーン（最適な感情状態のこと）の中にいるかのようであると述べていることと同じ意味である。スポーツを行うほとんどの人は、完全な没頭の感覚、「フロー」を楽しんでいる。この感覚は、人びとをスポーツと恋に落ちるような感覚に導き、プレーする時にこれらの感覚を追求するように導く。

「フロー」は、最高のパフォーマンスの結果と同時に、またはその結果として起こることがあり、競技中における心理的なスキルの利用は、「フロー」の達成と関連している。一流の選手を対象とした「フロー」経験についての研究は、努力不要なパフォーマンス、コントロール感覚、パフォーマンスに関する意識的な思考の欠如、他の選手が何をしているかということへの並外れた気づき、非常に活性化された感覚といった、最高のパフォーマンス状態において共通する特徴を示している。「フロー」経験は、結果への関心を伴うことなく、スポーツをする経験それ自体が報酬として記述される。したがって、スポーツ心理学は、選手の最適な経験の達成を援助する方法に注目している。

## 3. 精神的な強さの構図

本書の各章で、コーチと選手が精神的な強さを得ることを支援できるスポーツ心理学の話題を紹介する。

その中で、あなたはコーチとして、精神的な強さを得るためにスポーツ心理学をどのように活用したらよいかについての特別な情報を手に入れることができる。

### ◉精神的な強さのためのバランスのとれた三つの目的

図1・1に示されている精神的な強さの頂点は、最適なパフォーマンス、最適な成長、最適な経験を表す三つの目的である。三つの目的は三角形であり、最適なパフォーマンス、最適な成長、そして最適な経験という目的がバランスを保っている時、精神的な強さが達成される。図のその他の部分は、三つの目的がバランスを保つことに役立つものである。

以下に第2章から第16章までの概要を紹介する。

### ◉基礎的な要素（第2～6章）

第2章では、成長することと生き生きとした効果的なコーチングの哲学の重要性が議論される。第3章では、選手の行動を変化させるための活力を与えるもの

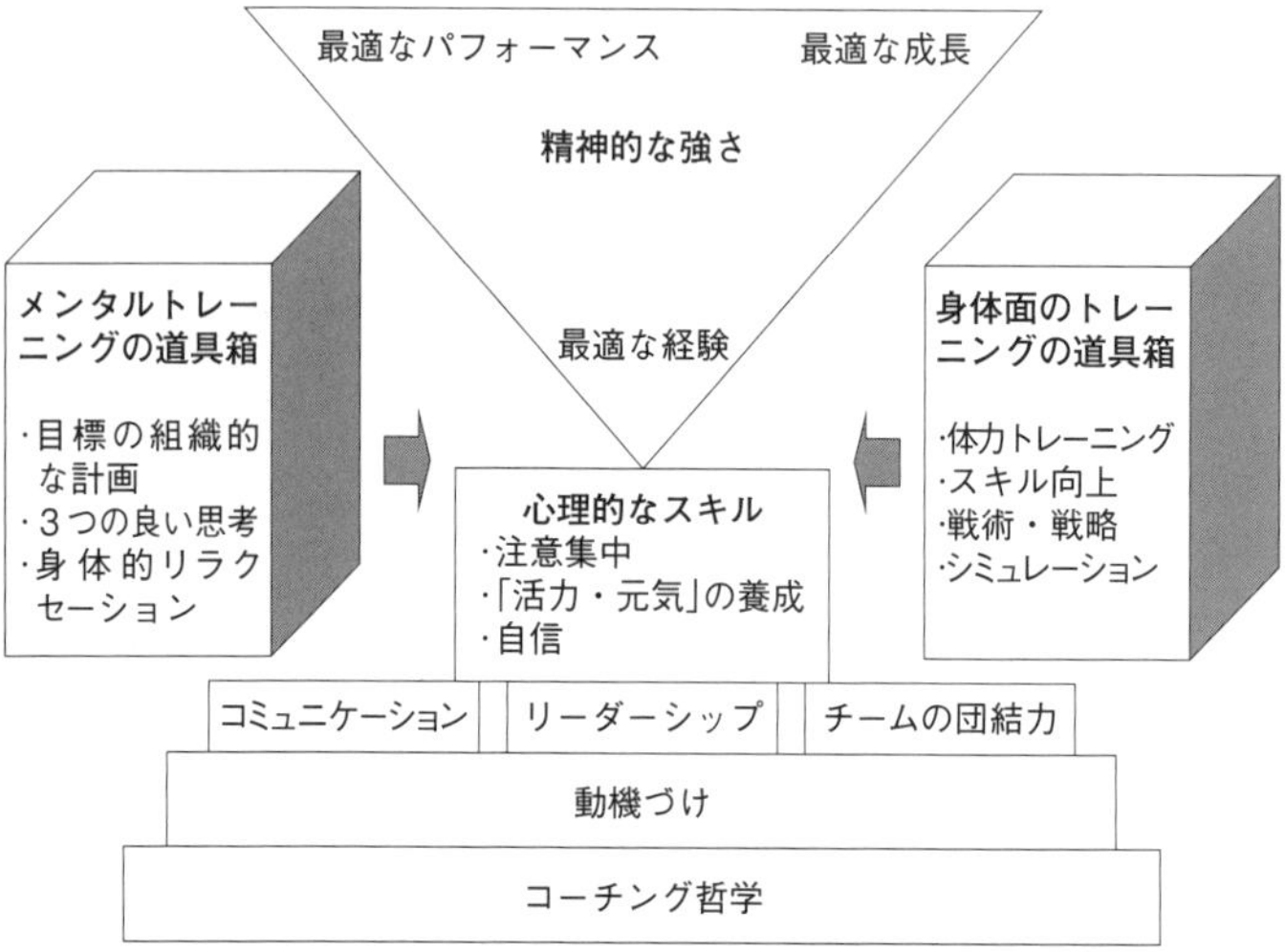


▲図1.1：精神的な強さの構図

であり、精神的な強さの次に基礎的な要素である動機づけを取り上げる。第４章では、人間の本質的なスキルであるコミュニケーションについて議論する。第５章では、リーダーシップに、そして第６章では、チームの団結力に注目する。

## ◉メンタルトレーニングの道具箱（第７～11章）

第２部では、メンタルトレーニングの効果に関する根拠を紹介し、スポーツ心理学とメンタルトレーニングについての誤解を解いていく。第７章では、メンタルトレーニングの道具箱（図１・１の左側）や、コーチが活用できる四つのメンタルトレーニングの道具を紹介する。第８章では、目標を組織的に計画するための考え方が提示される。第９章では、イメージを紹介する。第10章では、選手が効果的な思考を実践できるように、三つの良い思考を提示する。第11章では、身体的リラクセーションを説明する。これらの道具のすべては、精神的な強さを向上させ、維持するために必要な道具である。

メンタルトレーニングと身体面のトレーニングが、精神的な強さを達成するために協同することを強調する目的で、図１・１には身体面のトレーニングの道具箱も示されている。適切な体力のトレーニング、技術の向上と遂行のための繰り返しの実践、戦術と戦略の効果的な利用はすべて、選手の精神的な強さに影響する。競技中の状況をシミュレーションすることは、さまざまなタイプのプレッシャーがかかる状況でパフォーマンスする際に、精神的な強さを得るためにとても重要な道具となる。

### ◉心理的なスキル（第12～14章）と実行できる情報（第15～16章）

第3部では、注意集中、「活力・元気（訳者注：本書では英語のエネルギーは抽象的でわかりにくいので活力・元気と訳している）」の養成、自信という三つの心理的なスキルを紹介する。選手の能力は、注意集中する能力（第12章）、競技における「活力・元気」の養成（第13章）、そして自信を持っての競技（第14章）に基づいている。そして、その集中、「活力・元気」および自信の養成を強化できるような、生産的な環境を選手が整えられるように、心理的なスキルは基礎的要素に基づいている。

第4部では、一人ひとりの心理面のトレーニング計画に、スポーツ心理学の知識を統合することを支援する。第15章では、メンタルトレーニングのメニューを選択するためのアイディアの実践が提供される。第16章では、スランプ、バーンアウト、ケガからのリハビリテーションと回復など、よく見られる課題に対して特別な解決策を提供する。

（訳　荒井 弘和）

第２章

# 実践的なコーチ哲学を養う

古代ギリシャでは、哲学者の考えは尊重され、崇拝されていた。今日では、哲学は、多くの人びとに抽象的で、退屈で、非実用的なものとみられている。この章では、選手がスポーツで成功し、日常生活で満足感を得る助けとなるスポーツ心理学の知見を、効果的に活用するための具体的で、刺激的で、実際的な基盤として、よく考えられた哲学がコーチたちにどのように役立つかを探るつもりである。

歴史上、最も偉大な哲学者の一人であるソクラテスは、「吟味されない人生は、生きる価値はない」という言葉で有名である。ソクラテスはスポーツ心理学のことは何も知らなかったが、これらの言葉は最も重要な部分を捉えている。私たちは、自分の人生を吟味し、何が重要で、何に価値があるのかを理解しなければならない。ソクラテスが知っていたように、個人の哲学を効果的に向上させる鍵は、あなた自身を知ることである。これがスポーツ心理学の研究が、その人の哲学を理解することから始まらなければならない理由である。このことは、難しい決定と挑戦に直面した時に、正しい方向に導く指導体制が必要なコーチたちにとって、きわめて重大なことである。コーチたちには、しっかりとした哲学を向上させるだけでなく、日々の生活の中で実践することが重要である。精神的な強さのための効果的なコーチングは、当たり前のことから始まる。したがって、しっかりとしたコーチ哲学は、選手が成功するために必要な精神的・身体的な技術の発達を助ける最も基礎的で、必要なものなのである（第1章図1参照）。

## 1．哲学の必要性

哲学は、日々の私たちの行動を導く基本的な信念である。哲学は、人生の中で起こる出来事を理解する助けとなり、人生に意味と目標を与えてくれる。哲学は、日々のストレスや人生の中で障害に直面した時、目的意識によって一貫して私たちを導いてくれる。

哲学は言葉以上のもので、私たちの意志と行動を導く個人的なマニュアルである。哲学は、その哲学を持つ人と同じく、その人の哲学に触れた人の意志と行動にも影響を与える。会社の社長の哲学は、彼の会社の何千人もの労働者に影響を与え、大学のコーチの哲学は、多くの大学選手の人生を豊かにする。あなたの信念や価値観、スポーツ参加に関する哲学、コーチとしての役割や責任を考えてみよう。コーチ哲学が中学生、高校生、大学生、プロのそれぞれのレベルで異なる必要があるだろうか？　それはなぜだろう？あなたの答えに関係なく、すべてのレベルのコーチたちは、自分の信条や価値観、そして目的と、その目的を選手と共に追い求める方法を理解するために、自己を振り返る時間を持たなくてはならない。

コーチ哲学は、選手の人生に関連して、あなたのコーチとしての役割に対する個人的な価値観や考えに基づいている。「守備にプレッシャーをかけて、ボールを進めろ」「ボールを慎重に扱え」といった、単なる戦術的な哲学ではない。コーチ哲学は、もっと幅広く、選手やチームに対する日々のコーチ行動に影響を与えるものである。コーチたちが、コーチ哲学を振り返り、向上させるという重要なステップを行わなければ、彼らのすべての決断とコーチングを実施するための根拠を失ってしまう。コーチ哲学は、水源のようなものである。選手は常に、水（質問や疑問、指導や教育の必要性）のためにあなたの所に訪れるが、あなたがコーチ哲学という深く安定した水源を持たなければ、彼らが必要とする時に、確実に満足させることはできないであろう。

## 2．三つの目的のバランスを保つ ―基本的なコーチ哲学―

前節では、スポーツ心理学におけるすべての原則の基礎として、哲学が重要であることを学んだ。ここで示される哲学の例によると、コーチ哲学を向上させることは、かなり個人的で独特な経験であることは明らかである。競技スポーツにおいて、しっかりとした哲学ほど必要なものはない。私たちの文化の中でスポーツは、大変人気があり、若い選手は、優秀な成績を残すことで、びっくりするほどの社会的・経済的な報酬を得ている。コーチたちや親、若い選手自身も、数百万ドルに及ぶプロ契約やオリンピックの金メダルがすぐに得られると思うと、バランスの取れた人生を保つことは難しいのかもしれない。

ここでは、この本の基礎となる哲学を提案する。スポーツ心理学の基礎的な知見を実際に理解し、実践するためには、第1章で紹介したスポーツ心理学における三つの目的をバランスよく保たなければならない。図２・１で示すとおり、三つの目的のバランスをとることは、三つの目的の中で他を犠牲にして一つの目的だけを過度に重視するのではなく、三つの目的のすべてに関心を向け、スポーツ参加の質を高めることを意味する。三つの目的をバランスよく保つこと、あるいは最悪でも三つの目的を持ち続けることは、この本で示されたスポーツ心理学の原則を用いるために重要である。さらに三つの目的をバランスよく保つことは、スポーツ選手の精神的な強さを養うコーチングにおいても重要である。

図2・1に示した三つの目的をみて、目的の一つを過度に重視することが、競技スポーツにおいて、いかに片寄った見通しとなるか考えよう。もちろん、パフォーマンスと成長、経験の間のバランスは、状況や成長によって常に変わっていく。選手が活動するさまざまな時代で、他の目的よりも一つの目的によりこだわるかもしれない。幼児のためのコーチ哲学では、良いパフォーマンスを期待するよりも、技術の向上とスポーツを楽しむ経験をより重視しなければならない。大きなケガでリハビリテーションに耐えている一流選手は、より多くの関心を成長に移し、高いパフォーマンス水準を発揮できる最高のコンディションへと回復しやすい目標の組織的な計画（第8章参照）を立てなければならない。勝つことや完璧なプレーをすることへの極端な社会的プレッシャーのためにパフォーマンスだけが過度に重視さ

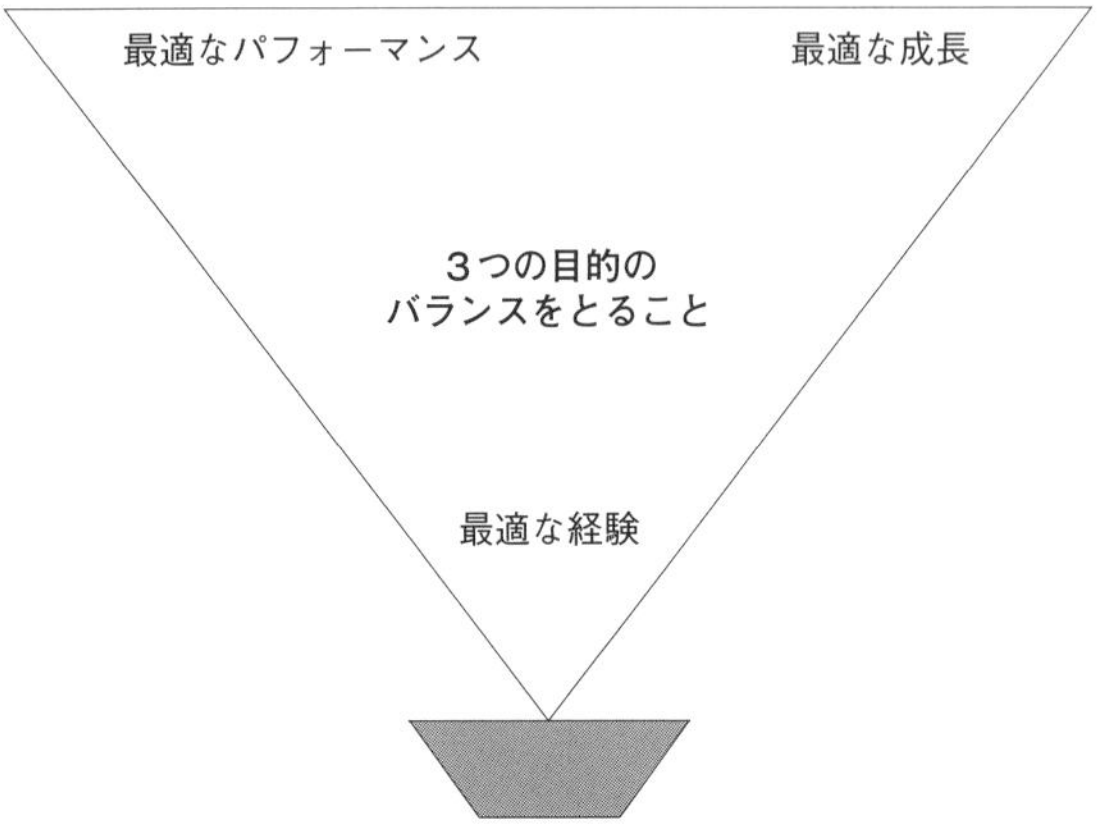


▲図2.1：精神的な強さのために必要な見通しを与えるバランスのとれた3つの目的

れ、パフォーマンスと成長、経験という三つのバランスを重視する哲学は、しばしば顧みられることがない。若いコーチは、一般的に、自分の哲学では、成長と経験（楽しみ）を重視すると述べているにもかかわらず、彼らの行動は他の二つの目的よりもパフォーマンス（勝つこと）を重視することをいくつかの研究が明らかにしている。

## 3．偏った三つの目的 ―本当に勝つしかないのか―

伝説的なアメリカンフットボールの監督であるビンス・ロンバルイディの言葉は、間違って引用されている。ロンバルイディの言葉として一般的に「勝つことがすべてではない、勝つしかないのだ」が引用される。しかし、ロンバルディが本当に言ったことは「勝つことではなく、勝つ努力をすることがすべてである」ということであった。ロンバルイディのこの哲学は、彼の指導する選手から重視されていた。

ロンバルディのこの間違った引用は、どのようなコーチングの研修会やスポーツ心理学のテキストよりも、アメリカの若いフットボールコーチの哲学に影響を与えている。スポーツにおける重大な問題は、パフォーマンスの結果を過度に重視することと、本質的な目的である成長とスポーツを楽しむ経験を軽視することである。パフォーマンスが他の二つの目的に優先するという偏った哲学が有害であるケースをいくつかみてみよう。

《ケース１》アメリカの一流体操選手であるクリスティ・ヘンリッチは、体操への完璧主義的な傾倒により拒食症で死亡するという最悪な代償を払った。体操選手は小柄で元気であるという社会的な期待に応えるため、彼女は悲惨なダイエットを行い、自分自身を餓死させたのである。

《ケース2》息子（十四歳）のサッカーに夢中な父親が、息子と乱闘を起こし退場になった少年を叩いて訴えられた。彼のパンチは、犠牲になった少年の唇を裂き、父親は、十日間の地域奉仕活動を宣言され、カウンセリングを受けるように命令された。

これらの実話は、パフォーマンスの結果を重視しすぎ、バランスの取れていない哲学が、不合理で悲劇的な結果をもたらすことを示している。多くの人びとは、選手が成長上の目標やスポーツの楽しさ体験に関心を向けた時、最適なパフォーマンスが最も発揮されやすいことを理解できない。勝つことがすべてであると考え、三つの目的のバランスが取れた哲学に賛同できなくても、要は、三つの目的のバランスが良い時に、勝利（最適なパフォーマンス）が最も訪れやすい（発揮されやすい）ということである。オリンピックに出場した二人のフィギュアスケーターの事例を次に考えてみよう。

伊藤みどりとクリスティ・ヤマグチは、まったく異なった精神状態で1992年のアルベールビル・オリンピックに到着した。オリンピックの冬季大会では、日本人女性は誰一人として金メダルを獲得していなかった。そのため、伊藤は、国民の期待を一身に背負いアルベールビルに到着した。1989年の世界チャンピオンとして、また、競技中に三回転半のジャンプが跳べる初めての女性として、金メダルを獲得しなければならないという彼女のプレッシャーはもの凄いものであった。伊藤は、「私は人気があった」「日本の人びとは金メダルを期待していることを知っていた」と語っている。試合が近づくと、普段はおしゃべりな伊藤は、よそよそしくなり、引きこもるようになった。そして、練習でジャンプを失敗し始めた。伊藤はフィギュアスケートのロングプログラム（フリー競技）で転び、金メダルを逃した。新聞の見出しには「みどり失敗」と出ていた。

一方、クリスティ・ヤマグチは、伊藤とまさに逆の経験をした。ヤマグチは前回の世界チャンピオンであったが、彼女も報道陣もオリンピックでは伊藤に勝ち目はないと考えていた。大きな期待やプレッシャーを背負うことなく、ヤマグチは、オリンピックを楽しもうとしていた。彼女は、開会式で入場行進に加わり、オリンピック村に入り、他の選手と踊りにも行っていた。ヤマグチは、伊藤が金メダルを獲得しても、その結果に精神的に耐えうる準備ができていた。この試合結果を受け入れることとオリンピックを楽しむことで、伊藤が直面したプレッシャーや期待から解放された。そしてヤマグチは金メダルを獲得した。

クリスティ・ヤマグチの哲学は、リラックスし、最高のプレーができる体の状態にするために役立った。しかし、

▲オリンピックに対する考え方で明暗が分かれた伊藤みどり（左）とクリスティ・ヤマグチ（中央）

伊藤みどりの哲学は、否定的な考えや感じを静めるために必要な合理的な見通しに関心を向けさせなかった。つまり、ヤマグチは、オリンピックの最良の経験を味わい、彼女の成長の一部として、いかなる結果でも受け入れることで、最適なパフォーマンスを発揮しやすくしていたのである。対照的に、伊藤は、金メダルを獲得することを過度に重視し、パフォーマンスへのプレッシャーの犠牲になったのである。そして、彼女の成長上の目標を覆い隠し、オリンピックへの熱意を失わせた。しかし、多くの日本人の目に伊藤が失敗したと映っても、彼女は銀メダルを獲得しており、「私は自分自身に失望していないが、日本の人びとを失望させた」と語っている。

例えば、伊藤みどりの場合のような国の期待、あるいは、大きな契約や名声を欲しがるコーチによる大学選手の売り込み、個人の業績よりも勝つことのみがスポーツの本質であるという社会の浅はかな考え、といった文化的で社会的な構造によって、片寄った三つの目的の哲学や非現実的なコーチ哲学が影響されていることを理解することは重要である。

これらの事例は、第1章で考察した選手の心理的な特徴とスポーツの社会的側面が密接に関わっていることを説明している。ヘンリッチは、女性の身体的魅力を重視し、体操選手は小柄で細身であるという私たちの文化的な期待の犠牲になった。選手のバーンアウトは、バランスの取れた三つの目的と楽しい少年時代を犠牲にして、早くから子どもを専門化に追いやる社会の要請によって起こりうるのである。攻撃性や暴力、スポーツマンシップの欠如といったスポーツにおける他の問題は、勝つことに執着することや相手に対する暴力がゲームの一部だとする不合理な考えのために引き起こされるのである。コーチたちや選手は、社会が不健康で有害な行動を行わせるプレッシャーをどのように生み出すのかを知ることは重要である。これは、過剰な服従と呼ばれ、選手が疑うこともなく従うこととなるスポーツ構造によって特徴づけられる硬直した行動規範と定義される。

ここで要点をチェックする時間を作ろう。

①最適な成長と経験を重視するコーチ哲学は今の社会では、非現実的あるいは単純であるだろうか？

②数多くの小さな国々の国民総生産よりも高額なプロ契約に十九歳の選手が、バランスの取れた見通しと哲学を持つことが可能だろうか？

③世界的に偉大な選手は、一番大切なパフォーマンスと同じくらい、最適な経験と最適な成長について留意しているのだろうか？

要点のチェックに対するあなたの答えは？ パフォーマンスと共に成長や経験に関心を向けることは、非現実的でも単純でもない。今の社会でもバランスの良い競技哲学を持つことは可能である。マルチナ・ナブラチロワ（女子テニス選手）、ミア・ハム（女子サッカー選手）、マイケル・ジョーダン（バスケットボール選手）、ウェイン・グレツキー（アイスホッケー選手）のような、自分のパフォーマンスと共に、そのスポーツのレベルをも引き上げた偉大な選手は、しっかりとしたバランスの取れた哲学を持っていた。

たとえ最適なパフォーマンスが重要な目的であるとしても、すべての選手は、喜びと興奮を与えてくれるスポーツを、単純に楽しむことができるのである。テニスチャンピオンであったピート・サンプラスは、ウィンブルドンでプレーしている時に、個人的な有意義さを感じたと語っている。それは、ゴルフが生まれたスコットランドのセントアンドリュースでラウンドする時に、プロゴルファーが感じる有意義さに似ている。コーチたちは、選手がしっかりと根付いた哲学を向上させるために、スポーツが何をもたらすのである。

かを考える手助けをしなければならない。そして、選手がプレッシャーに直面し、スポーツ参加において見通しとバランスを失った時に、スポーツすることの意義を取り戻す手助けを行うのである。成功したスポーツ心理学のコンサルタントであるボブ・ロテッラは、健全な哲学を持つ選手は、不健全な哲学を持つ選手より、自然に、たやすく物事を考えると指摘している。ロテッラは、選手が考え、感じ、行動する方法（スポーツ心理学）と考えることや感じること、あるいは行動することの基盤となる価値や信念（哲学）が直接的に結びついていると解説している。勝つためにうまくプレーをしなくてはならないというプレッシャーとは反対に、経験に関心を向けることは、選手がベストプレーをしやすくする。実際、三つの目的の関係をバランスよく保つことは、選手を勝利に導き、精神的な強さの基盤として役立つ健全な見通しを自分のものとする手助けとなるのである。

（訳　兄井　彰）

# 第３章 「動機づけ」スキルを養う

動機づけ（モチベーション、やる気）ほど重要なものはない。才能は動機づけにはかなわない。たとえ才能のある選手でも動機づけが低ければ、一定の段階までの成功で満足してしまうだろう。その段階を過ぎて、困難な障害を乗り越えるのに粘り強さが要求される厳しい段階になると、才能だけでは対応できなくなるだろう。スポーツ心理学の研究においても、動機づけは一流スポーツ選手の資質を見極める上で最も重要な心理的要素とみなされている。

## 1．動機づけとは

人はどのようにして動機づけを行うのだろうか。動機づけとは、個人の内部要因と外部の力が複雑に絡み合ったもので、人をある一定の行動を取るよう導くものである。人間の行動にはすべて目的がある。人間の行動すべてが一貫性のある予測可能なものというわけではないが、行動は決して無原則なものではない。そのため、行動は動機づけによってコントロールされているとみなされる。スポーツ心理学者が動機づけの研究に関心を持っているのは、なぜ人間は思い通りに行動できたり、できなかったりするのか、という問いに対して、示唆を与えてくれるからである。

動機づけから連想される典型的な行動は、「選択」と「努力」、そして「粘り強さ」である。動機づけはすべて「選択」次第である。例えば、スポーツチームに参加するかどうか、練習に行くかどうか、ランニングをもう一周するかどうか、などの選択である。また、多くの人は、「努力」や目標に向かってエネルギーを注ぐ強さを動機づけと結びつけて考えている。「粘り強さ」が、動機づけに関係する最も重要な要因だということに、疑問の余地はないだろう。幾多の困難を乗り越えてやり続けるための、何事にも動じない意欲があるかどうかは、大きな成功をおさめた人びとを見分ける上で重要な指標である。

すなわち、動機づけとは外的、内的な力の集まりで、複雑な過程で私たちの選択や努力の量、粘り強さに影響を与えるものと言える。スポーツ心理学者たちは、動機づけと行動の関係性について研究しており、その関係性について次のような疑問点があげられている。

①多くの選手が簡単にあきらめる中、なぜ特定の選手だけがどんな困難にも負けない粘り強さを持っているのだろうか？

②なぜ生涯にわたって運動に対する意欲を持続させて練習を楽しめる選手と、途中で燃え尽きてやめてしまう選手がいるのだろうか？

③なぜ特定の選手だけが他の者よりもがんばれるのだろうか？

④動機づけはもともと誰にでも備わっていて、初期の段階から変化しないものなのだろうか、それともトレーニングなどによって発達させることができるものなのだろうか？

この章を読み進めれば、動機づけをより深く理解することができ、動機づけを向上させるさまざまな方法を知ることができるだろう。しかしその前に、まずは次のテストを受けてもらいたい。

## 2. 動機づけIQテスト

成功した選手がどのようにして動機づけを高めているのか、ということについては誰もが知りたがっている。しかし、この問いに対して簡潔で正確な解答などない。それぐらい動機づけは複雑である。動機づけについては多くの迷信や誤解があるので、まずはあなたの動機づけの理解度を測ってみるといいだろう。次の質問に答えたら、この章を読み終えた後に、どれだけあなたの動機づけに対する考えが変化しているか、もう一度自己採点してほしい。

①選手が動機づけを保てるかどうかはコーチの責任にかかっている。
はい　いいえ　そういう場合もある

②トロフィーや賞は、選手たちの動機づけを保つのに役立つ。
はい　いいえ　そういう場合もある

③若い選手にとって、動機づけを維持するために最も重要なものは、勝利という成功経験である。
はい　いいえ　そういう場合もある

④自分たちの責任は自分たちでとるように選手に強制することで、動機づけは育成される。
はい　いいえ　そういう場合もある

⑤本拠地での試合という有利さは、選手の動機づけを高めるのに効果的である。

はい　　いいえ　　そういう場合もある

## 3. 動機づけに対する迷信

ここでは、三つの迷信をとりあげ、それらがなぜ誤った考えなのか説明していくことにする。

### ◉迷信その1　ジョッキとマグカップ

コーチから最もよく聞かれる質問は、「どのようにすれば選手の動機づけを高められるか」というものである。この質問自体が、スポーツにおいて最も信じられている「ジョッキとマグカップ」の迷信を広めてきたのである。この迷信の由来は、コーチやその他の動機づけしようとする人たちが、ジョッキ一杯の動機を持っていて、ジョッキから選手たちのマグカップ（少し大きめのコップ）に注いで分け与えることができるという考え方からきている。この際に行われる最も知られた方法は、「やる気にさせる話し方」（ペップ・トーク）である。コーチは、選手たちに必要な動機づけを与えるために、情熱的で涙を誘うような話し方をする。

コーチは他にもさまざまな仕掛けを用意している。それらは気まぐれな表彰、標語、ポスターなどである。その他にも有名な例として、本拠地有利を過剰に強調することがあげられる。本拠地有利は研究によって実証されている。それによれば、本拠地と遠征地の試合が均等に配分されていれば、本拠地のチームが五割以上の確率で勝つようである。コーチは本拠地を敵から守れ、といった具合に選手の意欲をかきたて、本拠地有利を強調する。本拠地の観客のおかげで非常に意欲がわく、ということは多くの選手が認めるところである。また中には、ビデオやワークブック、さらに心理相談に応じる専門家（コンサルタント）を利用するコーチもいる。

この迷信によれば、動機づけを作り出す魔法の材料をコーチは持っていて、好きな時に選手に与えられるようだ。この迷信は、選手はみな同じ目標や意欲を持っている、という間違った前提に立っている。コーチのジョッキには、どの選手にも合わせられるような理想的な動機など入っていない。選手の中には情熱的で奇抜な「やる気にさせる話し方」を好む者もいるだろうが、多くの選手は、それは古臭くて実際には動機づけにつながらないものだと気づいている。また、なぜ本拠地有利が動機づけを高める重要な要素として使わなければならないのだろうか。常識的に考えて、本拠地で動機づけが高まるというのなら、敵地では動機づけが低下するということになる。その両方をとることは不可能なはずである。また、大観衆の前でだけ動機づけが高まるというのは、底の浅い動機づけということである。そのような状況では、選手は怠けすぎて自己鍛錬に専念せず、相手に打ち勝つのに必要な動機づけを保つこともできないだろう。「やる気にさせる話し方」も、本拠地有利も、動機づけを高めるための道具も、すべて表面的でてっとり早い処方箋にすぎない。本来は長期的な努力で達成すべきことを、短期間でやろうとしているだけなのである。

### ◉迷信その2　動機づけがあるか、ないか

二番目に有名な迷信は、先ほどの迷信とは正反対の考え方である。「ジョッキとマグカップ」の迷信が、コーチは選手の動機づけをコントロールできると考えたのに対し、この迷信は、動機づけは完全に生まれ

つき固定したもので、それを持っている人と持っていない人がいて、後から向上させたりはできないという間違った前提に立っている。これによれば、コーチは生まれつき高い動機を持った選手を選び出し、それが欠けている者は除外しなければならないことになる。

確かにこの迷信にも正しい部分はある。個々の動機づけには生まれつきの違いというものがある。選手はそれぞれ違った選択をし、催促されなくても自ら努力するかどうかという部分でも異なっており、特にケガや失敗などの障害に立ち向かい続ける意志という部分でも、異なっていることは明らかだ。しかし、この迷信が抱える問題は、理論的に過剰に簡略化されていて、よくコーチ側の言い訳として使われる点にある。もちろん動機づけに秀でた選手もいるが、コーチには選手の動機づけを向上させる責任がある。ある研究によれば、コーチングや教育によって高められた動機づけは、選手や学生たちの学習や運動に多大な影響を及ぼすということがわかっている。そのため、コーチはジョッキ一杯の動機づけを持っていると思い込むべきではないにしても、自分たちの組織力やコミュニケーション能力が選手の動機づけに多大な影響を与えるということを認識しておくべきである。

## ◉迷信その3　天賦の才

三つ目の迷信は、天才にとっては高いレベルのパフォーマンス発揮など容易であるため、厳しいトレーニングに専念する必要がないというものである。

1997年にタイガー・ウッズが、マスターズ・ゴルフトーナメントで優勝した時、ほとんどの人びとは、この偉業は3歳からゴルフを始めた天才の輝かしい経歴の始まりだと思ったに違いない。そして、彼が幼少期から特別な厳しいトレーニングを反復して行っていたという事実とは対照的に、話題の的はいつも当然のように彼の才能に向けられていた。しかし、彼は最初のメジャー大会であったマスターズで優勝をおさめた後、コーチと共にスイングの抜本的な改造に取り組んだ。なぜなら、彼は現時点のスキルでは、今後多様なコースに対応していけないと悟ったからである。一般的には、ウッズは劇的なショットや、勝利において驚異的な才能と直感を発揮していることで有名かもしれない。しかし実際は、厳しいトレーニングに関する彼のコメントが物語るように、世界一の選手にまで押し上げたのは、トップになりたいという強い動機づけだったのである。新たなスイングが定着するのを辛抱強く待ち続けた後の1999年、ウッズは1シーズンに八つのトーナメントで優勝した史上11人目の選手となった。これは現代ゴルフ界でも他に類をみない栄誉である。さらに翌年には四つのメジャー大会のうち三つを制し、その次の2001年には残りの1タイトルも手中におさめ、最終的には三年連続の賞金王と世界ランク1位の座に輝いた。ウッズがこうして支配的な地位を占めるようになったのは、彼に才能があったというだけではなく、それを最大限に生かすため

▲強い動機づけを持って勝ち続けるタイガー・ウッズ

に必要なトレーニングに計画的に取り組んだ結果なのである。

## ◉迷信を打破するために

それではどうしたらいいのだろうか。コーチは決して「やる気にさせる話し方」や動機づけを高める道具を使ったりしてはいけないのだろうか。もし「ジョッキとマグカップ」の迷信が正論でないなら、「動機づけがあるか、ないか」の迷信はなぜ間違いなのだろうか。そして本当に動機づけは才能より重要なのだろうか。この章で取り上げる動機づけの定義をみていく前に、私たちの行為に複雑な方法で影響を及ぼす内的・外的な力について考えてほしい。キーワードは「複雑さ」である。内的な動機づけは、選手の行動、考え方、感じ方に影響を与える外的な要因と常に相互作用している。

動機づけは直接的で個人の責任のもとにあるため、選手は動機づけの責任をコーチや本拠地の観客や相談に応じる専門家に丸投げしてはならない。確かにコーチは、彼らの動機づけを高める間接的な手助けができる。例えば、彼らに困難な目標を課すような環境作りをしてやることなどである。そしてコーチは、彼らの動機づけを高める上で重要な役割を果たす。適切な指摘やアドバイスをしてやったり、強固で一貫した哲学を確立してそれに従ったり、教師役や相談役になったり、選手の年齢や参加レベルに合わせた特定のニーズに応えたりすることができるだろう。

しかし、重要なのは、動機づけはシーズンの間や、スポーツを経験する過程で増えたり減ったりする、複雑で流動的な力だということである。誰にでも合うような動機づけの方法など存在はせず、むしろとても個別的なものである。したがって、動機づけに隠された秘密を探るより、まずは基本的な理解を得るほうが重要である。いったん人間の行動の根底にある基礎を理解すれば、さまざまな構想を生み出すことができる。そういった理解に基づいた、総合的な哲学の一部として使われるのであれば、動機づけを高めるためのちょっとした道具や「やる気にさせる話し方」などが有効な時もある。また、少ない練習で他の選手とほぼ同様の成果を出せる選手がいるというのも事実だ。しかし、それがすべて彼らの才能に起因するものだと思ってはならない。冒頭に述べたように、才能があっても動機づけが欠けていればどうにもならないのだ。タイガー・ウッズはこのことを理解し、才能を最大限に発揮するための動機づけを獲得して実践したのである。

現時点であなたはこう思っているかもしれない。「よくわからなくなってきたな。理論の話はどうでもいいから、動機づけを高めるための裏技を教えてくれよ」と。もしそんなものがあるなら、あなたはとっくに耳にしていることだろう。裏技のようなものは一切存在しない。多くのコーチが、有名なコーチがやったという策略を耳にし、それを実践した結果、悲惨な大失敗に終わっている。どうしたら動機づけを高められるのかを考える前に、まずはなぜ人は動機づけられるのかを考えてほしい。

## 4. 欲求と動機づけ

スポーツ心理学者は動機づけに対して、コーチや選手とは違った見方をしている。コーチは「どうしたら動機づけを高められるか」というように狭い解釈をするが、スポーツ心理学者はすべての行動は動機づけられていると考える。人間の行動は決して無原則なものではないのだ。みな報酬や満足を求めて行動する。ある生徒が授業に集中していなかったら、先生は「彼女は動機づけが低い」とみなすだろう。しかし実際には、彼女は朝食を抜いていて、血糖値を上げなければならないという最も基本的な欲求によって動機づけられているかもしれない。この観点からすれば、動機づけは欲求を低減させるための反応だと捉えることができる。

したがって、一つの重要な指針は、人間は欲求を満たすために動機づけられるということだ。この指針に気をつけていれば、一見困惑してしまうような人びとの行動を理解するのにとても役立つことだろう。コーチの中には、コーチの手法でやることにためらう選手をみて、やる気がないと考える者もいるだろう。しかし、そのような選手はかなり動機づけられた状態である場合も多い。彼らはただ、コーチに与えられた手法でプレーすることに対して動機づけが高まらないだけである。このような選手とコーチとの衝突は、コーチが選手の欲求よりも自らの欲求を追及していることから生じることが多い。

そして、コーチはよくこんな愚痴をこぼす。「選手全員の欲求を満たすことなどできないし、チームの構成を考えると不適切な欲求を持った選手もいる」と。例えばある選手は、練習でそれに必要な成果も努力もみせていないのに、先発メンバーになりたいと言うかもしれない。明らかに彼の欲求は不適切であり、またそれは欲求というよりは要求である。要求は必要不可欠でもなく根拠もないものであり、欲求は最善の成長のために必要かつ重要なものである。彼らの表面的で未成熟な要求に屈するのではなく、基本的な欲求を満たすことで動機づけは向上されるのである。

選手がスポーツで得ようとするのは、およそ次の三つの顕著な欲求である。

①刺激と挑戦への欲求
②所属への欲求
③有能さへの欲求

### ◉刺激と挑戦への欲求

これは多かれ少なかれ全人類が持つ欲求である。スポーツの場はこの欲求を満たすのに素晴らしく適した環境であり、たいていの選手は楽しいからスポーツを続ける。そして、その楽しさや刺激が「フロー」や最高な経験につながる。「フロー」とは、楽しく満足できる活動に完全に没頭する感情のことである。

また、コーチは、選手の刺激を求める欲求を満たすには、成果を犠牲にして楽しさを過剰に強調しなければならないと嘆く。しかし、なぜ楽しさと成果が両立しないと考えてしまうのか。本来、スポーツは何かを達成するという活動であり、例えば自分のスキルを向上させる時のように、楽しさの多くは達成の過程にある。また、挑戦は、刺激を求める欲求の一部であるということも忘れてはならない。若い選手を調べたところ、組織化されていない、自由放任の練習で楽しみを得たいわけではなく、むしろ挑戦するのに最適な場で、能力を向上させる練習をすることで楽しみを得たいと考えているようだ。そしてそれは程度の問題である。すなわち、優秀なコーチはさまざまな活動を通じて効果的に練習時間を使う方法を知っていて、それによって選手の欲求を満たしつつ、同時に技術も向上させるのである。どんな練習においても、統制された規律や注意が要求される活動もあれば、楽しくて刺激的な活動もある。明らかなのは、選手の刺激に対する欲求と、取るに足らないプレーをしたいという要求との違いをはっきりさせなければならないということである。それらの欲求が満たされた時に、動機づけは向上する。

## ◉所属への欲求

第二の欲求は、集団に受け入れられ、そこに所属したいという欲求である。ある研究によれば、思春期の若者は、クラスになじめず所属意識が欠けた時に学校をやめてしまうことが多いそうだ。そういった重要な欲求は、スポーツによって簡単に満たされる。若い選手は、チームという集団に受け入れられ、そしてチームにとって重要な存在になりたいという欲求を持っている。コーチはこのことをよく理解し、一人ひとりがチームに貢献しているかけがえのない存在だということを感じさせなければならない。能力が重要な要因になるような高いレベルのスポーツになると、チームに貢献していると選手に自覚させることは難しくなる。しかし、コーチは選手がチーム内での存在意義をみつける手助けができるし、すべての選手に価値のある役割が与えられるようなチーム環境を形成することもできる。

## ◉有能さへの欲求

第三の欲求は、動機づけに関する最も重要な欲求である。人間は他より優れていたいという欲求を持って生まれてくる。すべての動機づけに関する理論はこの前提に立っている。

あなたが練習する時に動機づけが高まる活動は何だろうか？　自分が不得意なことをしたいと本当に思うだろうか？　それとも、得意なことに時間を費やしたいと思うだろうか？　もちろん誰もが後者を選ぶ。これは先ほどの刺激を求める欲求に関係していて、得意なことをする時に私たちは楽しめるのだ。これは

動機づけの好循環と呼ばれる。つまり、

・楽しければ、もっとしたいと思う。

・もっとやれば、さらにうまくなる。

・うまくなれば、さらに楽しくなる。

それでは、悪循環がどのようなものかわかるだろうか。子どもたちがやめてしまいたいと思うほどつまらないスポーツをやらされて、動機づけが消滅してしまうということはよくある。その他にも、スポーツが楽しくなくなるぐらいにまで失敗続きで無能な気分を味わわせるような状況をつくり、非現実的なパフォーマンスを期待した場合でも動機づけは低下する。

この欲求を満たす上での大きな問題は、スポーツの公式戦でよくみられる、他者と比較されるということである。小さな子どもたちは、彼らの中で重要な地位を占める大人からの意見によって自分の能力を測るので、人生の早い時期に、個人的な達成感を得られるような方法を通して、自分たちの能力と重要性を感じることができる。それは、例えば自転車に乗ることだったり、プールで25メートル泳ぐことだったり、ハードルを跳び越えることだったりする。しかし小学校の高学年ぐらいになると、周囲の仲間と比べることで、その感覚を得ようとする。ここで問題が生まれる。現実的には、誰もが自転車競走で一位になったり、水泳で一位になったり、ハードルで一位になったりできるわけではないからだ。

それに加え、認められた能力と個人的な価値との間に強い関係性があるということも難しい点である。私たちの社会において子どもたちは、早い段階でプライドが彼らの能力と関連していることに気づく。しかし、私たちが持って生まれた存在価値は、スポーツにおける成績を条件としているわけではない。この章の最初で述べたとおり、コーチは選手の能力に関係なく、選手の存在価値を無条件に認めて信頼していることを行動で示さなければならない。しかし、結果偏重主義の社会においては、それを実践することは言うほどたやすいことではない。実際、試合の大事な場面で決勝のヒットを打ったことでプライドを保てたり、危機的な場面で失敗してプライドが傷ついたりしたことが誰しもあるだろう。

競争性の高いスポーツでは難しいことだが、選手はあくまで自分自身との関係において、技術を向上させる能力や、自分のパフォーマンスから自分の能力を測らなければならない。一つの方法は、競技大会をどれだけ自分の能力が向上したか知るための場所だと捉えることである。もちろん他者と比べはするのだが、自分がどれだけ成長しているかを試し、自己評価をするために利用するのだ。人間というものは他者との比較によって、自分の能力を測ろうとしてしまうものだが、他者からの評価がなくても自己の能力を判断することができる。

## 5. 自己決定 ―最も誤解されている欲求―

これまでの内容から、動機づけはその人の欲求の上に成り立っているということが理解できるであろう。刺激と挑戦への欲求、所属への欲求、有能さへの欲求などをみてきたが、有用なことは、選手たちの動機づけを高めるには基本的な欲求を満たすのが一番だということだ。しかし、まだ一つ議論しておくべき重要な欲求が残っている。それは自己決定の欲求である。これはとても重要で、スポーツ心理学の文献にもよくみられるものであり、コーチに誤解されていることも多い欲求である。

最も基本的な欲求の一つに、自律性がある。それは自己を統率する機会や能力のことである。自己決定は、自分の行動に対して決定権を持っている時に、すなわち自分の好きなように行動していると感じる時に、動機づけが高まるという点で自律性に似ている。そのため、自分に力を与えるものという意味での自己決定は、自律性の認識につながる。つまり、選手たちは自分のやりたいようにやらせてもらえると、動機づけが高まるのだ。それではなぜ私たちは、選手たちがベストを尽くすことを強制するような、報償制度を作ったりするのだろうか。また、なぜコーチたちは、恐怖や罰や非人間的な扱いを用いた横暴なやり方が、選手たちの責任の下にすべてを任せるようなやり方より優れていると信じているのだろうか。

その質問に答えるため、今一度、動機づけの定義を見直すことにする。動機づけとは、人をある特定の行動に向ける、外的・内的な力が複雑に作用した集合体である。つまり、人は外的・内的要因の両方から動機づけを高めることができるのだ。外的な要因は、手に触れることができるようなわかりやすいものばかりで、例えばトロフィーや、契約、奨学金、そしてコーチから与えられる罰や褒美などがある。一方、プライドや好奇心や楽しさといった内的な要因は、目にみえないためわかりにくい。そのため、選手たちの努力を引き出せる威圧的な指導や物質的な報酬が、最も有効な動機づけの方法と一般的には考えられている。果たしてこれは真実だろうか。

動機づけは外的・内的要因に関係があるため、自己決定の連続体（図３・１）によって最もうまく概念化されている。自己決定の連続体の図上を動くにつれて、人間の行動は内発的に動機づけられたり、外発的に動機づけられたりする。したがって、それら両方の動機づけは、コーチや選手にとって有効な、二つの異なる動機づけ要因を表している。これらは、同時に機能し複雑に相互作用するのではっきり区別できない。図中に示された自律性の基準点をみてほしい。それは、人が独立して自分を制御していると感じられる部分を表している。動機づけはそのすべてが有効なものだが、問題はさまざまなタイプの動機づけが、いつ、どのように使われるべきなのかということである。

### ◉内発的動機づけ

内発的動機づけとは、純粋に満足や喜びを得るためだけに、ある活動に従事することを指している。内発的に動機づけられた人は、物質的な見返りがなくとも、自主的にその活動に従事するだろう。内発的動機づけは、能力を認められ、自己決定ができ、自律性を保ちたいという人間の内的欲求から生まれる。自己決定の連続体の図で、それが一番右に位置しているのはそのためである。内発的動機づけがあるから、人々は自分の能力を確かめ、自己決定のできる活動に専念できるのだ。スポーツにおいては、知るための内発的動機づけ、刺激を求める内発的動機づけ、達成のための内発的動機づけという三つの内発的動機づけの存在が認められている。

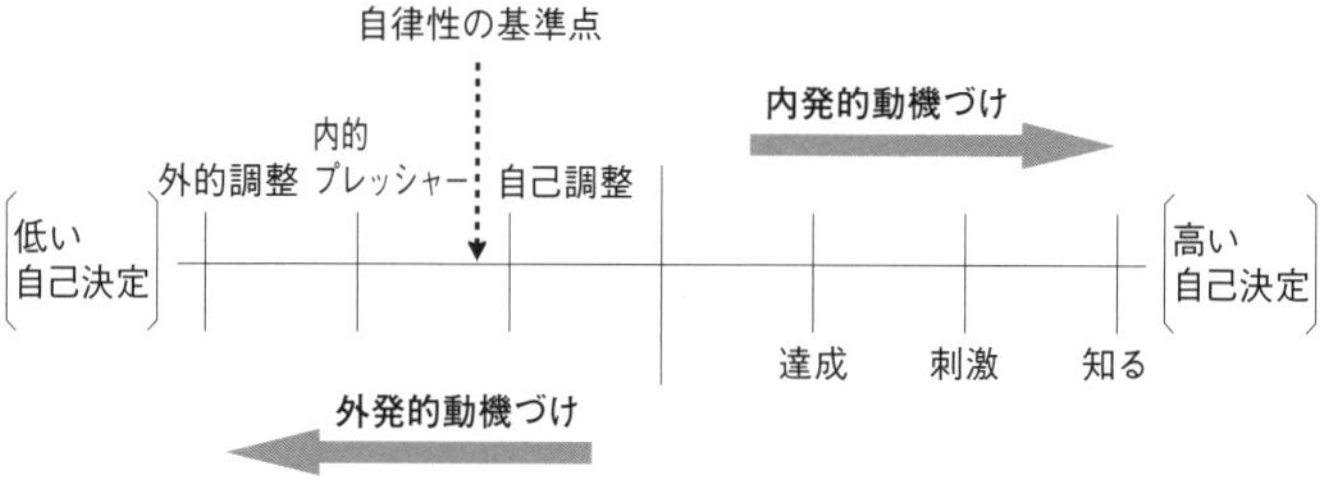


▲図3.1：自己決定の連続性

### (1)知るための内発的動機づけ

何か新しいことを学んだりする時に体験できる満足感や喜びを求めて、特定の活動に従事するよう動機づけられていることを指す。例えば、野球で外野からショートに交代する場合のように、選手が新たなポジションをめぐって競う時に、知るための内発的動機づけを発揮する。新たな喜びを純粋に求めて、新しいトレーニングをする場合も同様だ。

### (2)刺激を求める内発的動機づけ

刺激を求める内発的動機づけは、きっと身近なものだろう。人びとは、スポーツをする時の興奮や楽しさのような、刺激的な感覚を得るために強く動機づけられる。選手たちが試合を心から愛してそのスポーツをする時には、彼らは刺激のための内発的動機づけを発揮していると言える。スポーツは、人びとを運動に夢中にさせる素晴らしい機会を与えてくれる。

### (3)達成のための内発的動機づけ

何か重要なことを達成しようとする時に感じられる満足感や喜びを求めて活動することである。選手たちはよりうまくなるよう努力する過程を楽しんでいるため、スポーツに一生懸命取り組むように動機づけられる。この内発的動機づけの例として、誰にも評価されなくても、ベストを尽くすといった、心のうちに秘めたプライドがあげられる。これは選手にとってはとても重要なタイプの動機づけであり、これによって選手たちは厳しい練習を通してスポーツに深く専念し、自己鍛錬をすることができる。

## ◉外発的動機づけ

外発的動機づけは、ある目標に到達する手段として従事するような活動において発揮される。言い換えると、外発的に動機づけられた行動とは、活動それ自体と関係なく、それをすることで何らかの報酬があると約束されることによって行われる。外発的動機づけは図3・1では自己決定の度合いが低い場所に位置しているが、実際にはさまざまなタイプのものがある。内発的動機づけに比べれば自己決定しているという感覚は低いが、中には自己決定感の高いものもある。

### (1)外的調整

外的調整は、報償などの外的要因によって完全にコントロールされる。両親に強く言われているから、奨学金がかかっているから、などの理由でスポーツをしている選手たちは外的調整によって動機づけられていると言える。図3・1にもあるように、このような動機づけは自己決定感が最も低く、自律性の基準点よりも低い。典型的なものとしては、コーチが外的調整となっている場合がある。

### (2)内的プレッシャー

内的プレッシャーは、それがたとえ選手たちの中から生まれたもののようにみえても、外発的動機づけの要因である。これは選手が外的な要因を内面化しようとする時に発生する。すなわち、特定の行動をするよう動機づけるような外的要因がなくなった後でも、彼らの中に残って、そうするよう圧迫するようなものである。例えば、選手たちが夏のトレーニング合宿に参加していて、その理由が休むことへの罪悪感だった場合、彼らは「内的プレッシャー」という外発的動機づけによって行動していると言える。その罪悪感自体は内面的なものだが、その要因は外的なもの（コーチや両親やチームメート）だからだ。「内的プレッシャー」は、「外的調整」のように元から外発的動機づけだったわけではなく、自律性の基準点よりも下に位置する。このような動機づけはスポーツにおいてはよくみられる。

### (3)自己調整

自己調整は、選手たちが特定のスポーツを極めることに価値を見出すようになり、それを自分の中で重要な目標だと位置づけ、そのために厳しい練習を自分から進んで選択していくような場合に言えることである。その活動はまだ外発的な動機づけで行われるものの、内的に自分で規制している点で他のものと異なる。図３・１でも、「自己調整」は内発的動機づけに近く、自己決定の基準値よりも上に位置する。「自己調整」は、外的な目標に向かって頑張っているという点では外発的だが自分でその道を選び、動機づけを自分でコントロールしている点が重要である。すなわち、彼らは自己決定感や自律性を感じることができるのだ。スポーツはそのように彼らを仕向け、価値のある見返りを与えてくれるので、「自己調整」は非常に理想的な動機づけだと言える。選手自身が、「外的調整」などなしに、その目標を重要なものだとみなしているため、「自己調整」は自分で自分を奮起させるものだとも言える。

## ◉動機づけを良い状態に保つには

これまでみてきたように、選手たちの行動は、図中の連続体にあるようなあらゆるタイプの動機づけによって決まる。彼らは試合そのものや、プレーから得られる興奮を愛していて（内発的動機づけ）、しかし同時に勝つために動機づけられており（外発的動機づけ）、そしてコーチの決めるルールや決定に規制されている（外発的動機づけ）のだ。すなわち、スポーツにおいては、内発的動機づけも外発的動機づけも同時に発生し、相互に作用している。この相互作用は、動機づけを持続させることに役立つ。スポーツを始めた頃を思い出してほしい。おそらくそのスポーツが好きで、もっとうまくなりたいから始めたことだろう（知るための内発的動機づけ、刺激を求める内発的動機づけ）。そして成長するにつれ、それに対するプライドが芽生え、スポーツをすることで自分の能力を確かめ、自己決定の力を感じるようになったのではないだろうか（達成のための内発的動機づけ）。その過程で、たとえやる気がない時でも、コーチがいることで、厳しいトレーニングにも耐えることができ、努力を続けられたことだろう（外的調整と内的プレッシャー）。さらに、スポーツへの愛と自信によって、目標達成に必要な努力ができたのである（自己調整）。

したがって、適切な時期に適切に使われれば、これらの要因はすべて有用なのかもしれない。不幸なことに、自己決定の連続体が「外的調整」や「内的プレッシャー」のほうに傾くと、動機づけに問題が発生し始める。ある研究によれば、「外的調整」や「内的プレッシャー」によって動機づけられた選手たちは、内発的な動機づけ要因や「自己調整」によって動機づけられた選手たちよりも、競争することに大きな不安を抱き、集中力が低く、粘り強さに欠け、満足感も少ないということがわかっている。コーチは、いつも最高の動機づけを望むが、動機づけの方法に関する誤解が広がっているために、「外的調整」に頼ってしまい、知らないうちに選手の動機づけを低下させている危険性がある。

## 6．自己決定による効果的行動

選手にとって内発的動機づけ、または何らかの形で自ら決めた動機づけを持つことが非常に重要である。

外発的動機づけに位置する外的調整と内的プレッシャーは、エンジンを始動するための火花プラグのような役割を果たすが、基本的な燃料となる強くて耐久性のある動機づけは、行動のために内面でコントロールできる内発的動機づけである。

### ◉魅力と挑戦

子どもに関係する仕事をしている大人はみな、動機づけの最も重要なステップは子どもたちを活動に夢中にさせることだと気づくだろう。遊びが楽しく、刺激的で、能力を試すようなものであると子どもは夢中になる。選手の欲求を満たすことによって動機づけを持たせるという話をしたことを思い出してほしい。これが火花のプラグである。スポーツの内発的動機づけの基礎はおそらく、参加することが楽しく魅力的で、能力を向上させるための技術を学ぶことに挑戦することができ、個人的な進歩や優勝が主な目的とされる環境を作ることで設定される。

### ◉自分でコントロールすることを認めて責任を持たせる

心理学におけるすべての動機づけ理論によれば、動機づけは人が自分の人生に対する責任と支配に気づいた時に高まるようだ。コーチたちの中には、選手に責任を持たせると選手に対する支配を弱めることになるのではないかと思っている人もいるが、これは誤解である。コーチは、いかなる決定も責任はチームにあると考える。選手はコーチが選んだことに対して自由な権限を望むべきではないし、与えられるべきでない。選手は組織という枠組みの中で選択権を与えられるべきである。スポーツの組織とそこでの規則から、選手たちは練習に責任を持つことを学び、それぞれの目標を持つことが出来るようになる。コーチがすべきことは、練習の中に選手たちが意見を述べる機会を設定し、そこでの意見を尊重しながら責任を持たせることである。例えば、練習を評価する、競争させる、練習メニューや試合の戦略に選手の意見を取り込む、ウォーミングアップをリードする、チームのキャプテンを選ぶなどがあげられる。

もう一つの問題は、責任を持たされた選手たちがうまくそれを利用できないことだ。こういう時にコーチたちはパニックに陥り、すぐさま今後の責任まで取り上げてしまう。しかし、この時こそ、いかに選手たちが責任の扱いに失敗したかを教え、さらなるガイドラインを設けるのに良い機会である。人が責任について学ぶことを助けるには時間がかかる。さまざまな行動の結果を経験し、選手たちがその経験によって成長するような出来事を積み重ねることによって、何かを成し遂げることができる。もし、コーチが選手たちの信頼と尊敬を集めていれば、責任ある行動に対する期待や成熟した意思決定についての率直な議論ができ、そのことで選手の社会的発達と自己決定を促すだろう。

（訳　磯貝　浩久）

# 第4章　コミュニケーションスキルを養う

私は、大学のバスケットボールコーチとして、大きな期待を寄せている選手に対してコミュニケーションがうまくいかなかったことがある。私自身のコミュニケーションの偏りに気づかなかったために、そのようなことが起こってしまった。その選手は私の高い評価を受け入れていると思い込みをしていた。とてもうまく、技術も高いので、他のチームメートよりも褒める必要はないだろうと思っていたが、それは間違いであった。私はこの出来事から、良いコミュニケーションの方法論を知っていたとしても、自分のコミュニケーションの型と行動に気づくように、常に心掛けなくてはならないという教訓を学んだ。良いと思って行ったコミュニケーションも、意図が伝わっていなければ意味をなさない。この章の目的は、長所、短所を含めた自分のコミュニケーションスキルへの気づきを高めることである。なぜコミュニケーションのいきちがいが起きてしまうのか気づき、それを理解できるようにならなければならない。そして、コミュニケーションのいきちがいを最小限に抑える方法を学ばなければならない。それができるようになれば、コーチングに関連するコミュニケーションスキルや効果的な人間関係の本質について理解できるようになるだろう。常に心を開放し、それらを評価、理解する訓練をしていくことにより、効果的な聞き手になることができる。

## 1．コミュニケーションの重要性

コミュニケーションは相手を理解する過程であり、相手に理解してもらえるように努力することである。コーチは選手を理解し、選手はコーチを理解することこそが、最も重要なことである。多くの人は、コーチとしての最も重要な資質は専門のスポーツにおける知識であると信じている。しかし、コーチのコミュニケーション技術が乏しければ、専門知識を効果的に選手に教えることはできない。アメリカのオリンピック選手を対象とした１９８４年から１９８８年までの調査では、「教える能力」と「動機づけを高める能力」の二つがコーチとして最も重要な資質として位置づけられている。「トレーニングに関する知識」は三番目、「優れた技術」は四番目、「専門競技の戦略知識」は五番目であった。オリンピック金メダル選手10名を対象としたインタビューにおいても、選手を成功に導くことがコーチの役割であることが示されている。その中でも選手に最も重要視されていることは、コーチの知識や技術よりも、コーチと選手間の関係性であった。

もし、コミュニケーション能力が乏しければ、どんなにそのスポーツの知識を有していても、コーチングの効果は薄れてしまうだろう。いわば、どのようなコミュニケーションをとるかが、精神的強さを得るためのコーチングの基礎となる。選手と効果的なコミュニケーションがとれてこそ、あなたの哲学が選手に伝わる。指導者は、相手が理解できるように自分の言いたいことを伝えなければならず、優れたチーム作用を発揮したり、チームが団結したりするためには、常に、一貫した、成熟した、質の高いコミュニケーションが必要である。

## 2．コミュニケーションの基礎

### ◉コミュニケーションは過程である

コミュニケーションは一言で表せるほど簡単なものではなく、考えたことをメッセージに変え、そのメッセージを伝えるという複雑な過程を生じる。その過程では絶えず相手がメッセージを受け取り、解釈し、そのメッセージに反応する。図４・1に示したように、コミュニケーションは過程のどこかで崩れてしまう可能性があり、コーチは素早く自分の考えを適切なメッセージに要約して、効果的に伝えなければならない。また選手も、メッセージをしっかり受けとり、素早くその意図を解釈しなければならない。選手がメッセージをどのように解釈するかによって、その解釈は選手の行動に影響を及ぼし、その行動は即座にコーチの目に触れ、コーチは選手の行動を解釈する。そしてその過程がまた初めから繰り返される。コーチとしては選手に疲れがみえるからという意図で、一旦試合から外したとしても、降板させられたと選手が憤慨していたら、コミュニケーションは崩壊してしまう。

コミュニケーションは、過程のどの部分においても崩れる可能性がある。第一に、コミュニケーション過程の最初の段階において、考えを明確で簡潔な言葉に変えるにはどのようにしたら効果的なのだろうか？　そして、メッセージに変える際に、わかりやすくて適切な方法はどのようなものなのだろうか？　といったことに対して、

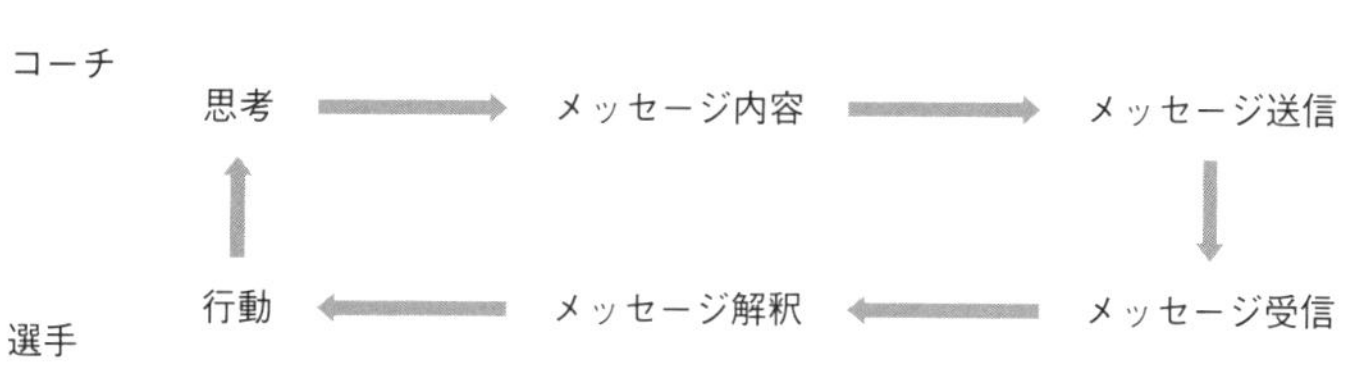


▲図4.1：コミュニケーションの過程

コーチとして常に自分のコミュニケーションスキルに注意を払わなければならない。次にすべきことは、どのようにメッセージを送っているのかということだけではなく、送られたメッセージに対してどのように反応しているのかということが、効果的なコミュニケーションにおいて重要であるということを選手に気づかせることである。コミュニケーション過程を維持するために、チームのみんなが、寛容に、お互いを信頼するよう意識的に心掛けなければならない。一旦メッセージが間違って解釈されると、意図と反して混乱が生じてしまう。選手とコーチはすぐにそのいきちがいを明らかにすべきである。

## ◉コミュニケーションの内容と送信の側面

コミュニケーションの言葉や内容がメッセージの最も重要な部分であると、多くの人は間違って認識している。実際、メッセージに含まれる言葉や内容は、相手に送られるメッセージ全体の7％しか構成していない。メッセージに含まれる残りの93％の多くは、体の位置、声のトーン、顔の表情などの非言語的な行動に影響を受けると言われている。つまり、コミュニケーションには内容と送信の側面があり、実際に言っていることよりも、どのようにメッセージを伝えようとしているのかということのほうが重要となる。非言語コミュニケーションはメッセージを送信する段階でとても重要であるため、重要な問題の話し合いでは、直接会ってコミュニケーションをとることが好まれる。しかし、非言語メッセージは、ステレオタイプ（偏見）や文化差により、正確に解釈するのが難しい。

### ◉コーチのコミュニケーションは選手の振舞いや心理的健康に大きな影響を及ぼす

コーチとしてのコミュニケーションや行動は、直接、選手の成長やパフォーマンスに大きな影響を与える。コーチの過度な期待は、選手に対するコミュニケーションのとり方に影響を及ぼしてしまう。これは自己成就予言と呼ばれ、コーチと選手間に生じる自己成就予言モデルは、次の四つのステップで説明される（図４・２）。

#### (1)ステップ１　コーチの選手に対する期待

自己成就予言モデルとは、選手個人の能力をコーチの型に当てはめて期待することで、選手が最終的に到達する達成レベルを規定、決定してしまうとするモデルである。個人を評価し、選手たちの可能性を推しはかるのはコーチの仕事のうちの一つであるが、選手に対する期待を膨らますことそれ自体が問題なのである。期待が不適切で柔軟でない場合や、その期待によってコーチのコミュニケーションに偏りが生じる場合に問題が生じる。コーチは、常に選手の能力や進歩に関する日々のパフォーマンスの情報を収集し、選手に対する期待を、柔軟に変化させてみることができるよう常に心掛けるべきである。選手に対する一人よがりな期待を膨らますことは、選手の能力について、自分勝手な偏見による不適切な信念を作り出してしまう。それらを避けるために、コーチは選手の能力を判断する際、さまざまなパフォーマンスを基準に行うべきであり、選手の身体の大きさ、性別、評判などの偏見で判断してはならない。選手の競技能力に関する最初の評価は、適切でないかも

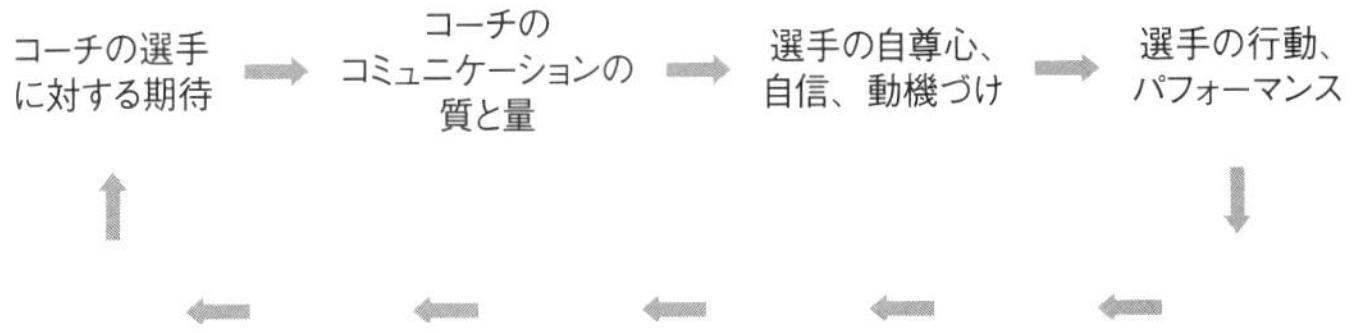


▲図4.2：自己成就予言におけるコーチの期待

しれないということも、コーチが気づくべきことであり、選手の成長に合わせて継続的に修正していく必要がある。

## (2)ステップ2　コーチのコミュニケーションの質と量

コーチが特別にコミュニケーションをとる選手は、その選手に対する期待に基づくものである。コーチは期待していない選手よりも、期待している選手に細かな指示を出しがちである。なぜならその選手は、発した助言を改善のために生かすことができる技術を持っていると、コーチは信じているからである。逆に、パフォーマンスの劣った期待度の低い選手に対して過剰に褒める傾向がある。この傾向はコーチングにおいて良いアプローチ法であると思われがちだが、実際には、その選手の能力や動機づけ、最終到達点を低く見積もっているのである。選手に対する期待の違いによるコミュニケーションの偏りは、自動的に生じるわけではなく、コーチは否定的な期待をできる限りしないように心掛けなければならない。コーチは、すべての選手に対して、選手の技術レベルに関係なく、コミュニケーションをうまく分配するよう働きかけなければならない。

## (3)ステップ3　選手の自尊心、自信、動機づけ

コーチからのコミュニケーションがいつも少ない選手は、コーチから質の高いコミュニケーションを受けている選手と比べて、同等の技術の改善が得られない可能性がある。コーチからの異なったコミュニケーション形態は、選手の自尊心、自信、本質的な動機づけ、競技不安、ドロップアウトに影響を及ぼすことが報告されている。

### (4) ステップ４ 選手の行動、パフォーマンス

選手の行動とパフォーマンスはコーチの期待によって形づくられ、自己成就予言によって達成される。相手とのコミュニケーションにおいて、期待することが大きな影響を及ぼすことを、コーチは常に心にとめておく必要がある。以下に、選手に対する否定的な自己成就予言を作り出さないようにするための三つの指針を記した。

①選手全員に対して、選手独自の技術レベルに基づいた高い期待を持ち続けること。
②選手に対する期待を柔軟に捉え、日々の練習や試合での選手の進歩を適切に評価し、創造的に考え直し、それらに基づいて常に変化させて捉え続けること。
③質の高いメッセージを送信し、細かく示唆的な情報を与え、すべての選手の意見を効果的に聞けるコミュニケーション技術を高めること。

#### ◉コミュニケーションをとらないということはあり得ない

コミュニケーションは避けることができないものである。試みていなくても、選手たちとコミュニケーションをとっており、もし選手の反応に応答しなくても、選手たちとコミュニケーションしているのである。期待度の低い選手に対してパフォーマンスへの返答がないと、その状況においてその選手に対する指導を放棄したというコミュニケーションをとっていることになる。コミュニケーションの過程にそって考えると、この選手はあなたの無反応を、能力がなくて時間を割くのがもったいないと思われていると解釈するかもしれない。このような反応は選手の自信や動機づけを低下させる。

## 3. 説得力のある聞き手

この章の残りでは、コーチとしてのコミュニケーションスキルを高めるためのデザインを提起する。聞き手として、最も重要な目標は、説得力を確立することである。説得力のある聞き手とは、話しながら聞き、自分の発言を信じ、自分の発言に価値を置くことができる人のことを意味する。図4・3に、説得力のある聞き手になるための図を示した。説得力のあるコミュニケーションの基盤となる土台には、誠意と感情能力が設定されている。これら二つのキーとなる個人的特性は、コミュニケーションスキルの土台となる。これらを学ぶ上では、あるがままの自分を知ることが大切であり、その詳細について説明していく。

### ◉誠意、嘘偽りのないこと

誠意とは、相手とコミュニケーションをとる時、心地よく、率直で、自分自身に正直であることを意味する。誠意は信頼に発展し、コミュニケーション過程を促進するのである。誠意をこめず選手とのコミュニケーションを表面上だけでとるコーチは、選手の信頼を得られず、最終的には信用を失ってしまう。自分のミスを認め、謝ることにより、さらに高い信用と尊敬が得られるのであ

▲図4.3：説得力のある聞き手

る。コーチが誠意をこめていることに選手が気づけば、選手も自分の非を認め、打ち明けることの大切さに気づくのである。表面上で鼻にかけて選手に対する自分の考えや感情を隠してしまうのは、自分自身を恐れていて自信がないからである。したがって、良い聞き手になるための最初のステップは、誠意で嘘偽りのない自分自身を理解することである。

## ◉感情能力

感情能力とは、相手と接する時に自分の感情を管理できる能力である。ゴールマンによると、感情知能は人生の成功のために学ぶべき実践的な技術で、将来への可能性を決定づけると述べている。その能力とは、自己認識や自己調整、共感、対人関係に優れていることを含んでいる。ゴールマンは、強く共感したり、他者の考えを理解したりすることを行わないと、共感性を働かせるコミュニケーションスキルが育たなくなってしまう、と説明している。感情能力はリーダーやコーチにとって特に重要で、その能力は、相手の効果的なパフォーマンスを引き出す役割を果たす。世界規模の会社の重役を対象とした調査では、二流のリーダーと一流リーダーでは、感情能力に大きな差がみられることが検証されている。

感情能力の中核となるのは以下の二つの能力である。一つは相手の感情を読み取る能力を含む共感性であり、二つ目は、それらの感情を巧みな方法で操作できる社会的技術である。共感性とは、相手がどのように感じているか見分けたり、その感情が相手にどのような影響を及ぼすのか理解したりする技術である。選手が実際に言っていること以外に何を感じているのか察することは、共感性そのものである。選手が発する微妙な非言語の手がかりについてよく理解し、選手を観察し、知ろうとすることにより、共感性は高まるのである。また、共感性は、自分自身の体で感じていることを自己認識し、気づくことにより促進される。自己認識ができていなければ共感的になれない。なぜなら、共感性は自分がこれまで経験してきた感情に基づくものだからである。

感情能力は、防御的にならず、開放的、合理的な反応を促進する。相手と話をする時、「あなたが失望しているのはよくわかる」とか「こんなことが起こってしまって残念に思う」とか「・・・について謝罪する」といった言葉かけや、困難な問題への何らかの責任をとるだけで、部屋の中が温かな雰囲気になり、防御的な反応ではなく、誠意のこもった理解のある反応を聞くと、落ち着きが生まれ、コミュニケーション過程が進展する。

ステファン・コヴィーは、有名な著書『七つの習慣』の中で、「感情の銀行口座」という、有用な考え方を提案している。コーチとしての感情の銀行口座とは、それぞれの選手との関係性において、これまで作り上げてきた信頼の量を示す。コヴィーは、相手とのコミュニケーションや関係性を促進するために、感情の銀行口座に入れることができる六種類の預金について説明している。

**(1)個人を理解しよう**

コヴィーは、個人一人を真剣に理解しようとすることは、最も重要な預金のうちの一つであると述べている。選手一人のために預金を積み立てていくことは、もう一人の選手のための預金として、必ずしも働くというわけではない。個人的で、選手個々にとって何が重要なのか理解することによって預金が増えていく。そうすることにより、チームがよりよくなる。

### ⑵小さなことに注意を払おう

コヴィーは、物事の細かい部分が重要であり、小さなことが時に大きなものに変化することを重要なポイントとしてあげている。ちょっとした不親切と軽蔑が、選手の感情銀行口座から多額の引き下ろしをしてしまうと警告している。また逆に、小さな親切が、予想外に大きな預金を生み出すかもしれない。

### ⑶約束を守ろう

約束は感情銀行口座に影響を及ぼす。約束が守られなければ、大きな預金の引き出しがなされ信用を失ってしまう。約束が守られ責任が果たされると、大きな預金がなされ信頼できる人間だということを学ぶ。

### ⑷期待を明確にしよう

前もって期待が明確であると、コミュニケーションがよりスムーズに途切れずに続く。ほとんどすべての関係性の問題は、矛盾する期待や、あいまいな期待に根ざしていると述べている。チームの感情銀行口座に多くの預金をするには、期待を明確にし、最初は詳しくよくわかるように、その後は一貫して期待を伝え続けていくことが重要である。

### ⑸誠実性をみせよう

誠実性とは、選手と話す時、正直で率直であり、その場にいない選手に対しても忠実であることを意味する。選手がいないところで陰口をたたくようなことは、感情銀行口座から大きな引き出しを生じさせる。

### ⑹預金の引き出しをしてしまった時、心から謝罪しよう

ミスを犯してしまった時、正直に謝ることは、感情銀行口座の引き出しを緩和すると強調している。しかし、心から謝罪するには、個人の信頼と説得力のある人格が必要である。心からの誠意ある謝罪は、預

金を増やし、不誠実と解釈された謝罪は、預金を引き出す。

## 4. 聞き上手になるには

効果的なコミュニケーションのための次のステップは、聞き上手になることである。相手の視点を理解することは、自分自身が話す必要がある内容を一旦引き下げることを意味する。まず理解しようと試み、耳を傾けた時、本当のコミュニケーションが生じる。忠実に耳を傾けることは、自分の要望を停止し、自分のすべての注意を相手に向け、相手に身をゆだねることを意味する。コーチにとって傾聴することは、とても重要であるため、ここでは聞き上手について説明していく。コーチとして選手の話を聞く時、うまく聞くためには、努力し、ハッスルし、強い注意力を要することが重要である。聞き上手になることは骨の折れる作業であり、自ら積極的に働きかけ、傾聴することにより、本当に意味のある情報資源を得るのである。聞き上手になるための技術を習得する方法について話す前に、傾聴する際に陥りがちな、典型的な妨害要因の確認をしておく。

### ◉傾聴における妨害要因

傾聴における典型的な妨害要因として、「思い込み」「早まった判断」「聞き流し」「助言を与えること」「同一視」「正当化」「保守化」「繰り返し」があげられる。

「思い込み」とは、選手に聞かずに、選手が考えていることや感じていることを理解しようとすることや勝手な想定をすることである。しばしば、思い込みは、「早まった判断」を生じ、特定の選手に対する自分の考え（固定観念の場合が多い）が傾聴に影響を及ぼしている場合に発生する。次に、話を聞いてはいるが、耳を傾けていない時や、相手に対して自分の心が向いていないなくて単に聞いていない時に、「聞き流し」が生じる。聞き上手は、自分の注意力によってその力を得る。聞き上手になるためには、半分聞き流しで聞いたり、聞く振りをしたり、同時に幾人かの話を聞いたりするようなことを絶対にしてはならない。

コーチによって最も行われやすい傾聴における妨害要因は、「助言を与えること」である。選手の問題を解決したいためにすぐに手を貸し、選手に役立つ示唆を与える時、この妨害要因は生じる。この妨害要因は、コーチの仕事は選手の問題を解決するのを援助することであると思っている善意から生じる。しかし、良いと思って問題を解決してあげようとしたり、解決策を提案したりしているのだが、与えられただけのアドバイスは、選手には聞こえておらず、コーチはアドバイスをするのに忙しすぎて、傾聴できていない。次に、「同一視」とは、自分が経験した昔話を、選手に話すことを意味する。これは、選手が言いたいことを話し終える前に自分の話をしてしまうことであり、自分の経験を選手と共有し共感することは、しばしば善意として捉えられている。しかし、その話は選手に届いておらず、相手の注意の焦点をそらしてしまう。あなたの経験談と一致させる必要はないのである。「正当化」とは、コーチが非を認めることを避け続けることを意味する。この種の人は、重要な情報資源を得ることができずに、誤りを指摘されず、提案を受け入れることを拒否する。「保守化」とは、安全な道を歩き、否定的な感情をコミュニケーション過程に取り入れてしまうことを意味する。保守的なコーチは自己防衛的で、感情を受け入れず、学習しない。これらはすべて傾聴の妨害要因となる。事実が選手に伝わっているとわかっている時、人は防御的になり、自分の無能さ、もしくは信頼の不足を露出させることを恐れているため、事実を聞くことに抵抗するのである。そして、正当化して保守的になる人びとは「繰り返し」を行う。これは、傾聴を行う代わりに、巧妙な言い回しに注意を向けさせたり、話し手の言い回しをオウム返ししたりする。

## ◉聞き上手のための四つのステップ

聞き上手とは、あなたの存在とすべての注意を相手にゆだねることを意味する。相手にとって、注目してもらえることは喜ばしいことであるが、おとなしくて、単調で、時間の浪費をしているようなコミュニケーションは効果的ではない。効果的な聞き手とは、はっきりと意見を述べる聞き手のことを言う。それは会話を始めることも、止めることもできることを意味する。自分の時間の特権を濫用する人々の話(例えば電話セールスマン、訪問販売員、毎回同じ不満を言う否定的な同僚、人のうわさをするのが好きな友人)に対して、聞くふりをする代わりに、礼儀正しく、今は時間がないと伝えるべきである。相手に自分の全注意を与えて傾聴すると意識的に決定した時、聞き上手になれる。ここでは、聞き上手なコーチになるための四つのステップを説明する。

### (1)ステップ1　準備

聞き上手への第一歩は、聞き上手になるための心理的準備をすることである。選手が部屋に来る前に、練習に行く前に、スタッフに会う前に、監督とのミーティングの前に、傾聴するための心理的準備を行う。誠意ある聞き手であり、適切に感情をコントロールし、典型的な傾聴における妨害要因を避けることを自分で再確認する。

### (2) ステップ２　注意

第二のステップは、話し手に注意を向けることである。注意は、会話を通じて、相手に対するひたむきな関心を持って接し、相手に注意を向けた活発なコミュニケーションをすることを意味する。注意は、話し手の開放的で、自由で、生産的な話し方に直接影響を及ぼすため、カウンセラーや聞くことを仕事にするプロにとって基盤となる技術である。

効果的な注意行動は、話し手とのアイコンタクトを含み、目を見て話をすることは、心のつながりを形成する。また、注意行動は、興味を示して前のめりになったり、腕組み、足組みをしないポーズだったり、自然でリラックスできる位置取りなどの身体による言葉（ボディランゲージ）も含む。効果的な注意力とは、一語一句に対して追及すること（言葉の追跡）や、議論されている話題にひたむきに話し合うことも含む。言葉の追跡とは、聞くことの妨害要因に邪魔されることなく、コミュニケーションされているメッセージの言葉と意味に集中していることである。コミュニケーションにおいて、沈黙または長い休止を恐れる必要はない。沈黙が心地良いものとなると、急がず、話が止まっても割って入らなくても良いことを理解する。そのような沈黙は、考えをまとめたり、発せられた言葉を理解したりする時間に充てられているのである。

### (3) ステップ３　理解

理解とは、早まった判断や思い込みなしに、開放的に聞くことを意味する。思考を停止させることにより、静かに話に耳を傾けることができ、それが自分の考えや意見とは異なっていたとしても、新たな情報を感じ取ることができる。そのようにして、新たな視点を得る時もあれば、前の考えを貫く場合もある。自分のプライドや要求を正当化することはコミュニケーションの妨げになり、そのようにせず、選手たちの意見を開放的に聞くことから重要な示唆が得られることもある。

理解するためのもう一つの重要なポイントは、話し手によって提示されているすべての情報を振いにかけることである。話し手が発する言葉から、鍵となる考えやメッセージの核心を理解することは、活発な傾聴においてとても重要である。傾聴することにより、些細なことでも、それが深くて大きな問題を含んでいることに気づくことができる。

### (4) ステップ4　反応

聞き上手になるための最終的なステップは、反応することである。聞き上手とは決して受動的なものではない。それは、適切な時（話し手が話をやめた時や質問をした時）、言われたことを正確に把握することを意味する。言われたことを明確にする典型的な言い回しは、「それは～という意味ですか？」「あなたの言ったことは～ですね」「言い換えると～ですね」といった反応である。聞き上手はメッセージをそのまま推測するのではなく、それらの理解を常にはっきりさせる。コミュニケーション過程を通じて、積極的にアイコンタクトし、「うん、うん」と言いながらうなずき、理解を促す何らかの言葉を用いながら反応したほうが良い。話し手に返される返答は、誠実で、即時的で、支援的なものが望ましい。

話し手は、最初に、あなたにアドバイスを求めるか、あなたがどのように考えているのか尋ねてくる。その時、誠実に受け応えする必要がある。ポイントは、おせっかいなアドバイスを与える前に、相手が尋ねてくるのを待つことである。次に重要なのは、その問題の解決策を与えるのではなく、相手が自分自身で最も良い解決策を考えることができる手助けをすることである。反応する時の非言語行動（ボディランゲージ／身体による言葉）は、決めつけや、評価的である行動であってはならない。声の調子や身体による言葉は、真実を探るように、思いやりがあり、思慮深いものでなければならず、高圧的で、いやみがあり、権力を振りかざすようなものであってはならない。

## 5．効果的なメッセージの方法（ＰＩＴＣＨ）

信頼される聞き手になるための次のステップでは、効果的な話し方と相手へのメッセージの送信の仕方について説明する（図４・３参照）。誠意ある聞き手であるために、あなたのメッセージは、生産的（Productive）で、情報的（Informational）、適切なタイミングで（Time It）、一貫性があり（Consistent）、正直な（Honest）ものでなければならない。それを言い換えたものがピッチ（ＰＩＴＣＨ）である。

### ◉生産的であること

生産的な思考は生産的なコミュニケーションから生まれる。コーチが効果的なリーダーであるために、どのような特性が重要であるのか、大学体操選手に尋ねた興味深い調査がある。選手が最も重要と認識している特性は、「最低限の言葉」であり、それは「技術的な能力」や「チーム力の理解」より上位に評価された。コーチングのしすぎ（オーバーコーチング）は、信頼できる聞き手になることを遠ざける。コーチが常に必要以上に話をすることに選手が気づくと、選手は傾聴における妨害要因を用いるようになる。そこには、選手にとって役に立つ情報がコミュニケーションの中にあるかもしれないが、生産的でない多くの不必要な言葉も含まれている。

生産的な聞き手である上で支障となるもう一つの要素は、否定的なことである。否定的なコミュニケーションの方法とは、メッセージを送る際、その状況における問題点や否定的な側面（起こってしまったミスなど）にばかり向いていることを意味する。生産的な考えを持ち、問題に関する理解と知識を持ち合わせ、その問題に立ち返り、否定的な問題をくよくよ考えないで、解決と前進に焦点を当てることができるコーチは信頼される。

**◉情報的であること**

二つ目は、メッセージの中に多くの情報を含んだものを送信することである。「このメッセージは、聞き手にとって価値のあるものだろうか?」と問いかけることが、自分の送ったメッセージの確認となる。有能なコーチは、選手自身が主体的に学び、自ら改善させる情報量が豊富なメッセージを送信する。メッセージは、具体的で、実際の行動と関連のある時、有益な情報となる。ただ褒めるだけではなく、ポジティブな強化とパフォーマンスに対する情報は、具体的な行動（リーダーシップや努力）と関連させることにより、より効果を発揮する。

**◉適切なタイミングであること**

効果的にメッセージを送るための重要な事柄として、時間の要素があげられる。タイミングはすべてであるといっても過言ではない。効果的なコミュニケーションのための一般的な指針として、即時的にメッセージを送信することがあげられる。このことは、情報を与える時に特に重要なことで、即時のコミュニケーションは、葛藤に対処する必要がある時や、相手と難しい会話をする時に良い手助けとなる。しかし、感情的になって、生産的なコミュニケーションができない場合は、話す前に、自分の感情をコントロールできるようになるまで待つべきである。同様に、選手の感情状態もよく観察すべきである。激しい試合で負けた後、選手のパフォーマンスに関する生産的な話し合いを促すには、翌日の練習まで待つことが良いということもしばしば生じる。それは「教示のない時間」という考え方で、批判や技術的教示を受け入れがたい時間であると考えられている。したがって、教示のない時間においては、それが意義のあるコメントであっても、情報を返すのは避けるべきである。

コミュニケーションのタイミングに関する文献では、公の場では褒め、個人的な場で批判をするといった指針も示されている。情報資源を返すことの意図は、選手の潜在能力を高めることにあり、他人の前で恥をかかせることではない。褒めることや批判することが公の場であろうと、個人的な場であろうと、最も重要なのは、それらの情報は、学習の源となることである。選手が望んでもいないことを強要するものではない。

## ◉一貫性のあること

ＰＩＴＣＨの「Ｃ」は、聞き手として、一貫性（Consistent）が必要であることを示している。気分と気まぐれによってコミュニケーションのパターンが変わるのは、良い聞き手や良いリーダーとは言えない。コーチは選手に求める期待をはっきりさせ、その期待に基づく一貫したコミュニケーションをとるべきである。コーチからの矛盾した情報は、選手を不安にさせ、チームの士気を崩壊させる。一貫性のあるコーチとして必要なのは、繰り返しチームの課題と目標を明確にすることである。著名なスポーツ心理学者のライナー・マートンは、チームが成功するための重要なメッセージは、何度も繰り返し与えられる必要があり、それがほどよく長めであるべきであると述べている。望ましい選手の行動を一貫して強化することによって、これらの行動を実現する可能性が高まる。

コミュニケーションの一貫性において、もう一つの重要な部分は、言語メッセージと非言語メッセージを一致させることである。例えば、重大な精神的なミスをした選手に対して励ましの言葉をかけるならば、ボディランゲージと表情は励ましのメッセージと一致しなければならない。表4・1にボディランゲージにおけるメッセージのリストを掲載した。ボディランゲージにおける体の位置取りと身振り手振り（ジェスチャー）は、メッセージの55％を構成するため、話そうとしていることの約半分は、身体が伝えていることを常に心掛けておく必要がある。

一貫性のあるコミュニケーションにおける指針として、良いパフォーマンス、目を見張る努力、強いリーダーシップ、精神的な強さなどの選手の行動と関連深い情報を与えることがあげられる。選手の行動と関係のない、

▼表４．１：コーチのボディランゲージ（身体による言葉）

| 体の位置 | 体のメッセージ |
|---|---|
| うつむき | 疲労、困惑 |
| 背筋の伸びた | 自信、熱意 |
| 前かがみ | 興味、開放、共感 |
| うしろすがり | 興味がない |
| 体の閉鎖（腕組み／足組み） | 防御的 |
| 後頭部での腕組み | 偉ぶり |
| 首をこする | 不満 |
| 耳をひっぱる／鼻をこする | 話に自信がない |
| 選手と机をはさんで座る | 距離を置く、個を隔てる |

もっともらしい賞賛は、聞き手としての信頼性を減少させ、選手にごまかしていると感じさせ、選手の能力に対する自信を失わせてしまう。

また、メッセージを送る際に、矛盾した二重表現を避け、メッセージに一貫性を持たせるよう心掛けるべきである。実力不足で試合に出場できない選手に対して「あなたが良いプレーヤーであることを知っています、しかし・・・」といった説明は、矛盾した二重表現であり、選手を混乱させて、コミュニケーションの過程を妨害する。

## ◉正直であること

PITCHの最後の文字「H」は正直な（Honest）コミュニケーションを表す。以前に説明した誠意とは、相手に正直なメッセージを送ることを意味する。選手からの信頼が不足しているコーチは、思惑を用いて批判をする。思惑（メタメッセージと呼ばれる）とは、本当の目的が言葉で伝えられなくて、メッセージの内容が非言語に潜んでいることを意味する。直接言いたいことに対する誠意と勇気が欠如している時、これらのメッセージは相手に伝わる。

思惑は、声の成分における、音の高さ、響き、調音、テンポ、ボリューム、リズムなどのパラ言語（言語に付随して出てくる言語以外の情報）を通じて表現される。パラ言語は、何を話したのかではなく、どのように話したのかによって形成される。パラ言語を通して、気分や感情、考え、メッセージの本当の意図などが、思いもよらず間違って伝わってしまう。

信用できる聞き手は開放的に、正直に話をし、皮肉なメタメッセージを発することなく、自分のメッセージに自信を持っている。皮肉を避け、直接、正直に自分の考えを述べよう。そうすることにより選手の信頼が得られる。

## 6. 衝突への対処

次は、図4・3の最後の特性である、衝突への対処能力について述べる。衝突は不快なものであるが、スポーツチームにおいては避けられない。スポーツチームは困難な目標を達成することにより結びついているため、衝突は、競技場面では当たり前で、喜ばしい部分として捉えるべきである。衝突がほとんどないチームは、目標達成に対する情熱が欠如しているかもしれない。そこで重要となるのは、コーチ、選手、そしてチームが衝突をどのように解決していくかである。

### ◉衝突の解決法

衝突に対処する時、コーチが用いることができることがいくつかある。図4・4に衝突の解決法を示した。「回避」は一般的に壊滅的な解決法である。図に示されているように、回避は、自己と他者双方に対する関心不足を意味する。衝突を避けると、問題が内部で膿（うみ）をためてしまい、より大きい問題になり、他の問題や不満を作り出してしまう。また、問題が取るに足らないものである時、あるいは、コーチが選手の成長のために、自分たちで衝突を解決することが有効であると考えられる時、回避は有効な解決法となることもある。「競争」も非生産的な解決法である。衝突に対処する際に競争を用いると、チーム内の効果的なコミュニケーションが促進されず、どっちに転んでも勝ち側の解決であり、双方が許容できる解決をみつけることとは正反対の方向に進んでしまう。「順応」は、しばしば断定の欠如から生じる、受け身の、成すがままの建設的ではない解決法である。しかし、時にこれらのそれぞれの解決法が適している場合もあるため、状況をみながらの使い分けが必要である。

最も良い解決法は「コラボレーション（連携作業）」である。コラボレーションには、①開放的で感情に訴えかける十分なコミュニケーション、②共感、③チーム全員のチーム目標に対する受容・関与を要する。コラボレーションと歩み寄りは異なる。歩み寄りは退却や半分勝利といったニュアンスであり、反対に、コラボレーションは、みんなが関わって新しい解決法を考え、箱の外側に向かって共に働くことを意味する。コラボレーションの解決法では、なぜ衝突が起こったのか、衝突に対してそれぞれがどのように感じるのかについての、チーム内での正直な議論を引き起こす。コラボレーションの結果、選手お互いの理解が深まり、勝利への目標に対する受容・関与を高め、良いパフォーマンスを発揮するための衝突が起こっていることに、選手は気づかされる。

これらの異なる解決法を理解して、さまざまな状態で、どの解決法が良

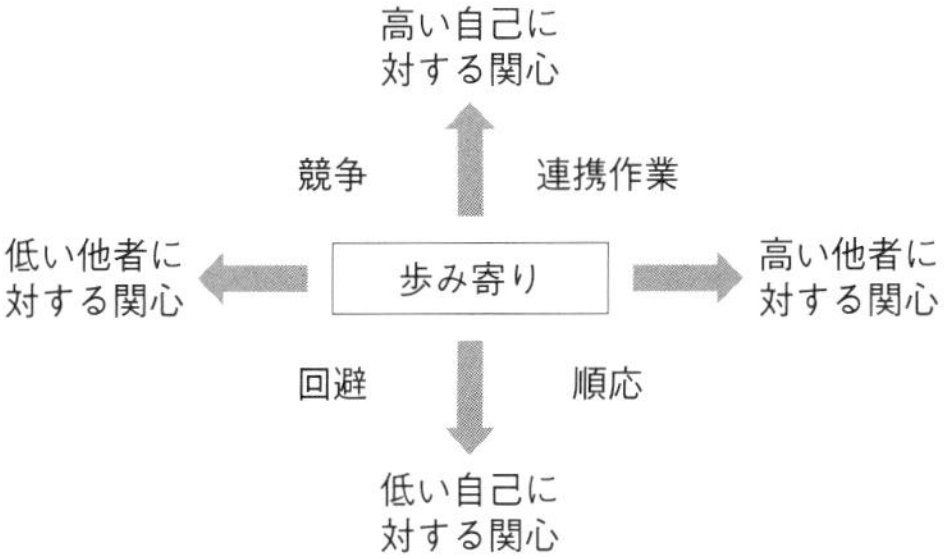


▲図4.4：衝突の解決法

いのか考えることは、衝突解決において有効である。回避、順応、歩み寄りは、コラボレーションより早く、簡単な解決法である。しかし、コラボレーションは、どんな困難にも協力して立ち向かう、強いチーム凝集や高いチームの自信を構築する。

衝突は意義あるものであるため、チームはその価値と必要性にまず気づく必要がある。そして、コラボレーションを用いた問題解決のための効果的なコミュニケーションを促進するよう努めるべきである。

## ◉衝突解決のためのコミュニケーション法 ―四つの方法（OLVE）―

チーム内の衝突を解決するための秘訣として、「参加」（invOLVE）、「解決」（resOLVE）、「許容」（absOLVE）、「進化」（evOLVE）の四つがある。まず、問題が生じた時、チームメンバーを問題や衝突を議論することに「参加」させ、次に、素早く、専門的に、感情的にならず、そして、公正に、衝突を「解決」する。解決のためには問題解決の最初から選手を参加させ、問題の認識を早く、正確に行う。そうすることにより、認識された問題を解決することに注意が向けられるようになる。私たちは、問題の解釈に集中せず、不満を言うことに時間とエネルギーを費やしてしまうことに陥りがちである。問題解決のための方法を考えることに時間とエネルギーを費やし、衝突の責任がある選手に対してどんな過ちでも「許容」し、そして、チーム課題解決に向けて進むべきである。最後に、衝突はチームの成長に不可欠なことを理解し、強く、賢く、熟練し、凝集することにより、衝突から「進化」できるチームになることが重要である。

コーチは、チーム内での衝突が必要不可欠であることを説明しなければならない。衝突を受け入れ、困難な目標達成のためには、衝突が必要であることを選手に伝えるべきである。衝突に対して系統的に計画、行動し、どのように問題が生じたのか、そして、それに対してどのように対処していくのかに注意を向けることが重要である。コーチはそれらのことを選手に教え、選手それぞれが自分の反応でコミュニケーションをとることの必要性を認識した時、衝突による不快感が、連携の取れたチームの成長へと変化する。

### ◉効果的な対面

衝突にうまく対処するには、対人技術を必要とする。衝突する際は、相手と面と向かって議論を行う。対人技術とはうまく衝突を解決するために必要な特定のコミュニケーション技術である。コーチは、選手を動機づける時、常に面と向かって話さなければならない。しかし、その目的が、権力を誇示することであったり、選手に身のほどを知らしめることであったりしてはならず、選手自身の振舞いや、その結果生じた問題について考えるのを手助けするためのものであることが望ましい。達成志向の強いスポーツ場面において、衝突は日常茶飯事に起こることであり、コーチは選手がベストを尽くせるように、十分なコミュニケーションを行う必要がある。不快であるからといって、衝突を避け、先延ばしすることは、解決に必要な緊張感を低下させるだけである。

（訳　織田　憲嗣）

# 第5章　リーダーシップスキルを養う

前章までに、哲学、動機づけ、コミュニケーションが、精神的強さを得るための重要な構成要素として示された。本章では、リーダーシップ、特に変革型リーダーシップ（変容させる力のあるリーダーシップ）の重要性について述べる。

## 1．リーダーシップの専門用語

リーダーシップとは、ある特定の目的を達成するよう個人に働きかける行動的、心理的、社会的な過程と定義される。

### ◉変革型リーダーシップと処理型リーダーシップ

変革型リーダーシップは人びとの参照枠（認知や行動の枠組み）、あるいは思考過程を変化させることで、認知の仕方、生活の仕方、そして反応の仕方に本質的な転換をもたらす。変容させる力があるということは、あるエネルギーの形態を別のものに変えるとか、その状態や性質、機能を別のものに変化させることを意味している。例えば、トランスフォーマー（変圧器）は、電圧を有効に活用できるように変化させるものである。

このような特徴は、リーダーがフォロアー（成員）に対して資源を提供したり、報酬や罰則を与えたりするような、伝統的な処理型リーダーシップとは対照的である。処理型リーダーは、典型的なマネージャー（管理者）である。もちろん、組織づくり、日程調整、予算立て、資源の割り当て等の管理業務は、どのコーチも行わなければならない。所属選手のパフォーマンス強化のために、行動修正技法を用いて、報酬を与えたり、罰則を適用したりするような場合には、コーチもまた管理者のように振舞うかもしれない。しかし本当のリーダーシップ、とりわけ変革型リーダーシップには、これらの管理業務以外に、もっと多くのことが含まれている。成功したコーチは管理業務の責任を果たしつつ、それでいて変革型リーダーシップスキルを用いて選手の可能性を引き出している。

## ◉三重ループの学習

図5・1に、変革型リーダーシップを理解するために有効なモデルを、学習の過程として示した。このモデルは、以下の点に基づいている。すなわち、変革型リーダーシップは、選手がパフォーマンスを強化するための戦略を学ぶ手助けをするだけでなく、彼らの考え方をリフレーム（再枠づけ）したり、さらにはその人となりさえも変容させたりすることを可能にする。ハーグローヴはこれらの変化が①から②へ、そして③に至ると考えている。

①単一ループの学習法（パフォーマンスを改善し、よりうまく遂行できるように行動の戦略を立てられ

るよう手助けする）

②二重ループの学習法（これまでとは違ったことに取り組めるよう、思考や行動の基礎をなしているパターンを作り直すことができるよう手助けする）

③三重ループの学習法（自分自身の人生や自分を取り巻く世界に対するものの見方に転換をもたらす）

「人格」の形成あるいはスポーツマンシップの形成を例にあげて、この概念をスポーツにおけるリーダーッシップとの関連で説明してみよう。コーチ、両親、そしてユーススポーツのリーダーたちが最も一般的に用いる方法は、強化（報酬と罰則の活用）とモデリング（模倣）の二つである。図5・1に示した学習モデルでは、これは単一ループの学習法に当てはまる。若い選手たちは、道徳的行動、スポーツマン的行動、そして他者への攻撃性において、正しい行動を行えば報酬が得られるが、悪い行動であれば罰を受ける。単一ループの学習法では、何を行ったかに焦点を当てることで、選手の行動を形作ることに関心が向けられている。しかしながら、スポーツマンシップや道徳性の発達において、これは最初の段階にすぎない。

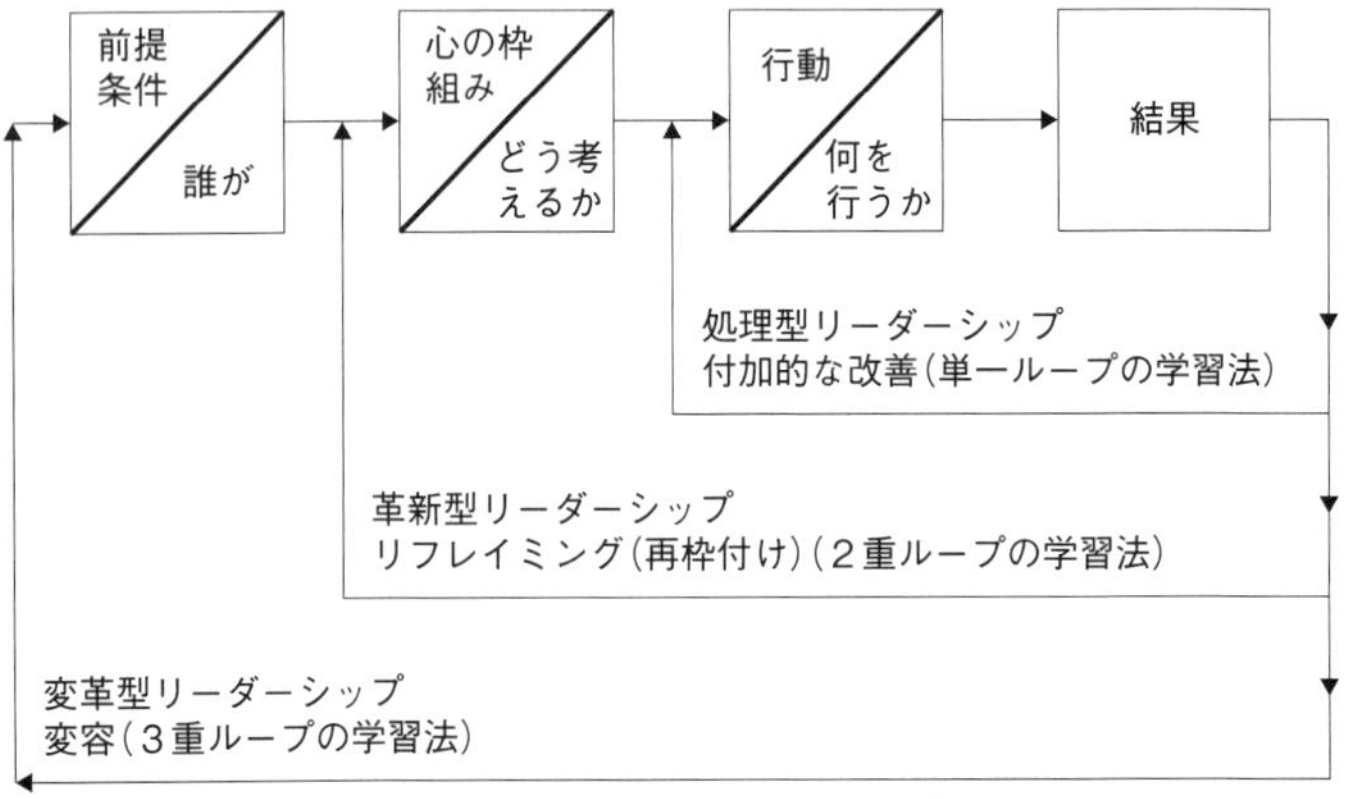


▲図5.1：変革型リーダーシップ

最近では、スポーツ活動における正しい行動について、若い選手が考え方を再構築できるよう手助けすることに関心が向けられている。このアプローチにおいてリーダーは、例えば勝つために不正を行うべきかどうかといった道徳的ジレンマ（葛藤）が生じた際に、選手がそれについて考え、討論し、そして信念や価値観を再構築するように働きかける。このアプローチにおいて重要なことは、道徳的行動とスポーツマンシップを発揮するのは、子どもたちがその行動を正しいと思うからであって、決して報酬を得るためや罰を受けないようにするためではないということである。そのために、時間をかけて子どもたちの心の枠組みを修正することが大切である。これは二重ループの学習法の一例である。

道徳的原理と誠実さは、三重ループの学習法を通じて内面化される。このアプローチでは、若い選手たちは報酬と罰則（単一ループの学習法）から、思考と行動の再構築（二重ループの学習法）へと移行し、ついには深く内面化された道徳的原理に基づく人間性を身につけていることを確認する（三重ループの学習法）。彼らは人をだましたり、意図的にケガをさせたりしない。その理由は、退場させられたくないからではなく、そのような行為をすることが他者を傷つけ、試合の品位を低下させることを理解しているからである。また最も重要なこととして、彼らは自分たちがフェアプレーをし、誠実に試合を行うタイプの人間であると信じている点にある。この意味で、彼らはすでに自分自身と、自分を取り巻く世界やスポーツに対する見方を進展させ、変容させていると言える。

どうしたら選手を、三重ループの学習法、言い換えれば変革型の学習法に取り組ませることができるだろうか？

## ◉コーチの権力

パワー(権力)は、一般的にリーダーシップと関連の深いものであるため、リーダーシップとの関係を明らかにし、定義することは重要なことのように思われる。権力はどちらかというと統制することに関係したものであるのに対して、リーダーシップはむしろ影響力に関係している。権力は、選手とチームを目標に向かって動かすための、コーチにとっては必要不可欠なものであるが、たびたび誤用されてきたために、誤解されている。コーチは、しばしば自らのリーダーシップ機能を独占的なものであると、誤解している。そういうコーチは、チームを効果的に導くような、変容させる能力を持ち合わせていないだろう。変革型コーチは、優れたスキルと有能さを実際に選手にみせることで、そして選手からコーチとして信頼されることで、尊敬を得ている。有能なコーチは権力をうまく活用しており、そして変革型リーダーシップを通じて、さらに権力を増しているのである。

権力に関連する用語に「エンパワーメント(力を与えること)」がある。これは簡単に言えば、他者に能力を与えたり、責任を与えたりすることによって、権力を与えることを意味する。変革型コーチは、選手やスタッフに力を与えている。あなたが選手に権限を与えるならば、彼らは新しい技術を学ぼうとやる気を起こし、より良い競技成績をおさめるだろう。そして、参加することにより楽しさを感じ、さらに自分自身をより良い方向に導くようなリーダーシップスキルを発達させるだろう。

## ２．リーダーシップに対する迷信

### ◉迷信その１　生まれつきのリーダー

この迷信には、偉大なリーダーは人びとを効率的に導く素質を、生まれながらにして持ち合わせているという仮定がある。リーダーシップにおける「偉大な人間」理論とも呼ばれるこの迷信は、生まれつき優れた知恵、力、美徳や魅力を持った人間は、ヒーローとして他の人びとから区別されると考えている。

しかし、この「偉大な人間」理論は、これまでの研究や一般的な証拠と理屈が合わない。私たちの描く魅惑的なヒーロー像とは対照的に、偉大なリーダーたちは結局のところ、私たちと同じ普通の人びとであることが判明している。リーダーとなった人びとは、ある特定の状況において、技術や知識、技能を発達させたにすぎない。リーダーシップはスキルであり、スキルであるから獲得できるものである。覚えておいてほしいのは、リーダーは作られるものであり、生まれてくるものではないということ、そしてリーダーとは典型的には自分自身で作り上げていくものである。

### ◉迷信その２　熱狂的リーダー

熱狂的リーダーに関する迷信は、第３章で紹介した動機づけに関する「ジョッキとマグカップ」の例に似ている。このアプローチでは、能力のあるリーダーとは熱烈であり、そして選手を鼓舞することに全力を尽くすものであると仮定している。

あなたにはこのリーダーシップ概念の背景にある論理の欠点、特に動機づけに関する欠点に気がつくだろうか？ 熱狂的なリーダーシップという考えは、以下の二点に基づいている。
①コーチの唯一の機能は選手を動機づけることであり、普通それは恐怖や強烈な感情を伴う。
②動機づけは選手の内面から生じるものでなく、コーチから受け取るものであると信じている。

熱狂的リーダーシップのアプローチに賛成しているコーチは、リーダーシップの最も大切な要素である知識の向上、スキルの開発、選手との関わり、そして効果的なコミュニケーションを忘れている。変革型リーダーになるために必要な知識、能力、職業倫理に欠けているため、熱狂的なリーダーシップの型に頼ってしまっている。調査によれば、選手を導く良い雰囲気を作り上げるために、リーダーは感情的に人を惹きつけなければならないことが示されている。しかし、極端に単純化した熱狂的アプローチでは、このような雰囲気を作り出すことはできない。

## ◉迷信その3　定型的リーダー

三番目のリーダーシップに関する迷信は、いつでもあらゆる場面でも必ず成功する、唯一の定型（決まった型）があるというものである。

マーキュリー宇宙計画においてＮＡＳＡ（アメリカ航空宇宙局）が、初の宇宙飛行士になるべき「不可欠な資質」を持った人びとを探すという映画があった。スポーツ心理学者は、スポーツにおける効果的なリーダーシップについて、この「不可欠な資質」に興味を持っている。しかしながら、変革型リーダーを作り上げる一定の方式など存在しないことは明らかである。

この定型的なアプローチのもう一つの弱点は、リーダーシップにおける相互作用の性質を考慮に入れていないことである。次の節では、有能なリーダーやコーチになるための処方箋を探す代わりに、相互作用的な、リーダーシップの三つの輪の「サーカスモデル」を提示する。

## 3. リーダーシップの三つの輪

リーダーシップという点でコーチは、あたかもサーカスの舞台監督のようである。普通サーカスは、三つの輪の中で同時に進行している。舞台監督は三つの輪の中で行われているそれぞれのサーカスをうまく演出しなければならない。

### ◉別々に分離した輪

このモデルにおいて輪は、リーダーシップの有効性を論じる上で考慮されなくてはならないコーチ、選手、文脈（状況）という三つの重要な構成要素を代表している。図5・2に示したように、最初はそれぞれ独立した輪として考えてみるとよい。一つ目の輪は選手を表しており、この輪は年齢、レベル、能力、性格、態度および価値観といった個人的な特徴から成り立っている。二つ目の輪はリーダー、すなわちコーチの輪であり、教育、トレーニング、性格、スキル、態度、経験そして価値観を含むコーチの個人的な特徴が含まれる。三つ目

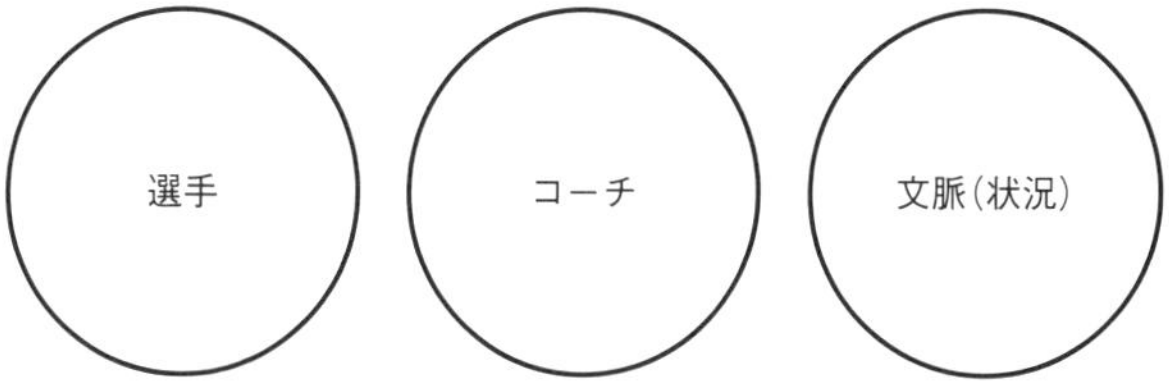


▲図5.2：リーダーシップの分離した輪

の輪は文脈であり、試合か練習かといった絶えず変化する状況要因や、競技のタイプ、チームの大きさのような組織の要因から構成されている。

## ◉相互に関連しあう輪

このリーダーシップのモデルにおいて鍵となるポイントは、コーチが図の網掛けしてある中間部分で機能しようとする時に、変革型リーダーシップが生じるということである。この位置において、コーチは最も効果的に個人とチームを変容させる。なぜなら、それはリーダーシップの三つの構成要素において相互作用の中心だからである。

舞台監督に見立てたコーチが、サーカスを有効にコントロールする時に立ちうる他の場所について考えてみよう（図5・3）。もし彼らが分離した一つの輪の中にいれば、他の二つの輪で生じていることを理解したり、そこに影響力を与えたりすることはできない。もし彼らが図中の1の位置にいると、状況の変化を見逃してしまう。このようなコーチは、選手からの要求について は考慮するがリーダーシップの型は頑固であり、状況要因が変化しているにもかかわらず、かたくなに同じ方法で振舞おうとする。研究によれば文脈や状況が異なれば、違ったタイプのリーダーシップが必要になると示されている。

もし舞台監督に見立てたコーチが図中の2の位置に立つと、選手の

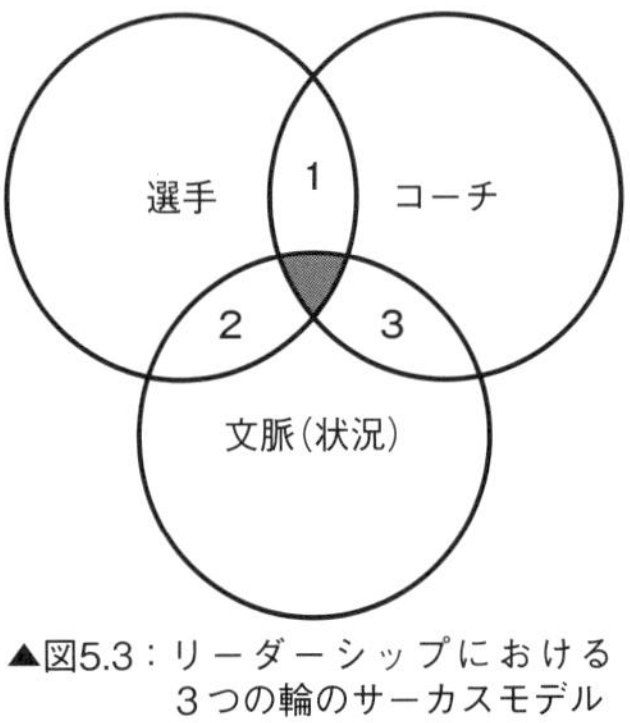

▲図5.3：リーダーシップにおける
3つの輪のサーカスモデル

要求を状況と関連づけて考えることはできるが、コーチングの目的、優先事項、そして一貫した哲学を提供できなくなってしまう。これは有効なリーダーシップの位置取りではない。なぜなら、選手の人生に影響を与えることができるような、確立したコーチング哲学に立脚していないからである。これは首尾一貫しない、いい加減なリーダーシップ行動をもたらし、スポーツプログラムの継続性を欠くことにつながる。

もし舞台監督に見立てたコーチが図中の3の位置に立つと、選手の特定の要求、関心、そして能力を把握し損ねる。このリーダーシップの崩壊は、少年期のスポーツでしばしば生じている。そこでは、コーチはアメリカンフットボールの教え方について明確な哲学と目的意識を持っているかもしれない。しかしコーチたちは、彼らの指導を受ける9歳や10歳の選手が、厳しい練習で有名なシカゴ・ベアーズのような指導はされたくないと思っていることに気づいていない。

変革型リーダーシップでは、コーチは三つの構成要素を表す輪の真ん中にいることが求められる。有能なリーダーは、さまざまな状況において、三つの輪にどのような相互作用が生じているかに注意を払いながら、舞台監督としてのスキルを発展させなくてはならない。そして、選手がスキルを向上させ、より良い競技成績をおさめ、スポーツをより楽しむことができるよう手助けするために、どうすればそれらの相互作用を最も有効に変容させることができるかについて、その方法を考えなければならない。一流コーチに関する研究では、コーチングの成功に関する決定的要因は、リーダーシップの適応性と柔軟性であることが示されている。

### ◉必要とされるリーダーシップの役割

ここまでのところ、リーダーをトランスフォーマー（変圧器）やサーカスの舞台監督に例えて論じながら、スポーツ心理学におけるリーダーシップ研究について紹介してきた。次は何だろうか？ あなたは不思議の国のアリスに登場するマッドハッター（愚かな帽子屋）というキャラクターを知っているだろうか。

変革型コーチは、彼らに求められるリーダーシップの役割を実行するために、マッドハッターのようにたくさんの帽子をかぶっている。本章の残りでは、五つの帽子（役割）に関連させて、スポーツのリーダーのための「不可欠な資質」を確認していこう。その五つとは見通す役割、関わりあう役割、統制する役割、強化する役割、そして情報を伝達する役割である。

## 4．見通す役割

最初に、変革型リーダーは見通す役割（ビジョン・ハット）を身につけなければならない。この帽子は思考のための帽子である。ちょうど、市民が政治家にビジョン（展望や将来像）を望むように、選手はコーチにビジョンを望む。見通す力とは、想像力あるいは、実際に目には見えない何かを知覚する能力であり、それは現状よりもはるか先の、広範な未来に対する願望や達成を含むもの、と定義される。

コーチとして、見通す力はプログラムとチームのタイプを確立するために必要である。見通す力には以下の三つのものが必要となる。

①何を成し遂げたいかというビジョン（コースの図示）

②どうやって行うかというビジョン（実行計画の策定）
③ビジョンを活かすための、他者を奮起させるための能力

## ◉ナビゲーションの法則を思い出そう（コースの図示）

リーダーシップにおける21の法則を著したマクスウェルは、ナビゲーションの法則について、誰でも船を操縦することはできるが、そのコース（進路）を決定し導くのはリーダーの仕事であると述べている。指導するチームのコースを図示することは、チームの最終的な到達目標に関するビジョンだけでなく、そこに至るまでに直面するかもしれない障害や、目標に至るまでに必要な事柄も理解していなければならない。コーチは特定の状況に対する深遠で先入観のない洞察を得るために、情報収集を通じたたゆまない準備によって見通す力を向上させることができる。以下の六つは、洞察力を得るための実際的な助言である。

①現在の思考とは異なる、独特のアイデアを展開する勇気を持とう。
②問題の核心をつく質問をすること。凝り固まったパターンを打ち破るために絶えず「なぜか？」と問い続けよう。「何であるか？」と考える代わりに、「何でありうるか？」と考えよう。
③言い争うよりもむしろ学ぼう。もし意見が合わないなら、ただちに学ぶ姿勢を取ろう。
④心を落ち着け、物事についてもっと深く考えるために、スポーツの環境から物理的に距離をおく時間を取ろう。
⑤洞察には時間がかかるので、困難な課題には、忍耐力と粘り強さが必要とされる。
⑥アイデア間の関係を見出すために、白紙ページ技法を用いよう。白紙のメモ帳に達成したいと思う事

柄を書き出していこう。あまり評価しすぎないで、自分の考えを全部書き出そう。まとまりがなかったり結論の出ないものであったりしても構わない。いくつかの計画ができたら、しばらくそのままにしておく。それらの計画が良いアイデアであるか、あるいは作成した時よりも、もっと多くの手がかりが得られるかどうか、二、三日してもう一度見てみよう。

## ◉情報と洞察を行動計画の中に取り入れよう

収集した情報と洞察を、行動計画にうまく取り入れる必要がある。もし最初の段階がコースを作図することであるなら、次の段階は、成功裏に達成するために方向性を定めることである。そのためには以下の三つが参考になる。

①コーチング哲学の基礎となるキーポイントを書き出し、この哲学に基づいて明確な目標を設定する。
②チームと個人の目標の組織的な計画のプログラム（第8章参照）を実行する。
③ビジョンを活性化することは、自己満足を超えて、緊張感をもたらす。これは新しいプログラムに取り組むコーチにとっては最初に求められることである。チームの規範（第6章で議論される）を変容させなければならない。そうするためには、チームの中で鍵となるリーダーや選手と新しい関係を構築し、目標達成への戦略を立て、内発的・外発的動機づけを強化し、行動を洗練化するために絶えずフィードバックを提供する必要がある。

## ◉ビジョンと行動計画を実行しよう

リーダーが選手たちを変容させられるかどうかに関する重要な要因は、ビジョンと行動計画に対してどれほど忠実であるかにかかっている。選手を変容させる最も重要な方法の一つは、モデリング（模倣）によるものである。もしコーチが選手に、熱心に打ち込んでほしいなら、コーチ自らが献身するお手本にならなければならない。選手の目に映るリーダーシップの矛盾は、あなたと、そしてあなたのビジョンに対する信頼を失わせるだろう。

以下では有効なリーダーシップ・モデリングについて、論理的な示唆を示す。

### ⑴実際に経験する

コーチは「話す」だけでは十分でなく、「実行する」ことが必要である。選手はそれができるリーダーを求めている。自信とは、リーダーがすべての答えを知っていることを意味しているのではない。実際、私の経験では、良いリーダーは不確かな時にも、知ったかぶりをせず、正直である。選手はすぐにこのことをかぎつけるので、誠実でないリーダーは信頼を失う。自信とは、不確かな状況でも、リーダーが答えを見つけ出すことができると信じて取り組んでいることを意味している。

### ⑵個人的な責任

1949年から1975年までUCLAのバスケットボールのコーチであったジョン・ウドゥンは、「私は選手を怒鳴ったことがない。たとえ大きな試合でミスをしても、それは十分なコーチングができなかったからだと考えた」と言っている。この例は、高い基準を設けて自ら進んで責任を取るという、偉大なコーチの哲学や信念を浮き彫りにしている。

コーチとして私の見出した効果的な原則は、失敗したら責任を取り、成功したら選手やアシスタントコーチを賞賛するというものである。失敗に対しては責任を取り、成功した成果は共有しようとするあなたの態度に、人びとは敬意を表するだろう。

### (3)専門家としての境界線を確立する

コーチは選手から、適切な心理的境界線を確立することで、距離をとるべきである。選手と親密であることは必要であるが、リーダーは社会的にも、心理的にも距離をとっていなければならない。推奨できるガイドライン（指針）としては、たとえ個人的によく知っていて親しい間柄でも、選手とは専門家としての関係を保つべきである。

### (4)効果的に時間を管理する

あなたの時間と選手の時間を効果的に管理しよう。これは、せかしたり、常に時計をチェックしたりするという意味ではない。ビジョンを実行するために費やした選手の時間を、正当に評価することを意味している。

### (5)柔軟にビジョンを推進する

もし、あなたのビジョンや行動計画に修正の必要があれば、リーダーとして柔軟な能力を持っていることを示そう。かつて私はコーチであった時、自分の間違いを正直に認めたが、そのことで選手たちから信頼を得た。この正直さは、私と選手との信頼関係を強化した。

## ◉見通す役割についてのまとめ ―ビジョンの妨げに気づく―

見通す役割についてのまとめとして、「ビジョンの妨げ」のチェックリストに答えてみよう。あなたのリーダーシップ行動を以下の10の妨害要素に関連して評価しよう。それぞれの項目について、普段のあなたの行動について、1点：「決してしない」～10点：「いつもしている」を基準に得点をつけてみよう。

①選手たちをひどく扱う。例えば彼らに関心を示さない、ありがとうを言い忘れる、尊重しない、褒めない等。
②良い例を示さず、「私の言うとおりに動け」的な格言が体に染みついている。
③たくさんのことに注意が分散してしまっている。
④選手が人間だということを忘れ、無茶な練習をさせている。
⑤選手が向かうべき明確な方向性を与えていない。
⑥一貫性のない方向性を与えている。
⑦失敗の責任を取らない。
⑧些細なことに気をとられ、「なぜ」行うのかの理由や全体像を伝え忘れている。
⑨ビジョンに対するコーチ自身の取り組みを、ほとんど示すことができない。
⑩チームのビジョンに対してサボっている選手を許してしまっている。

## 5. 関わりあう役割

変革型リーダーが持ち合わせるべき二つ目の重要な役割は、関わりあう役割（リレーションシップ・ハット）である。なぜならビジョンはチーム内における効果的なコミュニケーションなしでは遂行できないからである。関わりあう役割については、選手へのケアを行う看護師の帽子を思い浮かべよう。コミュニケーションがうまくなければ、変革型リーダーにはなれない。しかし、かといって熱狂的リーダーになる必要はなく、むしろ選手からの情報を効果的に受け止めると同時に、彼らに情報を効果的に伝える能力が必要となる。

対人援助職を対象とした調査では、共感こそが彼らにとって最も肝要な資質であると示されている。ダニエル・ゴールマン（１９９５）はベストセラーとなった『ＥＱ―こころの知能指数』（土屋京子訳、１９９６、講談社）の中で、共感を情緒における最も重要な知性の一つであると定義し、ＩＱで測定される知能よりも人生における成功を予測するものであると捉えている。

このように、共感（およびその他のこころの知能指数）は、コーチが関わりあう役割を全うするために土台となるスキルである。共感はまた、選手の要求と状況の要請の両方を理解し、ビジョンを発展させる上でも必要不可欠である。共感は、選手に話をし、そこから信頼を得る上でも、コーチにとってきわめて重要なスキルであり、リーダーに求められる対人関係スキルの基礎である。

## 6. 統制する役割

変革型リーダーの頭を飾る三つ目の帽子は、統制する役割（コントロール・ハット）である。この帽子の役割については、建設作業員のかぶる安全帽を思い浮かべてみよう。それは労働者の組合運動の象徴である。リーダーは他者を統制する責任を負い、他者へ任務を委譲する割合を決める役割を担っている。変革型リーダーは、チームやメンバーを合法的に統制するために、この権力を賢明に行使しなければならない。統制する役割に関して、最も引き合いに出されることの多い話題は、意思決定やリーダーシップの型の適切さである。

### ◉意思決定の型

リーダーシップに関する文献では、独裁型、民主型、放任型という三つの意思決定の型が確認されてきた。独裁型の意思決定の型は、伝統的な権威主義のアプローチであり、コーチはすべてを決定し、チーム全体を統制する。民主型の意思決定の型（参加型意思決定とも呼ばれる）の特徴は、リーダーがメンバーに、ある事柄に関する意思決定の任務を委譲するか、少なくとも意思決定に関して意見を述べる機会を与えることにある。放任型のリーダーはチームの統制に欠けており、ビジョンや方向性を提供することにおいて消極的である。

スポーツのリーダーシップ研究では、これらの意思決定の型の有効性に関して白熱した議論がなされている。しかし、どの型が最善というのではなく、状況に応じて意思決定の型が選択されるべきである。

### ◉民主的過程と民主型決定とを区別する

民主型リーダーシップの過程が、スポーツには理想に思える。実際、私はそれを変革型リーダーシップと呼ぶだろう。調査もこの点を支持している。内発的に強く動機づけられたチームのコーチには、民主型のコーチング行動が認められるとの報告がある。しかしコーチは、選手に自信を持たせる必要のある時には、単独で決定する勇気と権限を持たなければならない。

### ◉タイミングがすべて

もうすでに気づいているかもしれないが、統制する役割を効果的に果たすためには、タイミングがすべてである。タイミングはリーダーシップの型と同じぐらい、きわめて重要である。マックスウェルは、リーダーの行動およびタイミングによって生じる出来事を四つの象限で示している（図5・4）。それぞれの象限で示された領域の意味が理解できるよう、大学バスケットボールの例を示しながら説明しよう。

第1領域は、コーチが間違った行動を間違ったタイミングで行った際に生ずる状況を示している。つまり「大惨事」である。私はかつてチームのセンターが、新しい

行動

タイミング

| | |
|---|---|
| 第1領域<br>間違った行動<br>間違ったタイミング<br>**大惨事** | 第2領域<br>正しい行動<br>間違ったタイミング<br>**抵抗** |
| 第3領域<br>間違った行動<br>正しいタイミング<br>**失敗** | 第4領域<br>正しい行動<br>正しいタイミング<br>**成功** |

▲図5.4：リーダーシップ行動とタイミング

オフェンスの動作をうまくできないで苦しんでいたので、口先だけで「大丈夫、君ならできるさ。簡単だもの！」と言ってしまった。彼女は、目に涙をためて私を見つめながら、「コーチには簡単でしょうけど……」と言った。私は簡単だと思ったのは間違いであり、また彼女がうまくできなくて自分には能力がないように感じていた時にそれを言ったのは、もっと間違いであったことを悟った。

第2領域は、コーチが正しい行動を間違ったタイミングで行った際に生ずる状況を示している。この状況は「抵抗」である。チームが首位のライバルチームにひどい負け方をした直後、私は選手たちにどう思うかを議論させようとしたが、彼らは強く抵抗した。それは悪いアイデアではなかったが、彼らには心の準備ができていなかった。彼らにはまず、その試合で何が起きたかをじっくり考える時間が必要であった。

第3領域は、コーチが間違った行動を正しいタイミングで行った際に生ずる状況を示している。この状況は「失敗」である。1ポイント差で負けていて、残り時間8秒の段階で、タイムアウトを取った私は、選手に彼らのしたいオフェンスは何かと聞いた。私は民主型のリーダーシップを用いたのであった。しかし結果はターンオーバーし、シュートを打つことなく、得点し損ねた。ゲーム後、私はタイムアウトをとったタイミングは正しかったが、間違った行動をしてしまったことに気づいた。

幸いなことに、そのシーズンの後半でこの失敗を修正することができた。これは、第4領域に示されている、コーチが正しい行動を正しいタイミングで行った際に生ずる状況である。つまり「成功」である。その時、私たちのチームは終了直前、1ポイント差という先ほどと同じ状況にいた。この時は、私は失敗から学んでいたので、準備ができていた。私のリーダーシップ行動は独裁的であったが、このストレスフルな状況では適切であった。私は一人ひとりの選手にすべきことを明確に伝えた。すばらしいショットが放たれて、それが入った。そして私は、状況に応じて正しいリーダーシップの型を選ぶことを学んだ。

正しい行動を正しいタイミングで行うと、奇跡が起こる。独特なリーダーシップスキルでも、機が熟した時に採用されると、まるで鍵が錠にぴったり合って扉が開くようにうまくいく。統制する役割をうまく遂行するには、タイミングがすべてである。

## 7. 強化する役割

リーダーが身につけるべき四つ目の帽子（役割）は、強化する役割（レインフォースメント・ハット）である。変革型リーダーは、報酬と罰則による強化の方法を用いて、選手の行動を形成しなければならない。競馬のジョッキーがかぶる帽子を思い浮かべるとよい。彼らはあめ（人参）とむちで馬の行動を強化する。ワシントン大学のロン・スミスおよびフランク・スモールは、ジュニアスポーツのコーチを対象に、適切な強化テクニックとコミュニケーションテクニックを学

▲コーチは正しい行動を正しいタイミングで行うことが重要

ばせ、その効果を検討した。行動観察によれば、トレーニングを受けたコーチには、適切な強化行動と教育的行動が増加することがわかった。さらに重要なこととして、そのようなコーチのもとでは、子どもたちはスポーツを楽しみ、コーチを好きになり、良い教師であると感じていることもわかった。また、子どもたちの自尊感情は高く、スポーツをやめてしまう率も低いことがわかった。この研究は、強化する行動とコミュニケーション行動が、コーチにとっていかに重要であるかを示している。

本章では、強化のための技法について広範にわたって論議することができないが、変革型リーダーシップに関連して、以下の五つの秘訣を示す。

①あなたのビジョン、哲学、そして行動計画に一致した強化子（強化刺激）を加えよう。例えば選手の成長に価値をおく哲学を採用していながら、一生懸命努力したのに負けてしまった選手を罰するような場合は、リーダーシップの有効性を失ってしまう。

②あなたのビジョン、哲学、そして行動計画を反映する、行動指標を明確にしよう。

③選手がリーダーシップ・スキルを発揮するよう奨励し、できたならそれを高く評価することで強化しよう。

④「あなたには必要だ！」と言うよりむしろ「それはあなたの当然の権利である！」と言う態度でサポートや強化を行おう。

⑤選手の功績を公的に認めるために、強力な強化子として表彰を活用しよう。公共の場において権威ある人物から誠意ある方法で表彰を受けることは、非常に強力な強化子であり、動機づけ要因となることを覚えておいてほしい。

## 8. 情報を伝達する役割

能力のあるリーダーが身につけるべき五つ目の帽子（役割）は、情報を伝達する役割（インフォメーション・ハット）である。シャーロック・ホームズ風の探偵がかぶる帽子を思い浮かべるとよい。なぜなら、変革型リーダーは、選手の成長と向上をもたらす情報の収集に余念がないからである。選手のレベルに合致した適切な情報と効果的な教授法が用いられたなら、コーチはこの役割を全うしたことになる。伝説的なコーチであるジョン・ウドゥンのコーチング場面に対する行動観察では、彼のコミュニケーションの75％が、選手への情報提供であったことが示されている。NCAAの選手権を10回制したジョン・ウドゥンのようなコーチになれるよう、コミュニケーションは情報提供を中心とすべきである。他に、リーダーが情報を伝達する役割を果たすためには、以下の四つが役立つ。

①人びとの間で問題がどのように発生するかについての気づきと洞察を増やし、問題が大きくなる前に、できるだけ早い段階で調整行動をとろう。変革型コーチは、問題解決者としての仕事を減らせるよう、問題発見者として働いている。

②知識を増やし、常に最新であろう。「不可欠な資質」の大部分は、自身の資質を知ることである。能力のあるコーチは、スポーツに影響するすべての科学（例えば、トレーニングの生理学、力学、スポーツ医学、心理学）を学び、そして自身の専門種目についても学んでいる。

③コーチはあたかも掲示板やインターネットのウェブサイトであるかのようになろう。能力のあるコーチは、広範な情報を選手に提供する。それは、選手が人間として成長することに、コーチが関心を持っ

ていることを示している。
④あなたのリーダーシップのビジョンおよび行動計画に関して、チームあるいは個人に進歩がみられた時は、常に肯定的な評価コメントを提供しよう。

## 9．役割の遂行 —選手がコーチに望むこと—

選手はコーチに何を望んでいるのだろうか？　以下のリストは、選手がパフォーマンスに有害であると判断したコーチ行動と、役立つと判断したコーチ行動である。あなたはここにあげられた行動が、これまで論じてきた五つの役割のすべてと関連していることに気づくであろう。

### ◉選手がパフォーマンスに有害であると判断したコーチ行動

①試合に向けた最終の準備段階であまりにも神経質になる。
②選手を試合に向けて引き上げようとする。
③試合間際に、技術的なアドバイスを過度にする。
④自信を強化するフィードバックをし損ねる。
⑤計画性の低さ、および責任、組織化、および心理的、身体的準備の欠如。
⑥試合の結果次第ではコーチの「首がかかっている」という印象を与える。
⑦順位を予測して、プレッシャーを与える。

⑧適切な回復・休息時間を与えないこと（オーバートレーニング）。
⑨熱意や努力の欠如、あるいは職業倫理の欠如。
⑩重要な情報を提供し損ねる（貧弱なコミュニケーション）。

**◉選手がパフォーマンスに役立つと判断したコーチ行動**

①心理的準備を提供してくれる。
②有効な技術的トレーニングと身体的コンディショニングを提供してくれる。
③コーチングの際に落ち着き、リラックスしていて、過度に教訓的ではない。
④選手が一人でいる時間をとれるようにしてくれる。
⑤注意散漫にならないように、守ってくれる。
⑥良いコミュニケーション。
⑦言葉によるサポートと自信を向上させるフィードバックをくれる。
⑧チームの持ち味を作り上げる。
⑨うまく組織化してくれる。
⑩選手が目標を見通せるよう手助けする。

## 10. リーダーシップの育成

これまでのところ、この章の焦点はコーチのリーダーシップ能力の向上にあった。変革型リーダーになるために、そして精神的な強さのためにコーチは、リーダーシップの多くの役割を遂行しなければならない。しかしながら、あなたも知っているように、チームが精神的な強さを獲得するのは、選手自身が効果的なリーダーシップを発揮する時である。

コーチはただ待っているだけでなく、選手のリーダーシップを養成することに関心を向けるべきである。チームのキャプテンあるいは上級生のようなリーダーの候補と会う時には、リーダーシップがどうあるべきかを論じよう。あなたがリーダーに求めることを説明し、そして彼らには、チームはリーダーに何を求めていると思うか尋ねよう。これはチーム全体ですべき議論であって、そうすることでチームが必要とするリーダーシップのタイプを明確にすることができる。

ある特定の選手にリーダーシップを強いる場合には、コーチは用心深くあらねばならない。戦術的に重要なポジションにいる選手は、自然にリーダーシップを示すよう期待されることがある（例えば、バレーボールのセッター、バスケットボールのポイントガード、アメリカンフットボールのクォーターバック）。チームがこれらのポジションにいる選手にリーダーシップを求めることはよく理解できる。しかしコーチは、それぞれの選手が自分の性格に合ったリーダーシップの型を採用することを認めなければならない。

（訳　土屋 裕睦）

# 第6章　チームの団結力を養う

スポーツにおいては、チームの中で「化学反応に似た不思議な作用（chemistry）」が起こった時に最高の体験がしばしば生じる。その伝説の一つに、映画「ミラクル1980の奇跡※」の中でも描かれた、1980年アメリカアイスホッケーオリンピックチームの話がある。その他にも、1985年男子バスケットボールNCAAトーナメントで、ヴィラノバ大学がパトリック・ユーイング率いる当時最強と言われていたジョージタウン大学を破ったゲーム中にも起こっている。エド・ピンクニー（ヴィラノバ大学のヒーロー）は、「ゲーム中、コート上に多くの会話はありませんでした。私たちは、各自がそれぞれの役割を実行する前に、他の選手がやろうとしていたことを、なぜか突然知ることができたのです。『不思議な作用』とはびっくりするほどすばらしいものでしたが、私は何がそれを引き起こしたのかまだわかりません。おそらく、多くの年月でたくさんの対立を経験したことで、三人の上級生はお互いに、とても快適な気分になっていたのでしょう。」と述べている。

1994年長野オリンピック、1996年アトランタ・オリンピックに参加した65人のアメリカ代表コーチを対象に調査した結果、オリンピックでの成功に影響を及ぼす三つの要因のうちの一つがチームの団結力であった。NBAのコーチであるパット・ライリーは、団結力のあるチームとは各選手の能力の合計よりもはるかに大きな力を発揮すると述べている。したがって、精神的強さを獲得するためには、チームの団結力を高めることがチームや選手にとって重要となる。

本章においては、チームの団結力、チームの文化、チームビルディングについて議論していく。

## 1. チーム団結の事例研究

1996年アメリカバスケットボール女子代表チームは、アトランタ・オリンピックに向けて、14ヵ月を費やして、10万マイル（約16万900km）を越える距離を遠征し、その中で52ゲームを行った。そこではシベリアで行われたゲームも含まれており、当地は非常に寒く、選手たちはコートと手袋を身につけてゲームに臨んでいた。

レベッカ・ロボは、リサ・レズリーなどの他の選手よりパフォーマンス能力が劣っていたが、アメリカ代表チームの遠征ではファンのお気に入り選手であった。それを気にしていたロボは「チームでどの選手よりも最悪のプレーをしているにもかかわらず、最も注目を浴びている私のことをどのように思っていますか」と質問した。それに対して控えフォワードのカーラ・マギーは、「相手選手に対してならともかく、味方選手に嫉妬することはない」と答えた。

このように各選手のさまざまな考え方が混成されたチームの文化に加え、コーチにはタラ・ヴァンダーヴィアが参加した。彼女は、スタンフォード大学でのコーチ職から一時離れ、女子バスケットボールにおけるアメリカの威信を再建するために加わった。アメリカ代表チームは、1992年バルセロナ大会で三位に終わり、1994年世界選手権ではブラジルに敗れていた。彼女は、選手たちの傑出した栄光にとらわれることなく、彼女たちに粘り強さを要求するコーチであった。

チームには最初から二つの明確な目標が課せられていた。第一の目標は、アメリカ女子バスケットボールの国際的な威信を回復するために1996年のアトランタ・オリンピックで金メダルを獲得すること。第二の目標は、アメリカや世界中を興奮させ、認めさせ、そして女子のバスケットボールに対する支援を作り出すことであった。

アトランタ・オリンピックの最終日、アメリカチームはブラジルを111-87で破って見事に金メダルを獲得した。そして、60勝0敗という無敗記録を達成した。金メダルを獲得したゲームでのパフォーマンスは、チームで30アシストを記録するといったように、彼女たちの今までのベストゲームであった。選手たちは、この最後の最高の瞬間に、チームが持っていた団結力の証として手を握り締めたまま表彰台に上った。

右記の事例記述から、チームの文化および団結力において何が重要な側面かを確認することができるだろうか？　アメリカ代表チームが団結力を獲得するために克服しなければならないこと、さらに、チームの団結力や顕著な成功を容易にしたと考えられるいくつかの重要な出来事を確認できるだろうか？

## 2. 団結力の原理

### ◉課題に対する団結と社会的な団結

まず、第一に、課題に対する団結と社会的な団結との違いについて理解する必要がある。課題に対する団結とは、課題目標をうまく達成するために、効果的に相互作用するチームの能力のことである。例えば、オリンピックチームのようなオールスタータイプのチームは、課題に対する団結を達成するため、互いのクセやプレースタイルに慣れていないが、それに慣れることに努力しなければならない。さらに、アメリカ代表チームの選手は、誰もが大学時代はスター選手（ほとんどが全米優秀選手に選出され、そのうち数名は年間最優秀選手）であったため、何人かの選手は普段慣れ親しんだ華やかなプレースタイルではなく、泥臭い役割を受け入れ、果たす必要があった。アトランタ・オリンピックの女子バスケットボールチームの選手たちは、チームにおける各自の役割を受け入れ、十分にその役割を果たしたために成功した。

次に、社会的な団結とは、対人関係や社会的にうまくやっていくチームの能力のことを意味する。社会的な団結の焦点は、課題に対する団結とは対照的なものとして、どのように人びとがお互いに仲良くするかということである。もし、お互いが好きで、一緒に時間を過ごすことを楽しんでいるのであれば、そのチームは社会的に団結したチームである。しかし、社会的な団結を要求すること、あるいは、社会的な団結を課題に対する団結と同等にみなすことは間違いである。多くのコーチがこれらの概念を混同しており、もし社会的な団結が高ければ、それは勝利するための効果的なものとなることを信じている。チームに社会的な団結を強制することを試みることは、あたかもコーチが友人や社会活動に関する選択を管理しているようにもみえ、この行為についてメンバーが拒否反応を示すこともある。その結果、仮に受け入れた場合でも、選手は友人との関係を「切り離した」と考え、価値のある練習時間を過ごしたとしても、課題に対する団結あるいは有効なチームパフォーマンスの向上は妨げられる。

チームメートはスポーツ参加に関係する興味と価値を共有した場合、社会的に凝集性のあるものになる。第3章で取り上げたように、選手に必要な重要な動機づけの一つとして、チームメートに受け入れられること、あるいはグループに属することがある。したがって、ある程度の社会的な団結はこの必要性を満たすことが重要となる。

### ◉団結に関わる活動的な性質

団結力は劇的に、そして常に変化している。団結中の活動的な変化は、グループ内での人間の相互作用に関わる自然な現象である。しかし、複数の人間がいれば、人と人との間の葛藤は避けられない。また、葛藤は最も団結力のあるチーム内でさえ生じる。選手は、コーチの干渉を受けずに、生産的、非情動的な方法でチーム内の葛藤を自分の力で解決できるようになる必要がある。一方、コーチは、葛藤がチームの目標遂行を妨げ始めた時に、解決の仲裁のために介入すべきである。

団結に関わる活動的な性質には、スポーツチームが経験する課題と社会的な団結の四つの発展段階（形成、動揺、基準化、遂行）がある。これらの四つの段階を経た例として、先に紹介した女子バスケットボールアメリカ代表チームがある。

最初に、コーチングスタッフがメンバーを選出したことによってチームは形成された。ここでは、選手はチームでの可能な役割に関する最初の評価を得たことになる。動揺段階は、さまざまな役割に合わせて調節する際に現れる典型的な葛藤を含んでいる。右記の例では、全メンバーがそれぞれの大学チームで優秀な選手だったということにより葛藤が生じており、新しい役割を考え、受け入れなければならず、それにより個人的な葛藤をしばしば引き起こした。その後、チームの役割が多少安定し、受け入れられるようになった時、チームは基準化の段階へと移行し、そして、関心がチームへの各選手特有の貢献により発展して遂行された。

形成、動揺、基準化、そして遂行という団結力に関する一連の発展は、一シーズンを通じて何度か生じるかもしれない。チームの団結力は、一定のリズムで前後に運動する振り子のようなものである。このように、コーチと選手は、チームの団結力にはそれぞれのパーソナリティが常に影響を及ぼし合うため、それらを対立的に融合させていく覚悟をもたなければならない。

## ◉団結はどのようにスポーツ行動に影響を与えるのか

団結は良いことのように思えるが、それはどこで証明されたのだろうか？　団結はチームがより良く遂行するのに本当に重要なのだろうか？「なんとなく、あいまい」な感じで良く思える概念のタイプなのであろうか？　あるいは実際には重要ではないのだろうか？　より生産的な方法でともに働くように選手を動かす団結とは何であるのだろうか？　そして、あまりに多くの団結がチームにとって悪いことになることがあるのだろうか？　ここでは、これらの疑問に取り組むことにする。

### (1) 団結はチームパフォーマンスを高める

団結力のあるチームは、それほど団結力のないチームより良いパフォーマンスを発揮することが調査によって示された。さらに、この調査は女性チームの団結力は男性チームの団結力よりパフォーマンスと強い関係にあることを示した。これは、団結力が高水準にある場合、女性はチーム状況によってより良く遂行することを示している。したがって、男性チームと比較して、女性チームにおける団結力の低下はパフォーマンスおよびチームの成功により悪影響を及ぼすかもしれない。

団体種目のチームにおける団結力は個人種目（競泳、陸上競技、ゴルフ）と比較して、より強いことがわかった。広範囲な戦術上の相互作用および個人間の協調性を要求するスポーツでは、団結力が強く強調されることは当然のように思える。しかし、たとえチームのタイプ間で明らかにレベルが異なったとしても、団結力は団体種目型と個人種目型の両方のチームともに成功体験と関係がある。例えば、非常に団結力のあるゴルフチームは、技術と戦略に関する助言・コツをお互いに与えながら、より多くの時間を過ごすことによってチームの目標達成に関与しようとする。このように、団結力はチーム目標に対するチーム内でのコミュニケーションを促進することで、すべてのスポーツチームのパフォーマンスを高めるかもしれない。

### (2) どのようになったら団結がマイナスの結果になるか

団結は選手の行動に負の効果を与えるのだろうか？　その答えは「そのとおり」である。「群集とともに行く」の言葉のように、集団思考を促された時のように、極端な団結は若さに対して危険な時がある。第2章で述べられたように、このような過剰な服従には、グループメンバーに期待された行動に対して明らかに有害である。

大学バレーボールチームに対する心理相談に応じる専門家としての私の仕事からは、集団思考の問題がチームビルディング（チームづくり）の練習やチームパフォーマンスへの障害となることが確認された。そこでは、結果による原因修正を与えてチームメートとの葛藤を解決するために、個人間の指針を決定した後、チームが最良のチームになるように、それまで保持していた集団思考の態度を取り除くことを試みた。

チームの団結力が分裂してしまう場合、派閥がさらなる問題となるだろう。人びとは社会活動に対して個人的な仲間を好むので、派閥の社会様相はチームに必ずしも負の効果を及ぼすものではない。しかし、①他人に必要とされていない、あるいは評価されていないと感じた場合、②派閥の力によってチームの団結力が危険にさらされた場合、派閥はチームの団結力やパフォーマンスに負の効果を及ぼす。つまり、選手が望む人との友情や社会的結びつきを深めるためには、無制限な自由が選手に与えられる必要がある。

## 3. 団結のためのチームビルディング（チームづくり）―ここでなんとしてもやってやるぞ！―

チームビルディングとは、チームの団結力およびパフォーマンスを養成し、サポートする有効なチームの文化を築く試みのことを示している。基本的に、あなたは団結力を築き、突出したチームパフォーマンスを導くため、そして、チームの文化を築くためにチームビルディングを用いるはずである。

チームの文化とは「ここでなんとしてもやってやるぞ！」と選手たちが思うことである。コーチとしてのあなたの課題は、「ここでなんとしてもやってやるぞ！」と選手が思うためのチームの雰囲気を巧みに計画・実行することである。一度、そのような雰囲気が選手によって確立され、受け入れられれば、自ら実行することができるようになる。

ここでは、チームビルディングに対する三つの段階（①どこで始めるのか、②どのように行動するのか、③どのように作用するのか）を含めて概説する（図6・1）。

私は「みんなでやり遂げる」というポピュラーな枠組を表現する。他には、「二つの力」のような例もあるように、チームのために新しいキャッチフレーズを開発すべきである。

## ◉ステップ1　どこで始めるのか

団結力のあるチームの文化は、成長するために正しい環境で養成しなければならない。

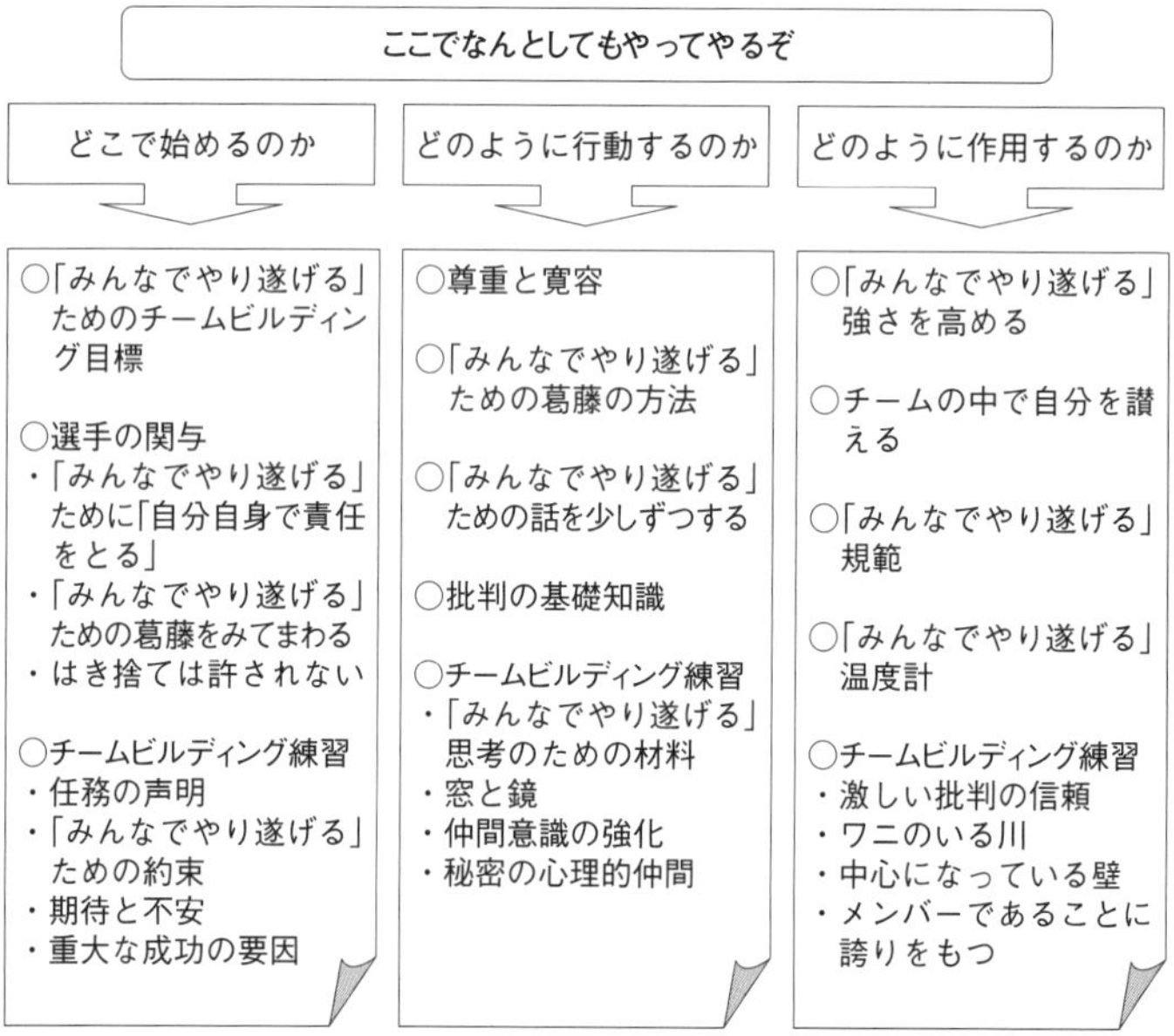

| どこで始めるのか | どのように行動するのか | どのように作用するのか |
|---|---|---|
| ○「みんなでやり遂げる」ためのチームビルディング目標　　○選手の関与　・「みんなでやり遂げる」ために「自分自身で責任をとる」　・「みんなでやり遂げる」ための葛藤をみてまわる　・はき捨ては許されない　　○チームビルディング練習　・任務の声明　・「みんなでやり遂げる」ための約束　・期待と不安　・重大な成功の要因 | ○尊重と寛容　　○「みんなでやり遂げる」ための葛藤の方法　　○「みんなでやり遂げる」ための話を少しずつする　　○批判の基礎知識　　○チームビルディング練習　・「みんなでやり遂げる」思考のための材料　・窓と鏡　・仲間意識の強化　・秘密の心理的仲間 | ○「みんなでやり遂げる」強さを高める　　○チームの中で自分を讃える　　○「みんなでやり遂げる」規範　　○「みんなでやり遂げる」温度計　　○チームビルディング練習　・激しい批判の信頼　・ワニのいる川　・中心になっている壁　・メンバーであることに誇りをもつ |

▲図6.1：「みんなでやり遂げる」の陶冶

したがって、チームビルディングの一つ目のステップは、団結力のあるチームの文化が成長することができる以下の二つの必要条件を確立することである（図6・1）。

### ⑴チームのためのチームビルディング目標を明確にする

チームに所属するすべての選手は「みんなでやり遂げる」ためのチームビルディング目標を理解しなければならない。目標はチームメート間の「あいまいな」感覚で作成されてはならない。また、チームメート間での意見の類似性や多数意見で助長されるものではない。チームビルディングの目標は、団結および「みんなでやり遂げる」ための精神を促進するために、有効なチーム内の相互作用を発展・維持することである。つまり、意見の相違はみんなに受け入れられ、讃えられなければならない。そして、たとえ意見の相違があったとしてもチームのメンバーに対する相互の尊敬や無条件のサポートが存在しなければならない。

### ⑵チームビルディングに対する選手の関与

多くの選手が、精神的強さの成長に興味を持っていると述べるが、チームビルディングのような技法が魔法のようにすぐに効かないことを知ると、興味は急に失われ前に進まなくなる。

チームの全メンバーは、団結力のあるチームの文化が一回のミーティング（打ち合わせ、会合）で生じるわけがないと理解するべきである。そして、選手は、チームビルディングとチームミーティングやトレーニングに連続的に関与しなければならない。チームの団結力は、安定したチームの文化を作成する時間以上の努力やこだわりによって作られる。チームビルディングを始める最高のタイミングとは、シーズン前のようなチームの発展初期段階である。逆にチームビルディングを試みる最悪のタイミングとは、チームがスランプや負け気味で泥沼に入り込んでいるような時である。チームビルディングが問題に対して応急処置として試みられる場合、その多くは失敗し、そして、チームビルディングそのものが選手に軽蔑されたり、疑われたりする。チームビルディングの効果は、日々の取り組みによる経験が不可欠である。そうでなければ、その効果はうわべだけで、短命になるであろう。

図6・1に示したように、選手に要求される関与について以下の三つの鍵となる言葉が設定されている。

①選手はチームのために責任を取らなければならない

チームの全メンバーは、「みんなでやり遂げる」ために自分の身体面のトレーニング、メンタルトレーニング、そしてチームビルディングへ関与することに個人的な責任を取らなければならない。選手は、「みんなチームビルディングに参加すると思います」と私に伝えてくる。しかし、彼らはグループの前では心を開いて話さない傾向にあった。これは承諾しがたく、ただ単にチームの団結力への個人的責任を取ることを回避するための弁解である。すべての選手は「みんなでやり遂げる」ために「自分自身で責任をとることをしなければならない。

②チームの葛藤を見てまわろう

選手とコーチは、有効なチームの文化を築き上げる際、あまり肯定的でない隠れた葛藤や感覚が表れることがあることを知っておかなければならない。しかし、このような短期の否定的な感覚に対して真正面から、そして誠実に考えを示すことで、それらを「取り除く」作業から得られる長期的利益のほうがはるかに重要である。チームビルディングは、チームの要求と対立するものとしての個人の必需品であり、小さな不平や未完成の爆発を映し出すことは目指していない。そこで、仲介人（例えば、スポーツ心理相談に応じる専門家）は適切に議論へ注意を向けるのに有効となる。しかし、仲介人がいない時にはチームリーダーが基本原則について明確に説明し、この役割を担わなければならない。そして、チームの全メンバーは、葛藤は必ずしも悪くないということや適切に解決されるような議論は、問題が覆い隠された場合より成長が大きくなるということを心に留めておくべきである。

葛藤がどのようにチームの団結に影響を及ぼすかを理解するために、音楽に喩えるとわかりやすい。音楽には、協和音と不調和音の両方を組み合わせるような調和を含んでいる。ちょうど大きな音楽のように、大きなチームは調和と不調和音の両方を引き出すことでより活気のあるものになる。しかし、多くのチームが、不一致や葛藤、そして否定的感情のような不調和なものを回避するか、無視する。音楽では、不調和は解決に結びつく。チームにおいても、不調和なものに喜んで応じることによって成長することができ、そして成熟し、より信じ、心を開くようになり、団結力のある集団へと発展していくことができる。チーム内の葛藤を歓迎しないかもしれないし、楽しまないかもしれないが、そのことは必要であり、健康的であることを心に留めておくべきである。

③はき捨て（ダンピング）は許されない

チームビルディングのセッションでは、非建設的なやり方で感情をはき捨てたり、発散させたりするためにあるわけではない。「みんなでやり遂げる」概念を壊すものや非生産的で、自分志向のちょっとした発言を「はき捨て」と表現している。一般的には、「うっぷんを晴らす」「誤解を解く」ためにはチームミーティングが必要であると考えられている。しかし、情動的に発散させる形式での「はき捨て」では、団結力の向上、問題解決や葛藤解消を促進させない。基本的に、はき捨てる行動は欲求不満や自己防御の結果である。したがって、チームメンバーはこの未熟な行動を避ける必要性について話し、関与すべきである。

## ◉ステップ2　どのように行動するのか

効果的なチームビルディングに必要な状況がそろった後、団結力のあるチームの文化を築く第二のステップは、チームメンバー間で予想される個人間の行動を明確にすることである。これらの指針としては、課題や社会相互作用の性質を具体化していくことにある。個人間の指針はあなたのコーチングの哲学から発するべきであり、チームメンバーの年齢や技術水準に適切に応じるべきである。以下の四点は私が重要であると信じている相互作用に関する指針の例である。

### (1)他人に対する相互の尊重と寛容を要求する

お互いに対する相互の尊重は、生産的なチームの文化の最も基礎的で必要な構成要素である。チームメンバーは行動の基本原理である「あなたが扱われたいように、他人を扱う」に従うべきである。つまり、選手は、チームメートとの間で葛藤していた場合、情動的な爆発や嫌味なこきおろした言葉は用いないことを意味している。

スポーツでは常に挑戦しており、評価されているので、ストレス水準は高くなり、また、個人は過剰反応したり、重要でないものについて不平をもらしたりする傾向にある。したがって、焦点はチームメートがいらいらさせる行動をとった時に寛容になれるかどうかにある。寛容になることは、私たちが他人の行動をコントロールすることができないという成熟した理解からくるもので、大切な心理的スキルである。各選手は、常に相互に丁寧なやり方でチームメートと対話すべきである。選手はチームメートの良いところを探し、彼らの強さに注目すべきである。これらのようなことはチームメートへの感謝の気持ちを述べることにより育てられるのかもしれない。そして、それは相互に正しく認識し合うチームの文化を構築する役目を果たす。

## ⑵関係する、解決する、免除する、発展する

葛藤を解消するためには次の四つの方法を理解することを選手に教え、導く必要がある。つまり、それは①意思決定には選手が参加すること、②問題を直接的、便宜的に解決すること、③チームメートの罪あるいは悪い感情を許容すること、④成長し、葛藤から学習することでチームをさらに進化させることである。

## ⑶チームの話を少しずつ動かす

実際に、社会的支援をチームメートに与える方法を正確に知らないために論証することを失敗することがある。社会的支援は多くの形式があるので、コーチはどの形式がチーム内に必要かを正確に把握しなければならない。社会的支援のタイプには以下のものがある。

①聞くサポート…意見したりすることなく聞く。
②課題の正しい理解…チームメートの努力、およびトレーニングやパフォーマンスの能力を認める。
③課題への挑戦…チームメートに有能感と動機づけを形成するように促す。
④情動的なサポート…チームメートを元気づける。
⑤情動的な挑戦…チームの問題に対する態度について評価することをチームメートに促す。
⑥個人的な援助…練習後に一緒に動く。

心を開いた議論は、チーム内の社会的支援や団結力を助長するのに役に立つ。以下に例を示す。

・練習へ向かって歩いている時、挨拶をして、微笑み、そしてやる気があり、動機づけられた気分を作り出す。

・新しい課題を習得するために努力する時、チームメートは無条件のサポートや激励を与えることを保証する。
・チーム用の練習を行っている時、選手が欲求不満を示したり、ムラッ気を露呈したり、あるいは否定的な発言をした場合は、問題を解決するために各選手が責任をとる。
・コーチから結果による原因修正や情報を受け取る時、選手は熱心に聞き、コーチと目を合わせる。同様に、選手が話しかけている時、コーチも同じである。

## (4) チームの全メンバーは「批判」に関する基礎知識を身につけなければならない

スポーツは達成活動であるので、パフォーマンス評価の批判は、選手が技術を高めるためには必要であり、価値がある。批判について、すべてのコーチがその重要性や生産的な使用を選手に説明し、時間を費やすことが重要である。これが批判の基本である。

批判の基本テーマは、他人から批判を受け取った時、それを解釈する最も生産的な方法だけでなく、批判を伝える際の最も良い方法についても知ることである。批判を与える人は、それを構造的に表現することを試みるべきである。また、受け取る側の人は建設的なやり方でそれを受け取ることを試みるべきである。さらに、両方ともメッセージの意図について注目すべきである。批判する時、批判する人自身がその意図について説明すれば有益なものになる。例えば、チームメートが「私たちがより良くプレーできるようになると思うので、私は批判的なことを言う」とチームミーティングで言うことや、コーチが「あなたがよくなるために、私はあなたに伝えている」と話すことが重要である。

コーチが批判の内容を説明しない時でさえ、選手はコーチのコメントの意図を理解し、褒め言葉としてそれを受け取るべきである。チーム（コーチを含む）の誰でも、批判は、行動を変化させるための情報として生産的な方法で与え、そしてそれは重要な外部からの補強者として受け入れられるべきである、ということを理解しなければならない。

## ◉ステップ3　どのように作用するのか

選手に「みんなでやり遂げる」の概念を受け入れさせ、「ここでなんとしてもやってやるぞ！」と思わせるためには一貫した行動をとらなければならない。そして、チームの団結力やパフォーマンスを最大限にするためには「みんなでやり遂げる」の作用を保つ必要がある。これらに加えて、それはどのように作用するのかについて、いくつかの追加事項がある（図6・1）。

### (1)「みんなでやり遂げる」ための強さを高める

成功したチームパフォーマンスは、集中し、繰り返しの多い激しいトレーニングを通して選手の技術を高めることで得られる。したがって、コーチは課題に対する団結力の不足によるチーム崩壊の可能性を減らすために、チームを有効に管理・組織し、指導していく必要がある。最良のコーチは、チームの調和不足に起因するパフォーマンスの崩壊を素早く分析することができ、その後修正するためのトレーニング技術を体系づけることができる。これはチームビルディングの重要な段階であり、繰り返される練習とそれに関するしっかりとした基礎を提供することが重要である。

### (2)チームの中で自分を讃える

スポーツでの言い習わしに「チームに私はいらない」というものがある。実際には、チームには選手が存在しているし、少なくともそこにいる必要がある。人間の集団行動に関する研究では、社会的手抜きと呼ばれる出来事が生じることが実証されている。社会的手抜きとは、個人には一緒に作業する人数が増加するにつれて、少ない努力で働こうとする傾向があることを意味している。チームにおける社会的手抜きとは、チームの誰かがチーム内のたるんだ部分をフォローするだろうという、拡大解釈された責任感覚が原因で生じる。しかし、効果的なチーム管理によって社会的手抜きを完全に排除することは可能である。その鍵は、各選手のパフォーマンスが観察され、評価されることを確立することにある。コーチは、選手が行動を評価されていることについて理解させるために、映像、行動チェックリスト、成功率などの統計量といった他のどんな方法でも用いるべきである。

現実に、チーム目標は個人目標より優先されるべきであることを示すために、コーチによって右記のものが用いられてきた。明らかに、チームの生産性を犠牲にして個人の目標を追及することはできない。しかし、「チームに私はいらない」という言葉を誤解してはいけない。

各選手は、より幅広いチーム目標と一致するような個人目標を設定するべきである。つまり、各選手特有の個人目標からチームに必要とされる役割に合わせるような目標へ修正されなければならない。

### (3)「みんなでやり遂げる」規範を養成する

一般的に、規範はチーム内の社会的な慣例として受け入れられる。つまり、そのチームに対する「正常な」行動が何であるのかということを表現している。ここで非常に重要なことは、チームの規範を満たすために「ここでなんとしてもやってやるぞ！」という雰囲気を作り出すこと、そして、あなたが望むチームの文化を作成することである。

しっかりとした哲学に基づく成功するプログラムを構築するために、コーチは高い水準のチーム規範を作成し、永続させていかなければならない。その結果、この高度パフォーマンスである「働く倫理」は、選手がプログラムに取り組んだり、離れたりしながら、伝統的に受け入れるようになっていく。「敗北は習慣になる」というスポーツに関することわざがある。これは、繰り返し負けていると、チームは低い努力やパフォーマンスを容認可能なものとして受け入れるようになるということを意味している。

バスケットボールのスターセンターのリサ・レズリーは次のように述べている。「コーチが私たちにハードな練習を与えたことで、私たちは互いに活発にならざるを得なかった。その結果として、私たちは親密になった。」彼女は、課題と社会的な団結を向上させるような一貫性や特殊性についての意識を確立させる必要があることを強調している。この一貫性と特殊性に関する感覚は、やがて、チームの伝統や規則へと発展する。そして、選手自らがこれらを強化していくことが確立できるようになる。加えて、鼓舞するような言葉やスローガンを練習用のＴシャツに入れたり、チームの記録板の設立により部室や更衣室をしゃれたものに整えたり、また過去の選手のために栄誉の殿堂を造る、などを試みていく必要もある。

生産性と成功のためのチーム規範を確立することを試みる時、チームのキャプテンを含む重要なチームメンバーがチーム規範の効果的なモデルや遂行者となる必要がある。コーチは行動の規範とともに自分の哲学で示したり、目標に向けたりすることができる。また、チーム内の強いリーダーが生産性のためのチーム規範を受け入れ、関与する時に、望ましい行動のための生産的な社会的規範が一般的に強化・継続されていくようになる。

### (4)「みんなでやり遂げる」ための温度を測る温度計を用いる

チームが相互作用するためにどうすれば最も良いのかを知るために、常に「みんなでやり遂げる」温度を測ることは重要である。「みんなでやり遂げる」温度計で最初の度数記録を得るために良い方法は、「私たちが今日の練習で必要としている注目すべきものは何か？」あるいは「今週の土曜の競技会に備えて注目する最も重要なものは何か？」というような質問で「みんなでやり遂げる」の会話を始めることにある。

チームミーティングに関して、ほとんどの選手は嫌っているが、有効なチームの文化を構築するためにはミーティングやグループ議論は重要である。したがって、チームミーティングや会話で練習を開始せず、身体面のトレーニング、コンディショニング練習と続いた後、チームの会話を行う必要がある。さらに、選手が休息や休止時間を必要とした時は、時折予定されたチームミーティングを先行しなければならない。

リーダーが効率的、生産的なミーティングを実行しない時、チームビルディングは危険にさらされる。チームビルディングで引き継がれるべき重要な経験則とは、他人の時間を常に有効に用いることである。チームビルディングは、チーム内での生産的な個人間のパターンや規範を一貫して強化するためのものであり、頻繁に、短く、そして簡潔なグループミーティングを利用することによって最も機能する。

その年の初めに催されたグループ・チームビルディングセッションは特定の焦点や時間制限を持つべきである。考えを示したり、グループ議論を導いたりすることにおいて、いつもできるだけ組織化し、効率的であるように試みる必要がある。その際、選手が意味のある方法で活動に従事するのを助けるためにはただ単に口に出すだけではなく、実際に紙に書き込むことが有用である。

ミーティングが不平不満を言う場へ変わる時に、チームビルディングは崩壊する。葛藤管理の形式として、問題を識別したり、解決策に注目したりする戦略はチームビルディングセッションの後に行われるべきである。一度、グループの相互作用規範や指針が確立されたら（チームビルディングの初期段階）、議論ははるかにより効率的で生産的にすべきである。

## ◉チームビルディング練習の例

チームビルディングは、スポーツにおいてもビジネスにおいても非常に有名なので、多くの本が特定のチームビルディング戦略を確認するために利用することが可能である。以下に示すのは選手とのチームビルディングに関するいくつかの練習の事例である。

### ⑴任務の声明

任務の声明とは、その年のチームの意図・目的を設定することや明確にすることに関するチームメンバー間での書面による同意のことである。

任務の声明は、全メンバーが心に留めておくために十分に簡潔であることはもちろん、すべてのチームメンバーに明らかにされ、理解されるべきである。注意すべき点は、最初はチームの努力や焦点に関するたった一つの主目的にのみ注目するべきであり、さらにチーム特有のパーソナリティや能力を反映すべきである。最後に、任務の声明では、「活力・元気」の源や気力回復としてチームに役立つための言葉で表現されるべきである。

### ⑵期待と不安の練習

この練習は、シーズン前、または主要な大会の前に実施する。グループを集合させ、各選手やコーチに白紙の3㎝×5㎝のカードと鉛筆を配る。コーチはこの練習に参加してもよいし、参加しなくてもよい。参加者はこれから訪れるシーズンや大会に対して抱いている一つの期待を思い浮かべ、それをカードの表に書く。同様に、シーズンや大会に対して抱いている一つの不安を思い浮かべてカードの裏面に書く。

参加者がすべてカードを完成させた時、リーダーはカードを集め、それらを混ぜてから、各参加者が一枚のカードを受け取るように無作為に配る。次に、各参加者は手元のカード上に書かれている期待や不安を読み上げる。そして、練習が進むにつれて、グループは期待と不安について議論することや解釈することができる。参加者の中には誰が書いたのかを明かすことを認める者もいる。そして、誰が書いたのか容易に想像できることで匿名性を壊すこともある。しかし、それらが義務ではないことを明言しないといけない。誰が言ったことなのかは重要でないことを強調することによって練習を始めなければならない。むしろ、練習の重要性は、これから訪れるゲームやシーズンについてのお互いの考えや関心をチーム全員が理解することにある。

### (3)「みんなでやり遂げる」思考のための材料

さまざまに異なった質問はチームの「思考の材料」を刺激するために使用することができる。チームリーダーは、チームの文化や課題および社会的な団結に影響する重要な問題について、議論や相互理解を引き起こすような質問を選択あるいは開発すべきである。質問の例は、以下のとおりである。

①もし、あなたのコーチが、今年のチームの特徴、パーソナリティおよび成果について忘年会のような宴会の終わりに話していたならば、何を言われたいですか？

②あなたは何ができますか（今シーズン何を達成したいですか）、また、そうするためには何が必要です

か？

③何が私たちのチーム状況をより楽しく、より生産的な場所にすると思いますか？

④あなたがチームの練習で変更したいところがあるとすれば、それは何ですか？

⑤あなたのコーチがあなたにとって最良である時、あなたは何ができますか？　あなたのコーチがあなたにとって最悪である時、あなたは何ができますか？

⑥他の選手によって示された行動（態度）で、何があなたにとって最も印象に残りますか？

⑦選手としてのタイプを誰に知られたいですか？　または誰に判断されたいと思っていますか？

⑧他のチームがあなたを観察する時、相手にはどのように見えていると思いますか？　チームとしてあなたが計画したいイメージは何種類ですか？　このイメージを作成するためにしなければならないことは何ですか？

## (4)メンバーであることに誇りを持つ

これは、なぜチームのメンバーであることに誇りを持つのかということを、チームで共有するために個人に質問することによって、コミュニケーションの向上を図るものである。個々に次の文章を完成させるようにチームメンバーに提示する。「このチームのメンバーであることは私にとって重要です。なぜならば・・・。または、私はこのチームのメンバーであることを誇りにしています。なぜならば・・・。」もし選手側が自発的な回答を行わなければ、それについて議論する必要はない。また、選手側が他の選手の誇りを知らないなど比較するものがない場合は、より発言が強力なものとなってしまうように、議論はしばしば期待はずれなものとなることがあるので注意する。

## ⑸絶対にあなたは知らない

この目的は、お互いを知るようになることである。これは、他のチームメンバーが知らない自分とは何かをチームメンバーに考えさせたり、自分に関する何か別の側面を発見したりしてもらうよう、尋ねる。各チームメンバーは他のメンバーとチームの関係についての情報を共有し、彼らが発する情報が真実か誤りかどうかを決定しなければならない。

①各自が「絶対にあなたは知らない。私は・・・である」と提示することから始める。
②それらの声明を一つずつ共有するようチームメンバーに勧める。
③各声明の後に、それが真実か、誤りかを各チームメンバーは投票する。それから、発言者が発言内容について真実か、誤りかを発表する。
④全チームメンバーはそれぞれスコアブックに得点を記入する。得点は、メンバーが正確に推測できたら1点を加え、正しくできない時は1点を減点する。
⑤活動の完成時に、「最も良くチームメートを知っている選手」としていくつかの賞を与える。

※訳者注「ミラクル1980の奇跡」（日本未公開）
レークプラシッド・オリンピックでの実話を基に、寄せ集めの大学生チームであるアイスホッケー・アメリカ代表が世界最強を誇ったソ連代表チームに挑戦する映画。

（訳　大場　渉）

MENTAL TRAINING TOOLS

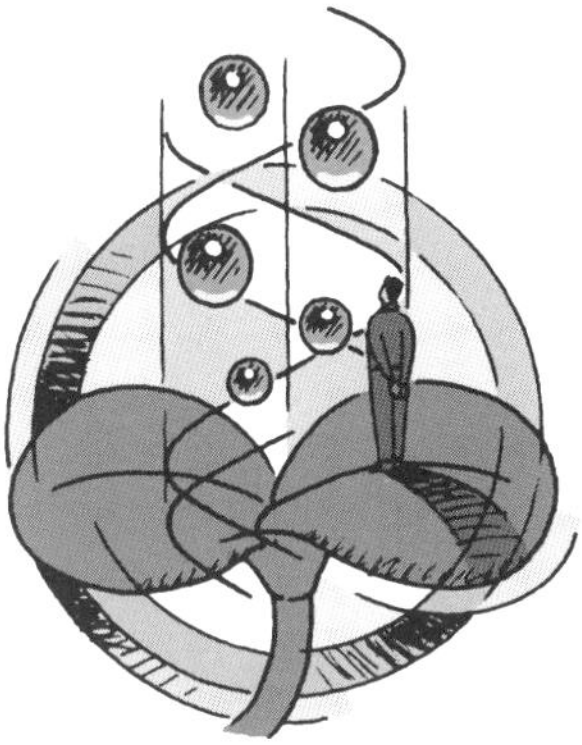

# 第2部 メンタルトレーニングの道具

# 第7章　メンタルトレーニングへの導入

本章では、選手の心理的スキルを高める認知行動的な戦略や戦術といったメンタルトレーニングの基本について紹介する。選手にとって有効な心理的スキルは、最適なパフォーマンス、最適な成長、そして最適な経験のバランスがとれていることが基本となっている（第2章図2・1参照）。

多くの人びとはスポーツ心理学を宗教のようにみているか、あるいは、ある種の精神的に異常なものとしてみているかもしれない。スポーツ心理学はそれ以上のものでも以下でもない。世界の一流選手がスポーツ心理学やメンタルトレーニングの重要性を証言しているにもかかわらず、多くの選手はトレーニングの中にスポーツ心理学を取り入れようとしない。しかしながら、メンタルトレーニングの技法がプレッシャー対策には効果的であり、パフォーマンス発揮への一助になることが、これまでの研究で示されてきた。したがって、本章ではメンタルトレーニングについて教示し、その方法についての見解を説明する。

## 1．心理的スキルを持っているか

以下のような二つのケースがある。

《ケース1》アメリカンフットボールの高校生チームに所属しているグラント少年は、大学のスカウトから注目されている。グラントの能力を評価するために、大学のコーチが彼のプレーを観察している。そのコーチは、「彼は力強い腕、フットボールに必要なスピード、フットワークを持っている。しかし、大学のレベルでプレーするには上半身の強さが不足している」とグラントのコーチに言った。大学のコーチは、彼がウェイトトレーニングのプログラムを実施することにより上半身を鍛え、それによって彼は大学の奨学金を得ることができると伝えた。

《ケース2》アメリカンフットボールの高校生チームに所属しているグラント少年は、大学のスカウトから注目されている。グラントの能力を評価するために、大学のコーチが彼のプレーを観察している。そのコーチは、「彼は力強い腕、フットボールに必要なスピード、フットワークを持っている。しかし、大学レベルの選手に必要とされる攻撃性や精神的強さが足りない。誰か代わりの選手がいないか」とグラントのコーチに尋ねた。

なぜ、グラントの問題点がケース1では修正可能なものとしてみられ、ケース2では固定化されたものとしてみられているのだろうか。ケース2では、グラントがメンタル面の強さを持っていないと大学のコーチは決めつけていた。ケース1とケース2では何が違うのだろうか。筋力、持久力、正確性といった体力や技術は練習によって高められると多くの人が認めている。しかし、自信の低下やプレッシャーのような心理的スキルの問題が生じた場合、多くの人はそれが生まれつきのものであり、固定化されたものであると思っている。すなわち、生まれながらにして心理的スキルを持っているかどうかと考えている。

## ◉心理的スキルは学習可能である

メンタルトレーニングは、心理的スキルが身体的スキルと同じように、ある程度学習されるという前提条件が基本にある。選手たちは、時間をかけて心理的スキルを獲得している。心理的スキルはトレーニングできないという理由から、メンタルトレーニングを否定するコーチも中にはいるが、多くのコーチはメンタルトレーニングが重要であると認識している。しかしながら、従来のコーチングは身体的なスキルや試合の戦術・戦略に焦点が当てられていたために、コーチはメンタルトレーニングの実施方法についてわからなかった。選手たちも自分の経験を積み重ねることによって心理的スキルが高まると思っている。本書の目的は、メンタルトレーニングが学習可能であり、心理的スキルについての知識やそのトレーニング法を教示することである。

## ◉メンタルトレーニングは必要であり価値がある

多くのコーチがメンタルトレーニングを軽視している理由として、時間の問題があげられる。コーチはメンタルトレーニングを行うための時間がないと言っている。しかし、メンタルトレーニングがチームにとって本当に重要だと思っていれば、メンタルトレーニングを実施するために時間をかけるであろう。

スポーツ心理学の分野では、コーチや選手のために簡潔で効果的なメンタルトレーニングプログラムを紹介している。メンタルトレーニングを容易にわかりやすく活用できるように支援することが本書の目標の一つである。本書を読むことにより、以下のことが理解できると思われる。

①心理的スキルは競技パフォーマンスの発揮には重要である。

②メンタルトレーニングに時間をかけることは必要であり価値がある。
③メンタルトレーニングを実施するための知識や能力が得られる。

## 2．メンタルトレーニングに対する誤解

《ケース１》幅３フィート（約90cm）、長さ20フィート（約６m）の一枚の板を地面に置き、落ちないようにボードの上を歩いてみよう。簡単にできるはずである。
《ケース２》その板が高さ３００フィート（約90m）の崖と崖の間に置いてある時、そこから落ちないように板の上を歩いてみよう。その時、危険を感じて、急に冷や汗が出てくるはずである。

この二つのケースの違いは何だろうか。それは、ケース２には危険とプレッシャーが含まれていることである。ケース２で失敗すると恐ろしい結果になる。ケガへの恐怖、失敗への恐れ、不安、自信の喪失など、ケース１よりもケース２で行う課題が困難である。

### ◉自分の実力以上のものを発揮する

前述したケースは、メンタルトレーニングについて理解するために例を出した。これまでメンタルトレーニングを行う選手は異常であるという間違った認識があった。スポーツ心理学の専門家のもとを尋ねるように提案すると、選手は「自分は病んでいない」と笑って答える。これはメンタルトレーニングが精

神的疾患を持った人を対象にした心理療法だという意味が含まれているためである。しかし、メンタルトレーニングは健常な選手のために開発されたものである。オハイオ州フットボールチームのキッカーは、ローズボールで勝利するために、10万人の観衆、そして全国の視聴者の前で自分の実力以上のものを発揮しなければならない。多くの人は、人生を通してそのようなストレス場面に出くわすことはない。

メンタルトレーニングはプレッシャーのかかった状況で普段以上の力を発揮させる一つの方法である。実際に、メンタルトレーニングを行うことによって、選手はビビリの状態を予防できると考えられる。また、選手が競技スポーツを楽しむように、さらには潜在能力を伸ばすためのものとして考えられている。面白いことに、心理的スキルの高い選手は他の選手と同じように不安や混乱を経験しているが、彼らは最適な感情状態（ゾーン）に入るために集中し直し、考え方の枠組みを変えることによって、より生産的な対応をしていることが報告されて

▲大勢の観客が見つめるプレッシャーの中でプレーする

いる。

### ◉スキル獲得の教育的視点

臨床心理学あるいはカウンセリングの専門家は、心理療法やカウンセリングが必要な人に対して臨床的なサービスを提供する資格を取得している。このような専門家はプロのスポーツチームに雇われ、薬物やアルコール依存、うつ、対人関係といった問題の相談にのっている。スポーツ心理学分野の資格を持った心理学者であれば、メンタルトレーニングの技法と同じような教育的なサポートを提供することもある。スポーツ心理学の専門家を探すのであれば、まずその専門家の背景やトレーニング経験を考えなければならない。

多くのスポーツ心理学者はスポーツ科学者・実践者としてトレーニングを受けており、心理学者（心理療法やカウンセリング）としての資格は持っていない。スポーツ心理学者は選手がプレッシャーのかかった場面で実力以上のものを発揮できるように、スキルの指導を目的とした教育的なアプローチで選手に介入するのが基本である。

しかしながら、選手の相談を受けていると、パフォーマンスの問題が実際のところ深い心の問題であることが明らかになることもある。この場合、私はその選手を臨床心理学あるいはカウンセリングの専門家に委ねるようにトレーニングを受けている。このような問題が生じた時のために、十分にトレーニングを受けたカウンセリングの専門家と話し合い、委託できるリストを作成することを勧める。選手の深い心の問題をどのように認識するかという指針を以下に示す。

①長期間の日常生活に支障をきたすような問題があれば、カウンセリングの資格を持った心理学者や社会福祉士といったメンタルヘルスの専門家に委託すべきである。
②選手自身の独自性や自己の意味を脅かすような問題であれば、委託すべきである。大事な大会の前にマイナスな言葉を発し、浮ついた行動をとることは、プレッシャーがかかる場面では通常の反応である。しかしながら、試合に負けたことによって、自己の意味や独自性が脅かされる選手、あるいは失敗後に感情的に落胆するような選手は、カウンセリングの専門家に委託すべきである。
③普通ではない情動的な反応が選手にみられれば、それはカウンセリングを必要としている兆候である。これは、抑うつ、引きこもり、怒りや攻撃性といったマイナスな状態とも考えられる。

## 3. メンタルトレーニングの内容

メンタルトレーニングは、基本的に人びとに望ましい考え方を学習させることに焦点を当てている。精神面のコーチであるボブ・ロテーラは、ゴルファーのニック・プライスに対して、プレー中に一貫性を保ち自信を持つことを目的とした心理サポートを行った。これまでプライスは最初のホールで良くないプレーをすると、集中力や自信を失い、スイングについてプレー中に考え込んでいた。ロテーラが関わるようになってから、彼はプレー中の考え方についてラウンド前に計画し、結果を気にすることなく全ショットに対して生産的に、首尾一貫して考えるようになった。メンタルトレーニングはいかにして生産的に物事を考えられるようになるかを教示し、それを習慣化するために実践法を提供している。生産的に物事を考えるようになることで、選手は心理的スキルが高まり、精神的に強くなる。すなわち、実力以上のものが発揮できるようになる。

## ◉心理的スキルを構築するためのメンタルトレーニングの道具の使用

第８～11章の中で、四つの基本的なメンタルトレーニングの道具（目標の計画、イメージ、三つの良い思考、身体的リラクセーション）を紹介している。これらのメンタルトレーニングの道具は、選手が身体的スキルや心理的スキルを高めるための認知行動的な技法である。これは思考や感情を認知とし、実際の活動を行動としており、メンタルトレーニングの道具は選手がどのように考え、感じ、そして行動するかを改善するために活用される。選手は緊迫した場面で、どのように考え、感じ、行動すべきかわかるかもしれないが、プレッシャーのかかった状況に対して長年培われてきた思考や行動パターンを改善するにはトレーニングする必要がある。

第12～14章では、選手が最高のプレーを発揮するのに必要とされる重要な三つの心理的スキル（注意の集中、最適なゾーン、自信）について議論している。心理的スキルは、競技パフォーマンスや個人の成長を促進する心理的能力である。自信に満ち、集中している選手が高いパフォーマンスを発揮することは当然である。

メンタルトレーニングの道具は、選手の心理的スキルを構築するために用いられることが前提である（図７・１）。目標設定、イメージ、三つの良い思考、身体的リラクセーションの技法を学習することは、選手の心理的スキルを構築するのに役に立つ。例えば、選手は自信を高め、競技への集中を最適な状態にするためにイメージを活用する。あなたがプレッシャー場面で過緊張の選手をサポートしていれば、試合中の自信を高め、注意をコントロールできるようなメンタルトレーニングの道具を組み合わせて用いる必要がある。

## ◉身体面のトレーニングとメンタルトレーニングの関わり

図7・2は、身体面のトレーニングとメンタルトレーニングが相互に依存していることを示している。身体面のトレーニングとメンタルトレーニングは互いに影響し合っており、別々にトレーニングし、考えることは逆効果である。図7・2に示しているように、身体面のトレーニングとメンタルトレーニングが相互に依存していることは体力、技術、心理面が成長するための基本である。メンタルトレーニングが身体面のトレーニングや戦術・戦略の指導に代わることは決してない。私の経験では、メンタルトレーニングの技法は身体面のトレーニングと組み合わせて用いると効果的である。例えば、イメージトレーニングはリラックスした場面で活用することを教えられるが、習慣的に用いられるように実際の身体面のトレーニングの中にも取り入れるべきである。

技術、体力、心理的スキルは相互に依存しており、常に作用していることが示されている。膝のケガがひどい選手がいた場合、トレーナーや医者との協力なしには、その選手の自信を回復しようとしても意味がない。コーチの多くは

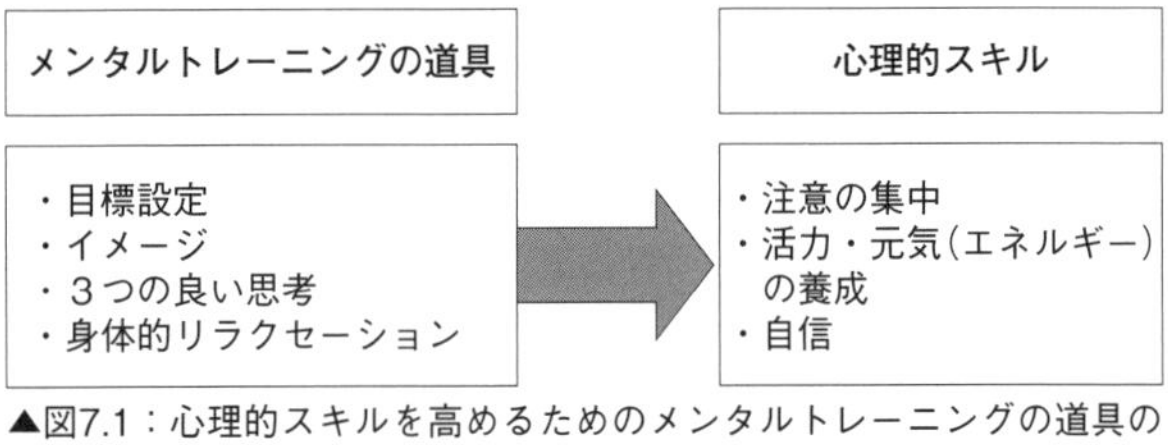


▲図7.1：心理的スキルを高めるためのメンタルトレーニングの道具の使用

心理的スキルが技術や身体面のトレーニングによって形成されるものだと理解している。

スター選手は生まれながらにして強い自信や心理的スキルを持っていると、多くの人びとが理解していることにはいつも驚かされる。ケン・グリフィー・ジュニアは大リーグで最も才能のある選手の一人であり、プレッシャーのかかった場面でも力を発揮する精神的強さを持った選手である。しかし、グリフィーが他の選手よりもバッティング練習に多くの時間をかけ、常にフォーム改善のためにビデオをみていること、対戦投手の研究をするといった彼の努力にほとんどの人は気づいていない。

## 4. メンタルトレーニング活用の根拠

メンタルトレーニングの活用を支持する根拠（エビデンス）は、以下の四つの領域に分けられる。

①メンタルトレーニング介入を実施し、それが競

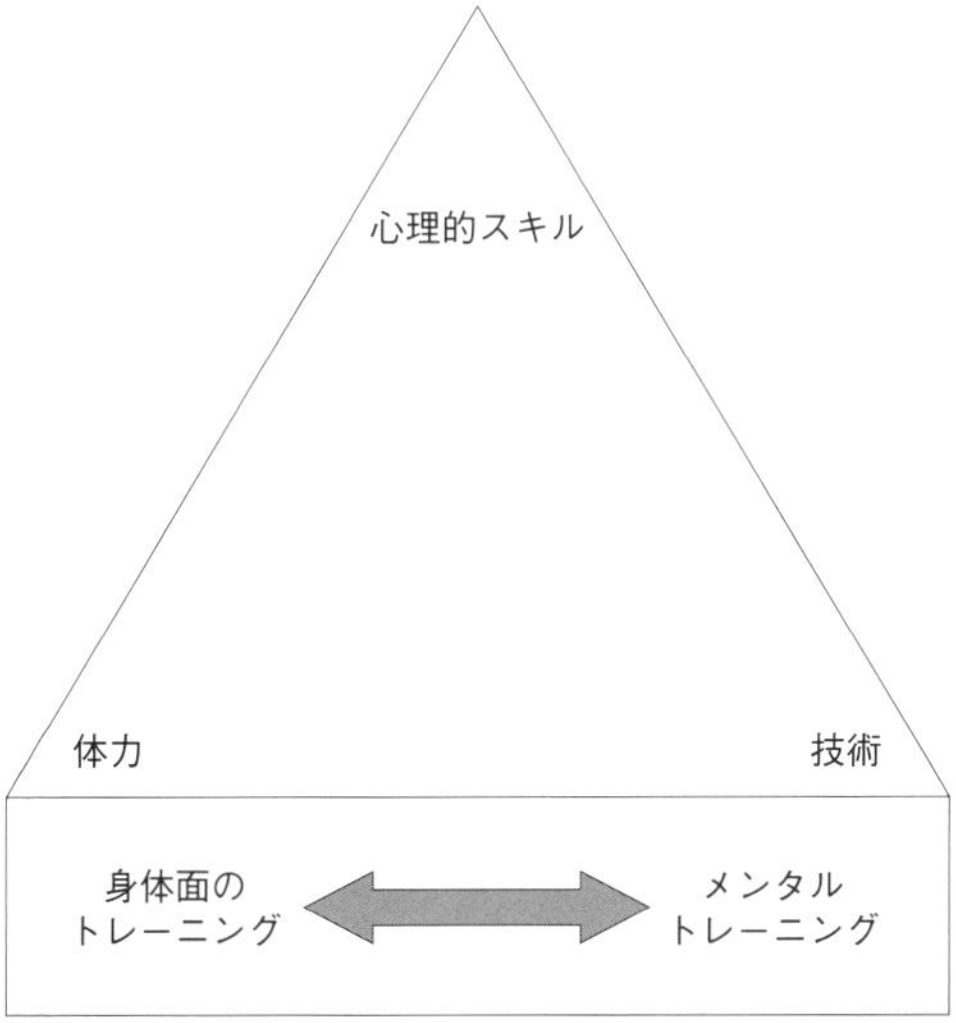


▲図7.2：身体面のトレーニングとメンタルトレーニングの相互依存

技パフォーマンスの向上に関係していることを示した研究結果がある。メンタルトレーニング介入が競技パフォーマンスや認知行動的な機能を高めることを実証している文献が数多く存在する。

②成功した選手はあまり成功していない選手よりも心理的準備を行っているという共通した見解がある。これらの研究ではオリンピックにおける競技パフォーマンスを検討し、成功した選手とそうでない選手の特徴を比較している。

③優れた選手はより高い心理的スキルを持っているという根拠がある。第1章で述べたように、ある研究では心理的スキルが身体的スキルと同じように大リーグ選手の打率を予測している。ピッチャーにおいては、身体的スキルよりも選手の成功を予測した。さらに、心理的スキルは数年後の大リーグ選手の残存率に影響していた。

④メンタルトレーニングや心理的準備がパフォーマンスの発揮にどのように影響したのかを、選手が詳細に報告していることである。特に成功した選手の報告は若い選手にとって説得力があり、強く印象に残る。メンタルトレーニングの影響力や有効性を証言できる一流選手の例を、コーチはもっと伝えるべきである。

## 5．なぜコーチの言うことを聞かないのか

スポーツ心理学の知識が不足しているコーチにとって、メンタルトレーニングは脅威に感じることもある。私が選手に関わっている時にコーチから受ける質問として、「選手はあなたの言うことを聞いて、なぜ

私の言うことを聞かないのだろうか？」というものがあった。メンタルトレーニングを行っていく上で非常に重要なことは，コーチと一緒に関わっていかなければならないということである。もしあなたがスポーツ心理学の専門家を自分のチームで活動させることができる地位にいれば，メンタルトレーニングを導入することにより，コーチが能力を発揮できることも考慮しよう。コーチはメンタルトレーニングの介入をする間，直接その場にいるべきである。

## 6．成功が保証されればメンタルトレーニングを行う

スポーツ心理学やメンタルトレーニングに関して，多くのコーチや選手は短期間での結果を期待する。信じられないが，それほど努力をすることなく良い結果を期待する。

### ◉心理的スキルは身体能力と同じであり，時間をかけて高めていく

トップレベルに必要とされる技術を鍛えるのに何年も時間がかかることを選手たちはわかっている。世界で最も有名なバスケットボール選手のマイケル・ジョーダンは引退した後に二年間大リーグに打者として挑戦したが，打者に必要なスイングとバットスピードをすぐに身につけることができなかった。ジョーダンは野球で必要とされるトレーニングが不足していたため，活躍することができなかった。このように技術の獲得には時間がかかるとわかっているのに，選手やコーチはなぜスポーツ心理学に対しては早急な結果を期待するのだろうか？

その答えはスポーツ心理学やメンタルトレーニングの内容について誤って認識していることにある。というのは、メンタルトレーニングが催眠術のように、何か神秘的なものとして考えられているからである。メンタルトレーニングは選手やコーチ自身が学習することを支援し、技術を高めるのと同じように心理的スキルを高めるには時間がかかる。トレーニングコーチは基礎的な技術や方略を指導し、一方で選手は練習し、多くの時間を費やして完全なものにする。同じように、精神面のコーチは心理的スキルに関連する基礎的な技術や方略を指導し、選手が身につけることのできるように、定期的に観察し、時間をかけてフィードバックする。

## ◉メンタルトレーニングの目的

多くのコーチや選手が口にすることは、勝つという保証があればメンタルトレーニングを実施するということである。メンタルトレーニングによって勝利を保証することはできない。メンタルトレーニングの目的は、競技経験の価値を高めるのと同じように、選手が最適なパフォーマンスを発揮し、成長することを支援することである。メンタルトレーニングが選手の支援をするならば、勝つ可能性は高くなる。しかし、たとえ才能があったとしても勝つ保証はできない。スポーツは結果が不確定なために、チームが勝つか負けるかということがわからない。その一方で、それが魅力でもある。

選手はプレッシャーや混乱を乗り越えるために精神的な準備をする必要がある。メンタルトレーニングの目標は、最適な感情状態ではない時に自分で心理面を調整できるようにすることである。したがって、メンタルトレーニングの主要な目的は、選手が最高のパフォーマンスを得る機会を最大限に高めることである。

芝生の育て方とメンタルトレーニングは似ているので比較するといいだろう。肥料を定期的にまくことによって芝は緑を保ち続け、さらに除草剤をまけば雑草は生えない。芝は必要な時期に応じて定期的に手入れしなければならない。それを途中でやめると、芝はしばらくの間は良好な状態を保つが、時間が経つにつれて芝の質を低下させる雑草が生え始める。芝生は肥料がなくても育つが、肥料が用いられた時のほうが芝生の質はより良いものになる。

通常の状況では、選手はメンタルトレーニングがなくともパフォーマンスを発揮することは可能である。芝生のように、選手は精神的な肥やしや除草剤がなくとも十分にパフォーマンスを発揮することは可能である。しかし、スランプや失敗への不安など雑草が生え始めた時に、急に対処することは難しい。何年にもわたるパフォーマンスの成功を通して心理的スキルを身につけた強い選手もいる。これらの選手は、強く根を生やし成長しきったような芝生であり、メンタルトレーニングという肥料は必要ないかもしれない。しかしながら、ほとんどの選手は異常なほど高いプレッシャー場面に直面しており、ストレスに対処するスキルを獲得するためのメンタルトレーニングプログラムが必要である。

（訳　村上 貴聡）

# 第8章　目標の組織的計画を指導する

目標とは、到達するために努力する具体的な成功基準である。人であれば誰でも目標を設定し、ほとんどの人びとは、自分はどうなりたいのか、一生のうちに何を成し遂げたいのかを考える。しかし、このことが目標設定を誤解させている。「目標設定」とは、目標を設定することによって、個人が動機づけという側面からいくつかの利益を得たり、努力や持続性が増加したりすることを単に意味しているわけではない。高い業績や個人の勝利を夢見ることに努力はいらないが、自分の目標を追求するために積極的に精進し訓練し、日々の生活まで組織し規制するということは、非常に困難なことである。

この章では、メンタルトレーニングの道具として、目標の組織的な計画の使用方法が理解できるように構成されている。

## 1．目標の重要性

スポーツ心理学は、選手がどのように考え、感じて実行するかに注目している。目標の組織的な計画は、選手に考え方、感じ方、実行の仕方への計画を提供するので重要である。動機づけが行為の源ならば、目的のある目標は行為の調整装置である。動機づけは「活力・元気（エネルギー）」のようなもので、選手がそれを最も効率的なものとなるよう、有効な目標によってそれらを生産的に利用する必要があると言える。

## ◉実行の仕方

「ただベストを尽くせ」と激励された時、あなたはどのようにしただろうか？　あなたのベストとは何だろうか？　それをどのようにして知っただろうか？　スポーツ心理学の研究では、挑戦する目標を設定し焦点づけることが、選手に対して単にベストを尽くすよう要求することより、よく実行するための刺激を与えるということを示している。メンタルトレーニングの中で目標の組織的な計画を用いることが、スピードスケート、水泳、アイスホッケー、バスケットボール、ラクロス、レスリング、体操およびゴルフにおけるパフォーマンスを改善したと報告されている。

目標は私たちの行動に、以下のような影響を与える。

①適切なものに注意を向ける。
②費やす努力を増加させる。
③障害をものともせずに時間以上の持続性を増加させる。
④戦略開発を動機づける。

したがって、目標は、目標達成に結びつく行動を始めるきっかけとなる。研究によると、目標を組織的に計画することが、選手を適切な課題に対してより熱心に行動させ、より多くの時間を費やすように動機づけると報告している。

## ◉考え方、感じ方

目標には、どのように行動するか、どこを目指すか、何をするかということに対して役に立つことに加え、選手がより生産的でより楽しめる方法で考え感じるという重要な役割がある。目標の組織的な計画は、選手がスポーツ場面での最適なパフォーマンス、最適な成長、最適な経験の三者のバランスを保つために必要とされる（第2章図2・1参照）。

### (1)注目

競技に対して不適応な反応（まったく駄目な最悪のパフォーマンス、無益に感じる、あきらめる）の多くは不適切な目標に起因する。スポーツでは選手が、「自分たちの親を喜ばせる」とか、「ヒーローになる」など、勝つためにプレッシャーを感じるような間違った目標に注目してしまうと、まったく駄目な最悪のパフォーマンスが生じる。最高の体験と最高のパフォーマンスは、選手が今、現在の目標に注目する場合に生じる。それは、メダルを獲得するというような重要な将来の目標への思考に対立するものである。

目標の組織的な計画は、選手に適切で元気を出させる目標を設定し計画するだけでなく、適切な時に正しい目標に注目する方法を学習させる。このように、目標は、選手にある重要なものに注目するために思考を分割させる。注意を妨げるものに対しては、自分が利用できる注意の量を減らすようにする。ある研究では、スポーツでの熟練行為者は、具体的な目標、過程志向、技術に関連する戦略（膝を曲げる、フォロースルーなど）に注目することを示している。一方、非熟練者は、より一般的な目標を設定し、かつ目標志向の技術戦略を利用する傾向があると示している。目標は、即時的な実行に関して、「現在」の考えが心を占めるように、有効に使用される。適切な集中は、適切な目標設定と優れた目標が生み出すのである。

### (2)個人的な成功基準の確立

さらに、有効な目標は、選手が自分のために受理することができる個人的な基準を設定するのに重要である。それは、しばしば非現実的な社会基準によって操作されていることに対立するものである。社会とマスコミ機関が賞賛し他人が到達を予期するといった正気でない不合理な目標ではなく、あなた自身と選手は自分の目標および個人的な目標を設定し、それに注目するよう挑戦するべきである。自分の目標を認め、自分の人生を認めよう。

### (3)効果的な行動に対する問題

有効な目標は、否定的な言葉で表わされた問題発言を生産的な行動志向の発言に変更することによって、選手によりよく考えさせることができる。次の選手の発言を比較しよう。

Aの発言は、私たちが持っている典型的な考えや発言を表している。選手は、自分が望まないことへ注意が向いた時、これらの考えが起こる。有効な目標には、選手に競技間に生じる否定の考えの代わりとなる過程志向の目標を含んでいる。Bの発言は、脳が集中することを望む行動を表わす。私たちのパフォーマンスは、直線的なドライブを打ち、水の上を越える手堅いアプローチを打ち、課題に競争的な「活力・元気」を向けるような、パフォーマンスの肯定的なイメージを作成する考えによって最もよくコントロールされる。したがって、目標の設計は、パフォーマンスを邪魔する問題や否定的な

| A | B |
|---|---|
| フライを打ち上げないことを望む | 手堅く直線的なドライブを打て |
| 水の中に打ってはいけない | 滑らかなストロークを<br>7番アイアンで積極的にピンを |
| そんなに緊張するな | あなたの課題に集中して活力を使え |

考えを特定し、次に、扱いやすい目標へこれらの問題を分解することを含んでいる。

### (4) 感情のコントロール

感情はスポーツで大きな割合を示す。選手は、明らかに悲嘆、怒り、心配、フラストレーションのような否定的感情を経験する。しかしながら、有効な目標を持っていれば、選手に感情のジェットコースターに対するコントロール方法を与えることができる。スポーツで負けることが好きな人はいないが、精神的に熟練した選手は、勝利以外の多くの方法によって、パフォーマンス中に感じる誇りと満足度を得ることができるとはっきり理解している。有効な目標は多くの種類の目標を含んでいる。また、最良の選手は、最適な精神集中を維持するためと感情を管理するため、いつ注目するべきかを知っている。

## 2. 目標の種類

ここでは、選手が目標に含むべき目標の種類について考えていく。当然ではあるが、単に目標を持っているだけでは自動的にパフォーマンスを高めることはない。「目標の組織的な計画」は、コーチと選手の考えに基づき、この目標が、正しい時や正しい方向に導くように見識と技術を使用しなければならない。それには、異なる種類の目標に関する知識と、それらがどのように選手によって最も効果的に使用されるのかに関する知識を必要とする。

## ◉結果目標、パフォーマンス目標、過程目標

スポーツ心理学では、目標は、①結果目標、②パフォーマンス目標、③過程目標と大きく分けて考える。

①結果目標は、選手権を勝ち取る、オールスターチームに入るというような成績や結果に基づいたものである。選手によって設定される最も一般的な種類の目標であり、理解、設定するのに最も容易な目標である。

②パフォーマンス目標は、自分と関連するパフォーマンスの成果に基づいたものである（ある時間内で泳いだり走ったりする）。

③過程目標は、パフォーマンスの実行と関連する自分でコントロール可能な思考や行動に基づいたものである（ゆっくりとしたバックスイング、ブロックに関する適切なフットワーク）。

過程目標はゴルファーに対して、パフォーマンスを改善し、自信や集中を高め、不安をコントロールすることに役立つことが示されている。また、水泳では、結果志向の選手より、パフォーマンス目標を設定し、それに注目する選手のほうが自信を持ち、それほど不安がなく良いパフォーマンスをあげたということも明らかになっている。

これらは、結果目標が悪くて使用されるべきでないということを意味しているのではない。選手は、さまざまな種類の目標を使い分けること、さらにそれらをいつ使えばよいか知っていることにより、最も効果的に実行することができる。結果目標は一般的に非常に刺激的で動機づけになる。また、それらは重要な大会や主な業績への到達を目指して熱心に励む選手に活力を与える。パフォーマンス目標は、選手が自らを結果目標のほうへ導くために獲得すべきパフォーマンスの成果に対する計画を立てるために使用する

ものである。過程目標は実際の競技パフォーマンスには重大である。また、それらは、パフォーマンスの側面に注意を集中し、適切な考えとイメージで選手の心を占めるために使用されるべきである。

一般的に生じる問題は、結果目標の重要性および流行は、パフォーマンス目標と過程目標を無視する傾向がしばしばあるということである。オリンピックの金メダルを求めて年中練習しているスポーツ選手を考えてみよう。もちろん、彼らの目標は「勝つこと」であり、あらゆるスポーツ競技の固有の目標である。しかしながら、勝利やメダルに注目しすぎ、その結果負けてしまった選手は多い。その一方、選手の言葉から、心の奥底にメダルを見据え、自分でコントロール可能な「パフォーマンス」に注目したことで成功したという例がある。世界中のトップの選手は、競技時に非常に過程志向になることでプレッシャーを楽しみ最高に集中できるよう、目標を効率的に計画し使用する方法を知っている。どれほど熟練していても結果の目標がコントロールしがたいものだと理解している。スポーツに「確実なこと」は決してない。また、それがスポーツを観戦せざるを得ないものにさせ、選手にとって非常に刺激的なことである。したがって、私は、選手が結果の目標を設定することを拒まない。しかし、いくつかの個人的な基準を持っており、選手が自分のパフォーマンスと自己評価に基づくことができるポイントに集中させるために、他の多くの種類の目標を含むようにしている。

## ◉長期目標と短期目標

コーチと選手はさらに、目標に長期、短期両方の目標を含むべきである。多くのコーチおよび選手が長期目標だけ（一般的には結果目標）を設定し、彼らの長期目標へ向かう日々の上達に注目させる短期目標

（パフォーマンス目標や過程目標）を使用しない。長期目標と短期目標の関係を一般的に表すものとして、階段があげられる。誰でも一段一段を上らずに、いきなり階段の頂上へジャンプすることはできない。階段は、長期の刺激的な結果目標へ最終的に通じるより多くの長期パフォーマンス目標、またそれに通じる短期のパフォーマンス目標と過程目標からなる目標によって表わされるべきである。

## 3. 目標計画の五つの原則

「より熱心に働くよりも、より賢く働くほうが重要だ」と聞いたことがないだろうか。これは目的のある目標を追求する際に良い助言である。目標が具体的で測定可能で、挑戦的であるが達成可能、適切で、時間的に制限される場合、その目標は賢明だと言える。ここでは、目標計画の背景となる五つの原則を説明する。

### ◉具体的

目標は具体的であるほどよい。「上手にプレーする」「100パーセント出す」という一般的な目標は、意味や行動を正確に表さない場合が多い。選手は、その状況における成功につながるように、とるべきと思われる正確な行動を具体的にしなければならない。

## ◉測定可能

上達の度合いが評価可能であるように、目標も測定可能でなければならない。スポーツにおける目標は、回数や速度や正確さで表せる数とか積極的な行動の頻度のように、容易に測れるものもある。しかし、サッカーでの効果的な守備体系やバレーボールのセッターによる効果的な意思決定のように、選手によって容易に測れない行動を必要とするスポーツも存在する。コーチとして、選手が目標への上達の度合いを計り、評価することができる方法を見つけ出さねばならない。特に、容易に測れない目標に対して、どれくらいの回数、頻度、条件下でという観点で目標を具体化すべきである。

## ◉挑戦的であるが達成可能

挑戦的な目標は、選手に自分の限界の範囲を広げさせる。しかし同時に、目標が非現実的な場合、信頼できず結果として方向性やひらめきを提供しない。このように、最高の目標は、難しくとても挑戦的でスポーツマンを奮起させるために非常に積極的である必要があると言える。それでも、選手は現在の能力より少し上の範囲で達成できるに違いない。

## ◉適切

目標は、選手に対して個別化され、個人的に意味がある時に適切である。この際、選手の注意を引きつけ動機づけを活性化させるのである。チーム内においては、チームのパフォーマンス向上に役立つ適切な目標を設定し、それに注目することも重要である。チームスポーツの選手は、チームが集団として成し遂げようとしていることを妨げるような個人的な目標を設定すべきではない。チームの目的および使命については、率直でオープンな議論を重ねなければならない。その結果、選手は、個々の目標がこのチームの目的へどのように影響するのか気づいていくこととなる。同時に、コーチは、選手が設定した目標に対して受け入れる力を持つべきであり、個人の目標がチームの概念内に適合するよう目標を注意深く調節させ働きかけるべきである。加えて、コーチと選手は、競技会での目標と同様に練習用の適切な目標を含むべきである。選手は目標の一部として、練習と競技会での両方の目標を設定し、注目し続け、評価することに挑戦しなければならない。また、選手の精神的なパフォーマンスばかりではなく身体的なパフォーマンスとも関係する目標を設定するように、コーチは選手を指導しなければならない。

選手とコーチの人生において、「緑」と「金」の両方の精神状態に「活力・元気」を集中させているようになれば、目標は適切であると言える。有名なスポーツ心理学者であるテリー・オーリックは「金」の精神状態を競争的な目標を追求する状態とし、「緑」の精神状態を競争の場から離れた選手の普段の生活の状態と定義した。この両方の精神状態において目的のある生活に注目することで、選手はいつも新鮮に活気づき続けるバランスと、これからのことに対して健やかな感覚を獲得するのである。

### ◉時間的な制限

目標計画の最終原則は、目標が時間で制限されるべきだということである。それは目標達成のための日時を指定することを含んでいる。達成用の時間枠なしで完全に無制限の目標は集中した行動を促進しない。目標達成のための時間枠を指定することは、それらが挑戦的で達成可能であることを保証する。選手が目標を達成するために計画の設定をしなければ、非現実的で夢志向の目標を計画しがちであることから、選手は、操作可能な計画を備えた時間制限のある目標を必要とするのである。そうすることにより、脳が目標の緊急性に基づいて働き始めるので、集中力が増し生産的に考えかつ効率的に行動する刺激となる。これは、最終期限のある短期目標が、重要な長期目標を達成する途中のステップとして用いられる。

## 4. 目標計画の四つのステップ

目標の組織的な計画には四つのステップがあり、それぞれについて自動車での旅行を例にして、以下に示す。

### ◉ステップ1　目的の特定化

目標の組織的な計画には、困難な目標を追求するために必要とされる情熱や活力を提供する目的感覚がなければ不完全である。目的は「なぜ」行動するか、目標は「何」を行動するかである。第一のステップは、定めている目的がなぜ目的であるのかを十分に理解することである。これが明らかでない場合、目標は意味、統一性、力、方向を欠くだろう。よく考え出された正確な目的は、目標を明確な将来像へともたらし、達成と成功のための最終的な手引書として役立つ。

このステップは、若い選手に理解させるのがしばしば難しい。私たちは非常に目標志向の社会で暮らしている。また、スポーツの目標は一般的で、社会によって高度に評価される。それによって、多くの選手が本末転倒してもそれは不思議ではない。また、あたかもこれらの目標が達成を与えるかのように、目標を達成することにスポーツ関与を注目させる。その時、コーチとしての挑戦は、選手を努力、専心（ひたむきさ）、責任がわき出るような行動に向けられた目標から、熱烈な目的へ発展させる方法を見つけることである。

## ◉ステップ２　目標の計画と開発

目標設定シートの例を図８・１に示す。選手は目的を特定し、最も左の部分で目標を設定する。次に、その右の部分に目標を達成するための戦略を特定し記述する。これらは木に似ている。上にではなく右にではあるが、木が成長するのをみるように、幹、大枝、小枝と続いている。その木は、その中に目的と目標（結果、パフォーマンス、過程、短期および長期）を組み入れる。

選手の目的または情熱は木の根とみなされ、この根は木（目標）の幹および枝に生命と栄養素を供給する。根が深い、しっかりとした目的なしでは、目標（木）は死ぬだろう。し

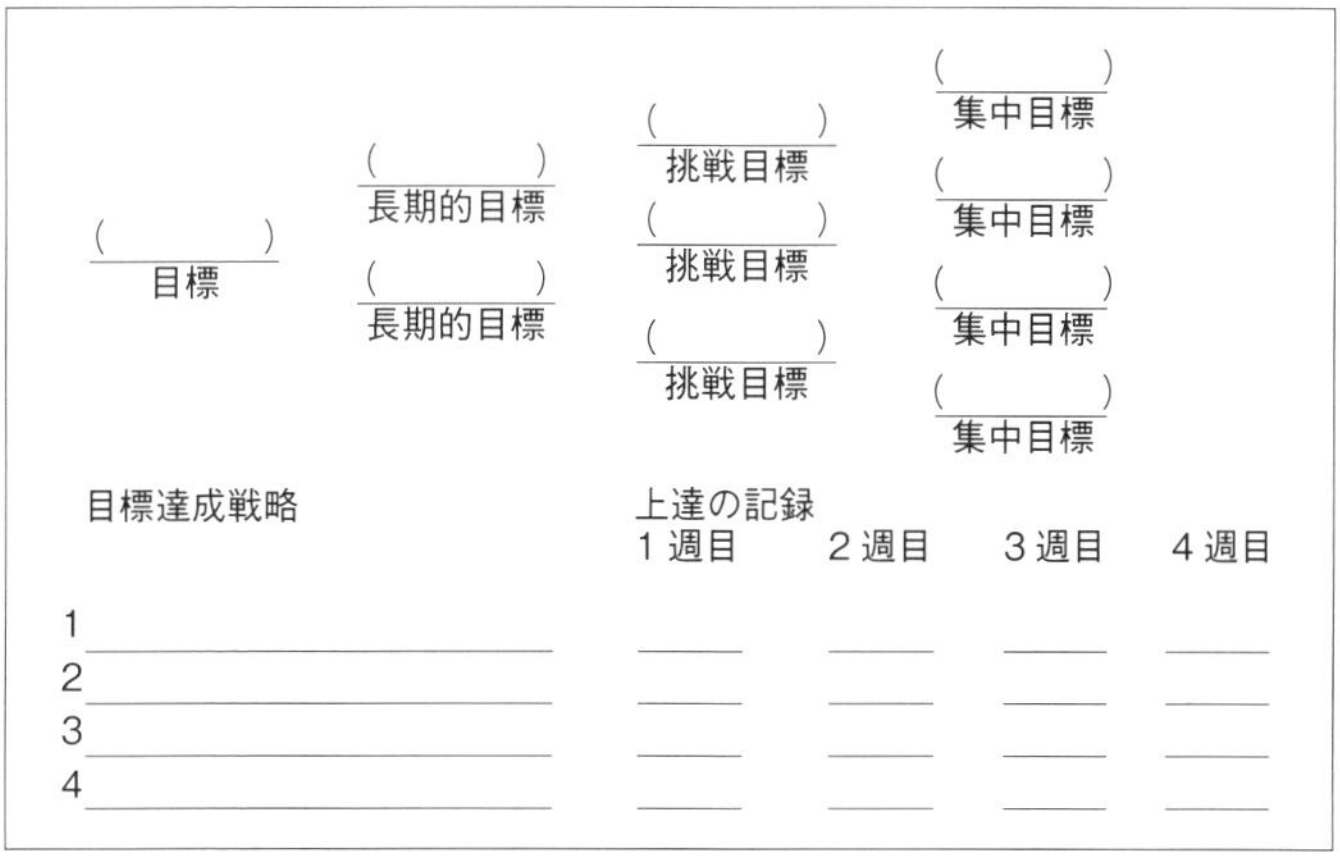


▲図8.1：目標設定シート

たがって、目標の組織的な計画のステップ1は目標に燃料を与える目的を特定することであった。そして、このステップ2では選手は、目標の図を左から右へ、生産的な考えのもと、異なる種類の目標を使用することによって目標の全体像を作り上げていくことになる。

長期的な目標は、目的に続き選手が獲得する重大な達成であり、これらは選手にとって意味のある個人的な業績や結果もしくはパフォーマンス目標である。その右は挑戦目標を表わす枝となる。挑戦目標は、長期的な目標への到達に重大となる行動に関して、明確に指定する実行の基準である。つまり、挑戦目標は一般的にパフォーマンス目標であり、パフォーマンスの具体的な側面を表わしている。そして最も右の枝は集中目標によって表わされる。それは、競技の間に、具体的な考えと集中および自動化を増強する行動パターンである。集中目標と過程目標は同様であると言える。

### ◉ステップ3　「意識的に」行動する

このステップの主な目的は、選手が「意識的に」行動することである。これは重大なステップであり、この過程が一般的には目標の組織的な計画が成功するかどうかを決定するのである。次の三つの点が必要である。

#### (1)アクセルを踏み込む

目標達成に結びつく行動計画である目標達成戦略を開発すべきである。あなたはコーチとして、選手が自身にとって個人的に適切で有用な目標達成戦略を開発するための支援をしなければならない。そこでは、系統的な目標達成戦略を開発することが重要であり、選手が、自己の目標を追求し練習する行動計画を作成することである。上達の記録は一ヵ月間で更新され、その後、選手が別の目標達成戦略を完成するように勧める。

### (2)低速ギアへの切り換えと回り道

個別化され具体的な目標達成戦略の開発によりアクセルを踏み込んだ後、次のステップは、どのように、そしていつ「低速ギアへ切り換える」「回り道をする」のか理解することである。すべての選手はいつかパフォーマンスのプラトーやスランプに出くわしたり、受傷したり、失敗を経験したり、意外な障害に出会ったりするだろう。これらの要因はすべてパフォーマンスに影響を及ぼす。また、そのいくつかは目標の追加や現在の目標の修正を要求する。

### (3)評価システムに関与する

選手またはコーチは、目標を評価するためのシステムに関与することを必要とする。目標がチェックされるか評価される場合には、目標がとても有効であることを示した研究もある。このように、選手とコーチは、どのようにそれらの具体的な目標を評価し絶えず更新するとよいのか、しっかり話し合うべきである。これは非常に単純であるが、それは系統的でなければならない。

選手の目標を評価する方法の一つは、カード評価システムを実行することである。それは、指定された練習週間や間近の大会に対して選手が目標を設定し、終了時にそれらの目標を評価する。カードは小さく（4×6㎝や5×7㎝程度）、チームのロゴマークか感動的な引用のついた厚紙で作るとよいだろう。競技会用の例は図８・２に示したとおりであり、上は選手が二つの挑戦目標を設定するカードである。選手は二つの挑戦目標を設定し、それぞれに対して集中目標を設定する。下は、カードの裏で、競技会後に完成

## ウェスタンヒルズ・ワイルドキャット・ソフトボール 2005

名前　　日付　　相手

1 挑戦目標 1 ______________________

集中目標 1a ______________________

集中目標 1b ______________________

2 挑戦目標 2 ______________________

集中目標 2a ______________________

集中目標 2b ______________________

## スポーツ選手　目標評価

1 あなたの目標を達成しましたか?
なぜできた，なぜできなかったか?

2 うまく行為できるのと同様に，精神的な強さと集中を
もたらすよう目標をどのように改訂しますか?

コーチの目標評価とフィードバック

______________________

______________________

______________________

▲図8.2：目標評価カード

されるもので、選手の評価とコーチからのコメントの両方を含んでいる。

コーチは競技会と同様に練習用の個々の目標を評価すべきであり、チームの目標を系統的にチェックする最良の方法をさらに考慮するべきである。チーム目標を評価する共通の方法は、大きな目標板を使用することである。一方の端にチームの目標すべてが、その上部に横書きでそのシーズンの週とリストアップされた対戦相手の名前がかかれている。そして、毎週あるいは試合後に、チームは、どの目標が達成できたか、また、なぜ目標を達成できなかったか議論するべきである。週や試合を重ねると、目標板は、達成点や達成されていない点を徐々に明らかにしていく。そこでチーム目標を調節したり、新しい目標を加えたりすることができる。

## ◉ステップ4　最高速度を落とし音楽のボリュームを上げる

このステップは、ステップ1を再訪問する方法を確認するために重要である。というのは、選手がなぜスポーツに没頭しているのかという基準は日々進歩しているからである。

目標へのドライブは、感動のない骨折り仕事の形ではなく、運転に活力を与えるように目的または情熱の感覚を見失わない旅であるべきである。そして、スポーツ選手は苦心して目標を設定し目標達成戦略と評価システムを計画した今、彼らは自動車を動かし始め、最高速度を落とし音楽のボリュームをあげるべきである。スポーツ選手は、目標を求めて前へ運転している間には、旅行やすばらしい風景に注目するべきであると理解しなければならない。なぜなら、常に目的地（重大な目標）に注目し続けることは効率的に運転することの邪魔となるからである。人びとが旅行する場合、最終目的地を決定し、そこに着くことを保証するために地図をもとに綿密に旅行計画を立てる。したがって、旅行中には、自動車の運転および旅行での経験に注目するに違いない。最終目的地を絶えず考えることは、旅行の質や運転のパフォーマンスに邪魔となるであろう。スポーツ選手は同じことをするべきだ。ある研究では、優れた行為者は有用な目標を設定するだけでなく、これらの目標を追求する目的や情熱を見失わないようにしていることを示した。さらに、彼らの目的や情熱は、「活力・元気」の源であり、目標を追求するための燃料として使用しているのである。

## 5. 目標計画のコツ

コーチは「選手とチームの目標を組織的に計画するコツは、単純、系統的、共同的の三つである」と考えておくとよい。

### ◉単純

あらゆる種類のメンタルトレーニングを実行する際に、私たちみんなが犯す最も大きなミスは、多くのことを早急にしようとしすぎることである。目標の組織的な計画や他のメンタルトレーニングでは、単純で洗練していることに従おう。一つの長期的な目標、一つの挑戦目標、一つの集中目標を設定するように選手に要求するとよい。選手は一度考え出すと、目標を膨らませることができる。当然、指導している選手の年代やレベルに応じて目標の組織的な計画を適応させるべきである。年齢にかかわらず、多くのことから始めるより、少しのことから始めるほうがよい。

## ◉系統的

目標の組織的な計画プログラムがどれほど単純でも、それは系統的でなければならない。すなわち、それは、熟考、目標設定、目標達成戦略の開発、目標評価、目標のチェックという系列で続かなければならない。グールドは、立案過程、ミーティング過程および追跡評価過程に分類して、コーチが目標計画プログラムを組み立てるべきだと提案している。

### (1)立案過程

選手と目標について議論する前に、コーチは個人とチームの要求と強さについてよく考えるべきである。これに従って、コーチは、チームのためと個々の選手のためになる両方の可能性がある目標を特定するべきである。これは実際には評価過程である。そこでは、コーチは、チームで目標計画過程を始めるために注意深く個人とチームの技術を評価しなければならない。

### (2)チームミーティング（打ち合わせ・会合）過程

グールドは、コーチが目標の組織的な計画に関して、選手と一連の会談を行うように提案している。コーチは、目標の組織的な計画がチームによって議論されるチームミーティングを最初に予定し、選手に理解してほしいと願っている目標の組織的な計画の様相がどのようなものであるかを強調するべきである。それは、五つの原則に沿った目標計画、あるいは立てられた目標の図（木のような図）を用いて行う。実際の目標はこの一回目のミーティングで設定されるべきではない。選手が、自分とチームのための重点目標を全体として考え確認させるために使用されるべきである。数日後に二回目のミーティングが予定され、その時にはいくつかの予備的なチーム目標がいくつかの目標達成戦略と同様に特定されるべきである。チームにとっての長期的な目標と挑戦目標を特定すること、そして、選手に挑戦目標と長期的な目標の達成を促進する集中目標について熟考するように依頼する。そして、三回目のミーティングで、チームとコーチは、チームが成熟し上達するように改訂され毎日実行されるようないくつかの具体的な集中目標を特定するべきである。

### (3) 個人的なミーティング過程

時間を消費するが、コーチが個々の選手に会い、選手の目標について議論し、目標を開発支援することは重要である。コーチは、選手が設定した目標を遂行するために何が必要なのか現実的にわかるので、各選手が目標達成戦略を開発する際に役に立つのである。

### (4) 追跡評価過程

追跡評価過程は目標の組織的な計画の中で最も見落とされた段階である。しかし、それはあらゆる目標計画プログラムの成功には重要である。

コーチは、チームの目標がどのように系統的にチェックされ評価されるかということを最初に決定するべきである。そして、この出来事が確実に起こるために手続きや予定に固執するべきである。目標が柔軟で精力的か、改訂・拡張・削除が可能か、また、シーズン直前、シーズン中、シーズンオフを通して新しい目標と取替可能かを考えなければならない。コーチはチームの目標をどのように示しチェックさせるかさまざまな選択肢も考えなければならない（ロッカールーム内の連絡板、個々のロッカーに置くパンフレットなど）。そして、選手の心の中に目標をいつも新鮮にし続ける方法を見つけ出すべきである。コーチは、さらに個々の選手の目標をチェックし評価することに慣れるような方式をつくるべきである。私は、コーチが図８・２に示されるような目標カードを選手の要求を満たす方法として習慣化することを提案する。選手の目標カードが完成すれば、コーチは、結果による原因の修正と評価を与える系統的な方法で、それらがどのように使用されるべきかを選手と議論するべきである。ここが注意すべきポイントである。選手の成熟度にもよるが、コーチとして、選手が自分の目標への進行具合を評価することができ、それについて断続的に議論することができるので、上達をチェックする頻度をどれくらい望むかということを決定することができる。自己設定目標あるいはコーチ設定目標を好むかどうかは、選手の性格の違いにも影響されることも示されている。しかしながら、時間とともに保持される目標については、コーチは、選手に自分の目標に対する責任を直接取るように説得すべきである。

### ◉共同的

　共同作用は、個々のメンバーの能力を超えて、グループ内で目標を達成することを可能にする「活力・元気」となる。共同作用が生じるのは、選手がチームの役割を引き受けて、これらの役割の達成に基づく挑戦目標と集中目標を設定する時である。また、チームが、チームの目的について明らかな場合にも生じる。この目的感覚は、目標設定、目標達成戦略、およびチームに普及している全体的な態度の種類へ影響を及ぼす。有効な目標の組織的な計画は、生産性の強いチーム標準を作るのを助けることができる。それは、チームメンバーによって容認された努力や他の達成行動のための基準を含んでいる。

コーチは、チームへの貢献度に関して、個々の選手と広い範囲でコミュニケーションをとることや、選手が個人とチームの目標に関して所有権を感じたと保証すること、さらに、継続的にチームの進行と目標計画プログラムに対する議論と評価を勧めることによって、共同的な目標計画プログラムを作成することができる。目標は、選手が内部の力に関する肯定的な共同作用を生じさせるのに有用で刺激的なものとなるべきである。

（訳　武田 守弘）

# 第９章　イメージトレーニングを指導する

「イメージがすべてだ」

これは有名なテレビＣＭにおけるアンドレ・アガシ（テニス選手）のセリフである。

「イメージがすべて」とは、私たちの行動やパフォーマンスを導き出してくれるものを創造し、蓄え、焦点を当てるのがイメージであるという意味である。イメージの中で最も重要な「自己イメージ」についてみれば、「私は対人関係スキルが優れている」という自己イメージは、自信や外向性、リーダーシップの役割、指導者などの道につながる。もし「人前で話すことが苦手だ」という考えを持っていたならば異なった道に進み、人前で話す時には不安を覚えたことだろう。自己イメージに関していえば、「イメージはすべて」は明白である。

選手は自分の可能性を引き出すのに必要なビジョンを作り出すために、自分自身とスポーツパフォーマンスに対する生産的なイメージを育てることを学ばなくてはならない。イメージは、体系的にコントロールすることでスポーツパフォーマンスを改善することができる。したがって、本章では、選手のパフォーマンスを高めるための簡単で系統的な方法をコーチが使えるように、基本的なメンタルトレーニングの道具としてのイメージを紹介する。

## 1. イメージとは

イメージとは、「心的な体験を再生したり創造したりするすべての感覚の利用」と定義されるだろう。人が鮮明なイメージと関わる時、脳内では現実の外的刺激の状況とまったく同じ状態にあるという。イメージは選手が、練習場面での身体的練習以外に、スポーツの技術を練習することを可能にする。滑降のスキー選手にイメージをさせた研究では、選手が実際に滑った時と鮮明にイメージできた時は、筋を動かす神経経路の働きは同様であったと報告されている。

以下に、イメージとは何かについて理解を深めるために、四つの重要な側面について触れていく。

### ◉再現し、創造するイメージ

イメージは選手に役立つ多くの体験を再現し、創造するのに用いることができる。まず心の中の体験を再現できる力について考えてみる。これまでに他の人がスポーツをしているのをみて、それを自分でもできたという体験やスポーツ技術を自分の選手に教えるのに数時間費やした後で、自分の技術の基礎的な部分が改善された経験はないだろうか？ それは他人の行動を真似し、心でその画像を捉えて、それをパフォーマンスの計画として使うことができるからである。つまり、イメージとはパフォーマンスに対する「心的な計画」を生み出す一つの画像であるということができる。イメージは記憶に基づいており、外的な出来事を心の中で再構成することによって内的に経験している状態なのである。

イメージは、定義としては心の中で新しい体験を創り出す感覚を含んでいるが、本質的には記憶から作られ、脳では内的な画像の断片を異なった方法で取り上げることができる。

## ◉多感覚体験としてのイメージ

イメージを理解するための二つ目の鍵となる側面は、イメージがすべての感覚を含むことができるし、含むべきものであるという理解である（多感覚な体験）。イメージはよく「視覚化」が重視されるが、視覚だけが重要な感覚ではない。すべての感覚が物事を体験するには重要なのである。すべての感覚とは視覚、聴覚、嗅覚、触覚、そして運動感覚などである。選手にとってイメージの中で用いる感覚で最も重要なものは運動感覚や異なるポジションに身体を動かす感覚だろう。

イメージの中でできる限り多くの感覚を利用することは、より鮮明にイメージすることにつながる。より鮮明なイメージはパフォーマンスを向上させるのに有効である。

## ◉メンタルトレーニングの道具としてのイメージ

イメージをメンタルトレーニングとして役立てるためには継続的にかつ体系的な方法によって用いることが必要である。行き当たりばったりのイメージでは、選手のパフォーマンスを向上させることはできない。長い時間ではなく、少しの時間であっても体系化された方法で、継続していくことが重要である。

イメージを有効に利用するには、コントロール（統御）することを学ばなくてはならない。統御性とは、何かイメージしようとした時に正確にイメージすることのできる能力であり、また局面を変えようと望んだ時に、操作することができる能力のことである。選手はしばしばスランプに対する恐怖やプレッシャー環境での「息が詰まる」状態に陥った時に、イメージが統御不能になるので、その統御法を獲得する手助けが必要である。

統御性に加えて、メンタルトレーニングで効果的にイメージを利用するための鍵は鮮明性である。鮮明性は、イメージを用いている時にそのイメージに色や感覚が用いられているか、情動的・身体的な感覚体験であるかといったような事項を含んでいる。

選手が初めてイメージを実施する際には、多くの場合、イメージの鮮明性と特に制御性が欠けているが、継続的な練習によってイメージ能力は増大していく。

## ◉内的・外的なイメージ視点

自然とイメージを行ってみた時、ビデオテープをみているような見え方がするだろうか？ それとも自分の目を通して見ているような見え方であろうか？ 前者を外的イメージ、後者を内的イメージと呼ぶ。内的なイメージを用いる選手は、自分の目を通して、体の中にいるような感覚でイメージを使っている。選手がイメージを使い始める時、内的・外的な視点のどちらかを持つもの、あるいは両者を用いるものがいるだろう。選手には最も快適なイメージを用いることを勧めるべきである。そしてイメージ能力が高まってきたら、その両方のイメージを使う能力を高め、さらには異なった他の感覚の利用とも結合させていくことが必要である。

両方のイメージを用いることで、フォームに依存しているような技能特性のもの（例えば空手や体操競技など）を向上させることができる。選手は状況に特化した最も有効なイメージと感覚のタイプをみつけるために、何度もイメージを試みる必要がある。フォームの身体感覚がどのようであるかについて気づきを深めるためにも、内的な運動感覚イメージが重要である。フォームを作り上げる段階では、身体各部の構造をチェックするために外的な視覚イメージも用いることができる。

## 2. イメージによるパフォーマンスの向上

### ◉スポーツパフォーマンスの向上と技能の習得

#### (1)メンタル・プラクティス

特定のスポーツ技術を実施するイメージが心の中で反復して利用されることをメンタル・プラクティスと呼ぶ。メンタル・プラクティスは、身体的練習の分習法（訳者注：教育・心理学の用語。始めから終わりまで、まるごと学習することを全習法、部分に分割して学習することを分習法という）に似た断続的な習得スタイルで行われる。以下のようなスポーツ技術がメンタル・プラクティスによって改善されることが報告されている。

①バスケットボールのシュート、②マラソン、③テニスのサーブ、④ダイビング、⑤バレーボールのサーブ、⑥空手の技術、⑦競泳のスタート、⑧ゴルフ、⑨トランポリンの技術、⑩スキーの滑降、⑪フィギュアスケート、⑫ダンス

このことは、メンタル・プラクティスが身体的練習より効果的であるということではないし、技術を洗練するために、計画的で反復的な身体的練習に取って代わるものでもない。しかしながら、メンタル・プ

ラクティスは補助的には効果がある。また身体的練習は疲労や集中が途切れることによって、練習時間に限りがあるため、イメージと連動させることで効果を高めることができる。自動化された隙のない技術遂行のための明確な計画を作り上げるために、メンタル・プラクティスを通して身体面のトレーニングを増強するべきである。

### (2)準備イメージ

競技直前にイメージを用いることで、選手のパフォーマンスの発揮に役立つ。イメージは試技直前の「サイキングアップ」や落ち着くために、さらには課題に関連した側面に集中するために用いられている。試合直前の準備に用いられるイメージは、強度が強く筋持久力の求められる課題やゴルフのパッティングなどのパフォーマンス改善には有効である。

## 3. イメージによるパフォーマンス向上の理解

### ◉象徴学習理論

第一の理論は、象徴学習理論と呼ばれるものである。イメージは選手が動作パターンを学び、洗練していくのを補助する、記号化のシステムとして働くという理論である。選手が行うすべてのパフォーマンスの動作は、脳で計画が作られ、その計画が方向づけられ、制御されることで記号化される。象徴学習理論は、イメージが選手の脳内で、自分の動きを象徴的な要素に作り変え、記号化できるようにする、というものである。一流選手はどのように技術を遂行しようかなどと考えたり、分析したりはしない。なぜならば、彼らは動きを高度に自動化し、熟練したパフォーマンスが遂行できるからである。彼らは心理的なリハーサルによって心理的な計画（もしくは技術の遂行のために用いる心理的な記号）を構築し、強化している。

象徴学習理論は、イメージを用いることによって、単純な運動課題よりも多くの認知的プロセスが必要とされる身体運動課題が大幅に改善されることや、大学バスケットボール優秀選手の良いフリースローフォームをモデルとして、心理的に記号化したイメージで動きが改善された研究などによって支えられている理論である。

## ◉生体情報理論

生体情報理論では、心理的イメージは脳内に保持された知識の単位もしくは特性の組み合わせによって構成されている。選手がイメージを実践する時、彼らはイメージの内容を示す「刺激特性」と、ある状況下の刺激として起こる反応を示す「反応特性」を起動させる。例えば、サッカーの試合の決勝戦でのプレッシャーのかかるペナルティキックのシュートをイメージする時には、観客の声や相手のゴールキーパーの位置、ゴールの見え方といった刺激特性が含まれている。反応特性とは、力の入った脚の感じ、早くて幻惑させるような足の動き、そしてゴールに入るボールに対する自信と集中の感覚などである。

この理論のキーポイントは、選手は「完璧な反応」のイメージを、体系的に練習しなくてはならないことである。生体情報理論では、繰り返し反応特性に働きかけ、自分の反応を修正していくこと（もしくは良い反応を練習すること）によって競技力向上に貢献できる。つまり、この理論では状況の特性（刺激特性）だけをイメージするだけでは効果がなく、さまざまな競技場面での、強く完璧な行動的、心理的、生理学的な反応もイメージしなくてはならない。

## ◉イメージは選手のパフォーマンスを狂わすことがあるのか

多くのコーチがよく私に「イメージは私の指導する選手たちのパフォーマンスを崩すことは一切ないのだろうか?」と尋ねてきた。確かに、どんなコーチも、実証されていない疑問の残る薬を、自分の指導する選手に用いることなどはないだろう。コーチはメンタルトレーニングの効果だけでなく、選手が誤った時期に悪いイメージに焦点を当てることで彼らのパフォーマンスを崩してしまう可能性があることにも目を向けるべきである。

マイナスのイメージや失敗をイメージすると、ゴルフのパッティングの正確性が下がるとされている。このことは、選手はイメージを用いるべきでない、ということを意味しているのではない。イメージトレーニングの目的は、それまでコントロール不能であったイメージを、選手がコントロールできるようにすることである。マイナスのイメージでも、うまく利用すればプラスの効果があるのだ。ポイントは、選手は完璧な反応の心理的計画を創造するのであって、決して悪い反応を創造するのではない。

さらに意識というものが、マイナスの考えやイメージのパフォーマンスへの影響を増大させることから、マイナスの考えやイメージを押さえつけるための試みが検討されてきた。ゴルフのパッティング課題を行う時に「ボールがカップに届かないイメージを持たないように気をつけて！　ショートすることをイメージしてはいけません！」という「マイナス」のイメージ教示（イメージしないように）によって、彼らのパフォーマンスは低下した。選手は何かをしないようにすることをプログラムしたり、マイナスのイメージを持ち続けたり、それらを押さえつけようとするべきではない。マイナスのコーチングの言葉は、しばしば実際に行うパフォーマンスとしてあらわれてしまう。

また、一般的に言われる「考えすぎ」が選手のパフォーマンスを狂わせることもあるが、大事なのは生産的に考えることと、自動化されたパフォーマンスの要点を単純化していくことである。「考えすぎ」の原因となるのでメンタルトレーニングを実施したくないというコーチや選手によく言っているのは、危機に直面して現実を直視しようとしないのはよくない、ということである。それは競技場面での厳しい争いや、すべての選手が直面する心理的な課題に立ち向かう積極的な方法とはいえないだろう。

## 4．イメージを利用できる内容

### ◉生産的なチームイメージの創造とイメージへの考え方のモデル化

「イメージがすべてだ」という考え方からこの章をスタートした。このことはあなたのチームとあなたが実践する練習プログラムにこそ適用されるべきものである。なぜならば、あなたが選手とイメージを始める最初がチームであり、またあなたの持つ練習プログラムだからである。あなたの持っている練習プログラムは、コーチとしての哲学、動機づけに対する理解、リーダーシップ、構想、そして意思決定行動、プログラムの中のダイナミクスと結束、チーム内のコミュニケーション、美技の追求のためにチームが用いる目標設定などによって生み出されて行く。選手に個別のイメージを適用する前に、コーチが提示したチームや練習プログラムに対する自分なりのイメージができていなくてはならない。

コーチとしてできるもう一つの重要な点は、あなたがメンタルトレーニングに対して持っている信念やこだわり、意気込みなどをしっかりと選手に示しておくことである。「現実の」トレーニングとは異なった、特別なものとしてイメージが紹介されるのではなく、選手が行っているすべての身体面のトレーニングや試合に向けての準備のごく自然な一部として一体化するべきである。選手にとってイメージは余計で特別で付加的なものであってはならず、少なめにスタートさせて一つか二つのイメージを容易に用いることができる方法に集約させていくべきである。

## ◉スポーツ技術を教え、学び、練習する

選手がイメージを利用するのを後押ししてくれる最良のやり方は、メンタル・プラクティスである。競技における一つか二つの技術を取り上げ、それを選手が心的に練習する方法を作っていく。バレーボールのサーブの基本練習では、10回のサーブを打つ時に、身体的に実施するのに先立って、すべてのサーブで心的練習を行うのである。この方法は日常のトレーニングの一部として組み込んでいこうとすることが必要である。

選手が完璧な反応への心的計画を固めていくのを補助するために、コーチは言語的なきっかけや象徴的イメージを導入するだろう。きっかけは、的確で完璧に反応するための心的な計画を作るために、鍵となる部分に選手が集中するのを補助する言葉である。ソフトボール選手が「自分の手を投げろ」と言われ、バスケットボール選手が内側の脚を「しっかり固定」と教わり、ゴルファーはショットを打つ前に彼らの頭

の中で、頭を動かさない、バランスよく、リズムよくといった単純なきっかけを用いていることが多い。

象徴的イメージは、理想のパフォーマンスを構成する心的な象徴やモデルである。アーチェリー選手は弦が的の真ん中から引っ張られていき、弓が標的に一直線に飛んでいくのを描く。そして、体操選手は床運動中に完全にまっすぐな体のイメージと動きを完成させるために、冷たい鋼鉄製の壁にもたれかかっている場面を視覚化している。

スランプに陥っている選手などは、完璧なパフォーマンスをイメージしたり、またビデオテープを用いて自分の良いパフォーマンスを見たりすることも有用だろう。

選手が内的イメージを育む一つの方法としては、身体的な動きの直後に目をつぶって、体の内側で見て感じた技術の遂行方法について再生することである。この身体―心的練習法は選手の内的イメージの側面を強化するために何度も繰り返されるべきである。

## ◉競技戦略を教え、学び、練習する

イメージはコーチの指導や戦略やプレーのシステム、意思決定などのようなパフォーマンスの方略を選手が学ぶ補助として大変有用である。例えば、バスケットボール選手に新しい攻撃やアウトオブバウンズのプレーを紹介する時、コーチは新しいパターンをリハーサルして示し、そのすぐ後ろについてそのパターンの中の自分の動きについて、イメージしながら身体的練習をさせることができる。そうすることで競技会の前には、コーチは以前に学んだ攻撃や守備の戦略やプレーのメンタルリハーサルを先導することができる。コーチは作戦やフォーメーションを通して思い浮かべるような方法で、しばしばイメージを利用している。心をリラックスさせて状況をイメージすることで、明確な洞察を得ることができ、問題を修正する方法をうまく決められるようになるだろう。

## ◉競技会への心的集中を作り出し、練習する

経験豊かな選手は「以前に経験したことがある」ので、直面する競技のプレッシャーや阻害要因への対処法を熟知していると考えられる。しかし、イメージは選手が実際には「以前に経験したことがある」わけではなくても、「経験」を得ることができるように利用できる。

コーチは選手に対して、①どのようなものだろうか？ ②どう対処したらいいだろうか？ という二つの質問に答えるのを手助けしてやるべきである。

「①どのようなものだろうか？」という質問は試合の外的な側面や身体的・社会的環境について述べているものである。オリンピックのような巨大な競技会においては、選手はそれまでに直面したことのないような阻害要因を自ら作ってしまう。選手が直面するいずれの試合状況でも、施設や観衆、起こりうる阻害要因や天候などについて、それがどのようなものであるかを明確にイメージしておくことが必要である。「②どう対処したらいいだろうか？」は、選手に対して過度に反応せずに、常に対処をしなさいと説明するべきである。対処をすることは、さまざまな障害に直面した時の心理的スキルや自分の考え方、感情、そしてパフォーマンスに対する強靭さが求められる。過度に反応してしまうと、いずれのスキルも利用することができずに、状況に対する未熟な感情（怒り、不安、恐れ）が出てくる。イメージは選手が想像もできない競技プレッシャーの対処法を、頭の中で繰り返し練習するためのツールで、「感情の消防訓練」だと

考えればよいだろう。

コーチは選手が前述の二つの質問への回答から、ある試合までの日々の練習の中で、繰り返し頭の中で短いルーティンを作るのを補助するため、騒音や注意を妨げる阻害要因、暑さ、寒さ、プレッシャーのような起こりうる環境的状況を提示してあげるべきである。

### ◉パフォーマンス前のルーティンを作り出し、練習する

パフォーマンス前のルーティンとは、選手がある試技を行う前に用いる、先に計画された思考と行動の体系的な連続体である。パフォーマンス前のルーティンはゴルフショットやバスケットボールのフリースローのような、特定のスポーツ技能の遂行に先立ち行われるのが一般的である。

選手は簡単に反復できて、さらに競技の状況によって必要に応じて変化させることができるように、単純で柔軟なルーティンを作成しておくべきである。ひとたびそのルーティンを始めてしまえば、自動的に身体が動き、最高のパフォーマンスが生まれるような、自動的な感覚を固定させていくのに役立つ。ルーティンを発展させながら身体面のトレーニングの中で、習性となるように常に使い続けることが重要で、理想的にはパフォーマンス自体の習性となることが望ましい。

多くの選手はまた、パフォーマンス前のルーティンを競技会が始まる前に用いているようである。これらのルーティンは、ユニフォームを正しく身につけることや整った方法のウォーミングアップ、特定の音楽を聴くなどの単純なものからなっている。どの選手にとってもルーティンが最良に活用できるように、個別化していくことが重要である。ある数名の選手は静かな部屋で次の試合に集中して、競技会での挑戦

のための反応を計画する時間を持つようにしていると述べている。また別の選手はチームメートと雑談をして過ごし、試合のことについて「考えすぎ」の状態にならないようにしていると述べている。コーチは選手がどのようなパフォーマンス前のルーティンを希望しようとも、それを試しに使ってみるための時間と場所を提供しなければはならない。一方ですべてのルーティンは多少の柔軟性を持っていなくてはならない。なぜならば競技場面ではその時と場合によってやり方が変わり、時に選手のルーティンの遂行を妨げるからである。

## ◉ミスの修正

選手にとってより簡単なイメージの使い方はミスの修正である。選手はコーチからパフォーマンスの指摘と修正を受ける。イメージは選手がコーチから提供される修正点から、最も多くの恩恵を得るのに大変役立つ方法である。選手はコーチのフィードバックや修正に耳を傾け、まさに今、修正して行う技術の簡潔なイメージを心の中で再生させ、イメージと技術遂行として組み込んだものを見て、感じることが必要である。

コーチは選手に対して、望ましいパフォーマンスの修正を見たり感じたりすることを求めるようなフィードバックをし、それを受け取る時には常にイメージを用いることを指導し、要求するべきである。コーチはいつもこう尋ねるとよい「見えているか？　感じているか？」と。ミスの修正にイメージを用いることはパフォーマンスのビデオテープを見ている時にも有用である。その時には選手は直ちにイメージを巻き戻して、見たり感じたりすることによって修正を加えていくべきである。

## ◉メンタル・スキルの構築と向上

### ⑴自信

選手の自信にとって、イメージは自己イメージや考え方、行動型の決定に不可欠である。選手にとって有能感や成功を育んでいくことが重要で、これは過去の成功したパフォーマンスを再現することやその成功体験と深く関わるプラスの感覚を持つことでうまく身につくのである。

理想の自己イメージと称されるイメージの練習は、自信につながる有効な手段である。理想の自己イメージを練習するのに、まず選手は自分として持っておきたいいくつかの技能とその性質を提示する。技能とは自己主張のできるコミュニケーションのスキルやパフォーマンス失敗後の自信のある態度、試合中の情動を管理できる能力などである。そして、理想の自己イメージと現在の自己イメージとを比較するのである。このことは理想の自己イメージに向けて積極的に関わっていくことができるような特定の行動や考え方を理解することを可能にするだろう。理想の自己イメージの練習は、現実と理想の自己というものの違いを理解させるために継続的に行われるべきである。イメージは選手が自分の理想の自己イメージに向かって動き出す新しい行動や反応様式を練習していくのに役立つだろう。

### ⑵「活力・元気（エネルギー）」の養成

競技会でサイキングアップするために「活力・元気（覚醒）」を高めていく必要のある選手は、大歓声の観衆を前にして激しく、積極的にプレーしている場面をイメージすべきである。試合前に「活力・元気」や覚醒を下げていく必要のある選手は練習や以前の試合での準備や良いパフォーマンスを想起して、現在の試合でのプレッシャーの制御や成功パフォーマンスを視覚化するのがよいだろう。

「活力・元気の部屋」と呼ばれるイメージの練習は、選手が試合によって異なる覚醒を調整するのを手助けしてくれる。「活力・元気の部屋」イメージは選手が暗いトンネルの中を歩いて降りて行き、ドアの向こうのとても快適で心地よい部屋に導かれていくところから始まる（選手の好みでどのようなタイプの部屋を創造してもかまわない）。その部屋は密閉されていて、その選手が試合で必要としている「活力・元気」のタイプを作り出す部屋に、なにやら特別な空気が流れ込んでいると想像する。選手はそれを吸い込むことで、より活性化／リラックスした状態を感じ、集中／意識／リラクセーションが高まっていくのを感じる。選手が適度に活性化され、トンネルの中をリラックスし、集中し、意識を高め、冷静で自信を持った状態を感じながら歩いて戻っていくまで、呼吸を続けていく。このイメージでさまざまな違った方法を用いようとも、目的は選手を最適な「活力・元気」を作り出すことができるイメージ上の場所におき、選手たちが用いたいと思っている心的な方策を使えるようにすることが重要である。この部屋は快適で親しみやすいものでなくてはならず、心身の覚醒レベルを調整し、選手がコントロールする内的な世界に行きやすい場所でなくてはならない。

## ◉ケガからの回復の援助

ケガをした選手は身体的なトレーニングに加われないので、イメージはその回復の時期に技能や戦略の心的な練習することができるようにしてくれる。ケガをした選手でも、チームのトレーニングには参加すべきである。そして基本練習や試合前の練習で走っている自分をイメージしておくべきである。ケガからの回復の時期にこそ、メンタルトレーニングを選手に挑戦させてみてほしい。そして回復に向けた、集中して生産的で強固な意志を保持しておくのである。その他には、選手はパフォーマンスの系図を用いて段階的なリハビリテーションの目標を設定し、その目標に到達していくのを鮮明にイメージする。生産的で目標志向のイメージは、治療の経過の向上が認められる重要な心身相関を促進するだろう。

## 5. イメージを効果的にする六つのヒント

### ◉状況に対する心理的、生理的、そして行動的な反応を鮮明にイメージすること

選手が鮮明な反応をしてイメージする時の心の負担を確認してほしい。選手が完璧な反応のための心的な計画を作り洗練するのにイメージが貢献するためには試合での心理的、生理的、行動的な反応含んでいるべきである。つまり、大観衆など阻害要因をイメージした時に、その反応をどのくらいイメージしているかを確認してほしい。

### ◉パフォーマンスと結果のイメージ

テニス選手は速いパッシングショット（ネットに接近した選手の横を抜くショット）を行うイメージをしている時には、それらのショットが相手のコートのコーナーをつくのを見ていなくてはならない。野球の選手は強くてコンパクトなスイングをイメージする時には、ライナー性のボールが外野に飛んでいくのを見て、ゴルファーがスイングを心に描く時には、ボールの軌道と着地する瞬間を「見る」べきである。選手のイメージの結末には、完璧なパフォーマンスだけではなく完璧な結果についてもイメージすることを

忘れてはならない。

## ◉すべてのイメージを特化する

コーチは選手がイメージを個人的なニーズに合わせて特定のものに調整していくのを手伝わなくてはならない。例えば、ソフトボールのピッチャーでいつもは大変良い投球をするのに、塁上にランナーがいるとストライクを投げることにすら心を取り乱されてしまう選手がいたとする。ピッチングに関するメンタル・プラクティスを繰り返し行うことも少しは役立つかもしれないが、変化していく試合の状況の中で、ピッチングに対して効果的に自信と集中を作り上げられるように、イメージにたくさんの異なる状況を作ってあげることのほうが有効である。塁上のランナーや異なるアウトカウントやそれらの状況下のプレッシャーに対する一貫した心身の反応など、さまざまな変化を心に繰り返し描くべきである。

例えば、テニス選手は「精神的強さ」を作り出すためにその人特有の必要性を考え、イメージの利用法を習慣化することができる。図9・1はテニス選手が異なるタイプの完璧な

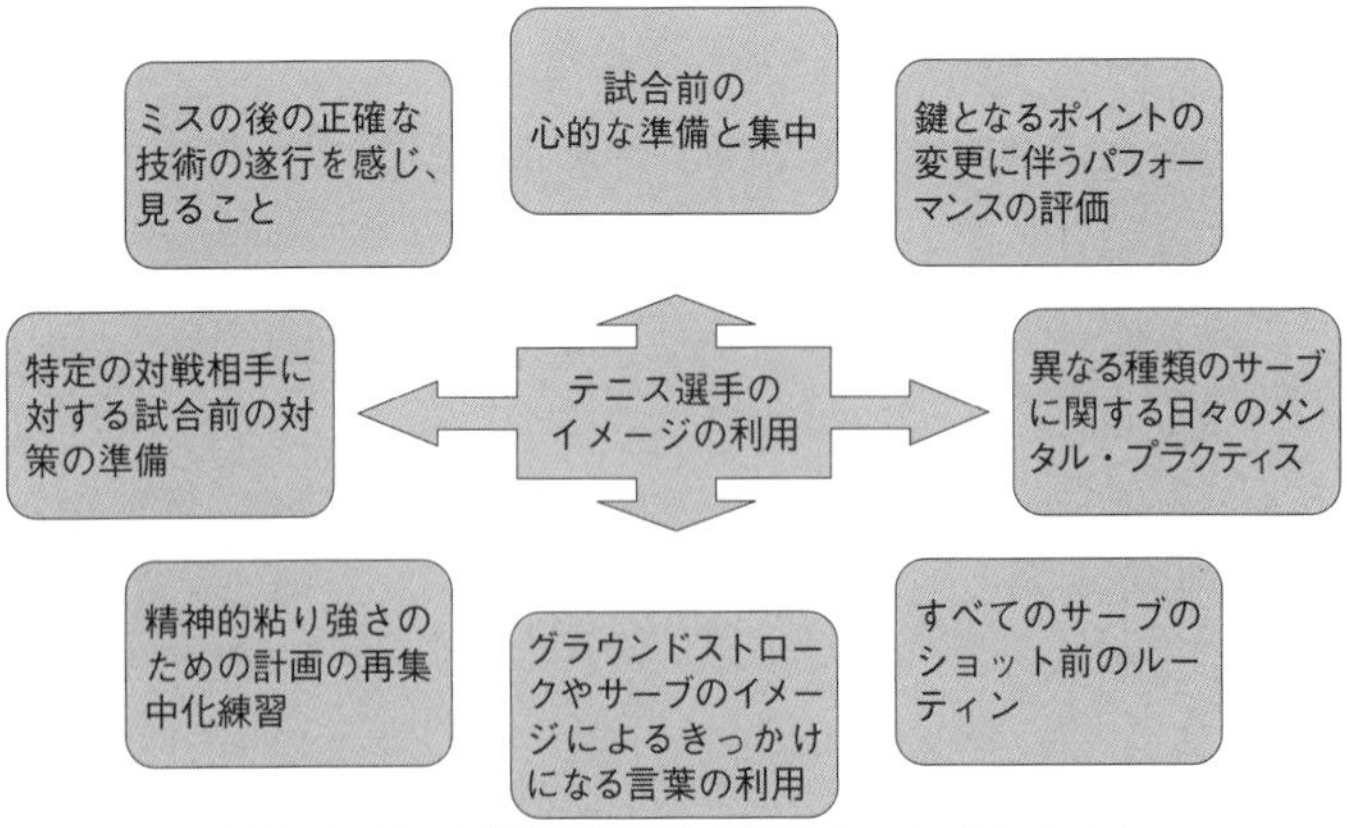


▲図9.1：テニス選手がどのようにイメージを使いうるか

サーブを作り出すための、日々行うメンタル・プラクティスを示したものである。グラウンドストロークとサーブの完璧な計画を体で覚えさせるために、言語的なきっかけを用い、ミスを修正した時には正確な遂行を感じ、見ていた。心的な準備をしている時、次の対戦相手に対する作戦をリハーサルするのにイメージを用いた。試合への準備と集中、そしてゲーム中の典型的な阻害要因への対策を再焦点化した。最終的にイメージをショット前のルーティンとして統合して、サーブの前に使った。そして前の試合のパフォーマンスをしっかりと振り返り、改善していくことで、鍵となるポイントを再構成していく時間を持つようにした。

## ◉イメージは多くの異なった場所と姿勢で練習するべきである

イメージを使いこなせるようになったら、今度は更衣室、競技場、プール、練習中、試合中などの多くの異なった場所と姿勢でイメージを導入し、選手の習性にしていくべきである。もし体操競技や高跳びのような競技でメンタル・プラクティスを用いたならば、立ち上がることや歩くことでさえも役立つであろう。選手はイメージを促進するために、完璧な反応のきっかけを繰り返しイメージすることが重要である。

## ◉イメージのタイミングは実際の身体的な技能の遂行と同じであるべきである

スローモーションや早送り、といったことを忘れてしまってほしい。実際の身体パフォーマンスのタイミングに関しては、できる限りイメージを現実的にするようにとアドバイスするべきである。タイミングは多くのスポーツで重大なパフォーマンスの要因であるので、選手は完璧なタイミングで反応しているところを心理的な計画の中に刻み込みたいと思うものである。

**◉選手のイメージ向上のためのテクノロジーの利用**

スポーツにおいては、市販のものや自作のイメージ映像などが有効である。スポーツ心理学の相談に応じる専門家は心身の技術の練習を結合した選手向けの映像を作ることができる。それは個々の選手にとって意味深い言語によるきっかけや象徴イメージによって個別化されたものとなるべきである。試合の映像から集められたこれらのハイライトビデオはバスケットボールやアイスホッケー、サッカー選手などの自信やパフォーマンスを高めることが報告されている。イメージとケガやスランプからの復帰時の自信の向上を結びつけるのに用いることもできる。

## 6. イメージ練習の五つの例

ここでは、選手用のいくつかのイメージの練習を紹介する。これらはあくまでも一般的な例なので、個別化した競技特有のイメージを作ることを奨励したい。

**◉練習1**

いつもその競技を行っている親しみのある場所（体育館、プール、リンク、競技場など）にあなたはいます。あなた以外は誰もいません。今その真ん中に立って周囲を見回し、誰もいない静けさに気づきます。

あなたが見ているものはどんな色と形、構造や香りを持っていますか？　今度は同じ状況にいるのをイメージしますが、多くの観衆がそこにいます。競技の準備が整いました。あなたの体の内側から、このイメージを体感するのです。観客を見て、自分のチームメートを見て、コーチを見て、競い合う相手を見ます。興奮した観衆の声を聞き、チームメートの声援を聞き、コーチの励ましの叫び声を聞き、競技特有の音（例えばボールがネットをシュッと通過して、バレーボールのスパイクが床にぶつかる音）を聞きます。過敏な期待感や試合に臨む前の興奮などを創造します。どんな気分ですか？　競技が始まったらどのように対応していきますか？

## ◉練習2

あなたの競技のとても単純な技術を選び出してください。心の中でその技術を何度も繰り返し行って、その技術を行う時のすべての感覚と筋の動きをイメージしてください。あたかもあなたの体の内側にいるかのようにそのイメージを感じ取りましょう。あなたの身体の一部分がその技術に関連するさまざまな筋をどのように伸縮させるのかに集中してください。あなたがその技術をそつなくこなす「完璧な反応のための心的な計画」を繰り返し創造し、その動きの感じに集中してください。次にすべての感覚を結合させていきます。あなたが行う技術を見て、聞いて、繰り返し感じ取ります。一つの感覚にあまり強く集中を向けてはいけません。むしろすべての感覚を使って総合的な体験をイメージしてください。

## ◉練習3

あなたが困難に感じる特定の競技技術を選んでください。その技術を繰り返し練習し始めます。それを行うのを、体の内側から見て、感じてください。もしミスが出たイメージや技術が正確でないイメージが出たら、中断して完璧に行うことを常に試みながら繰り返してください。技術をうまく実践できていない、過去の体験を思い起こします。あなたのしていることの良くない部分を、慎重に探ります。次に技術を正確に実施しているのをイメージしましょう。技術を正確に実施している時、どのくらいあなたの体が異なる位置を体験しているか、ということに焦点を当てましょう。あなたの体の内側からの視点と、あたかもビデオテープであなた自身を見ているかのような外側からの視点を交互に切り替えましょう。どちらがより快適で、クリアな視点を持っていますか？ イメージの中で両方の視点が使えるように、イメージ体験を継続していきましょう。

## ◉練習4

過去のパフォーマンスの中で、うまくできたものを思い起こして、一つ選んでください。心の中ですべての感覚を使ってその状況を再現しましょう。あなたが成功しているのを見て、関連する音を聞き、その動きを実行するのを体で感じて、プラスの感情を再体験しましょう。パフォーマンスをうまく行ったその特徴を取り上げてみましょう（例えば強い集中、自信、最適な覚醒、など）。次にこれらの特徴がつかめたら、なぜその状況で生み出されたのかを確認します。この特定の事象において行っていた準備について考えます。このすばらしい成功パフォーマンスに貢献したであろういくつかのものとは何であったのでしょうか？

【注】この場合は、まったくうまくいかなかった試技の状況についてのイメージも生み出す。この失敗イメージをする時には、しっかりとリラックスできているかを確認する必要がある。どうしても喜ばしくない考えやイメージ、感覚などを再生してしまうのは、あなたのイメージが無意識に抵抗をしてしまうからである。あなたが異なる刺激（例えばコーチ、対戦相手、失敗恐怖など）にどのように対応するか、これらの考えがいかに自分のパフォーマンスの発揮を妨げるかといったことへの自己認識を高めていくことを試みなくてはならない。

### ◉練習5

あなたが体験した、大変な不安に陥ったスポーツ場面での状況を振り返ってください。あなたの頭の中の状況を、自分自身で見たり聞いたりして再構成してみましょう。特に不安感について再構成します。その感情に対するあなたの身体反応を感じ、またその不安のもととなったであろう、心の中をめぐっていた考え方を思い出してください。次にその不安を追いやって、体をリラックスさせてください。吐き出すようにゆっくりと深く呼吸をしてください。すべての緊張感が肺の中から引っ張り出されるように、そしてそれを体外に吐き出すようにイメージしてください。深いリラックスを得られるまで、ゆっくりと呼吸を続けて緊張を吐き出してください。

（訳　菅生　貴之）

# 第10章 「三つの良い思考」を指導する

スポーツを行う上で、上手に考えることができるかどうかは成功を左右する。上手に考える能力は、選手に適切な事柄に集中すること、やろうとしていることを視覚化すること、さらには情動、注意散漫、障害、挫折などの精神的な問題を処理することを可能にする。成功した選手とあまり成功していない選手では、競技前や競技中の考え方が異なることが実証されている。例えば、成功した選手は、そうでない選手に比べ、課題に関連した思考に焦点を置き、注意散漫ではなく、不安を生産的に処理している。オリンピックの金メダリストはミスをすることや動作を正しくできないことを心配する「消極的な完全主義者」ではなく、基準を高く設定し、効果的なスキルを発達させる「積極的な完全主義者」であった。さらに、彼らは高い水準の楽観主義、もしくは、「良いことが起こるだろう」という漠然とした期待を持っていた。

総合的に言えば、上手に考える能力は精神的強さを獲得することと関連がある。本章では、上手に考える能力を獲得するための「三つの良い思考」というメンタルトレーニングの道具を紹介する。

## 1．三つの良い思考とは

三つの良い思考は、選手にうまく考えさせる時に役立つメンタルトレーニングの道具である。意図的、生産的、可能性という三つの重要な「良い思考」に焦点を当てた考え方である。つまり、意図的で生産的で、かつ可能性に焦点を当てた考え方ならば、その考え方は効果的な考え方であるというものだ。図10・1の中で、三つの良い思考を左側に、三つの悪い思考を右側に示した。右側の「悪い思考」は、左側の「良い思考」に対応した有害な考え方を表している。選手は三つの良い思考に集中し、三つの悪い思考を避けるべきである。では、三つの良い思考とは何だろうか？なぜ、三つの悪い思考より好ましいのだろうか？

一つ目の意図的な思考は、選手は自分自身や自分のパフォーマンスに対して意図的に、慎重に考えられるようになるべきだという意味である。上手に考えていない選手は、偶然の出来事によって考えることをやめたり、魔法のように自動的に正しい考えが正しい時に浮かんでくることを期待する行き当たりばったりの思考を行っていたりする。

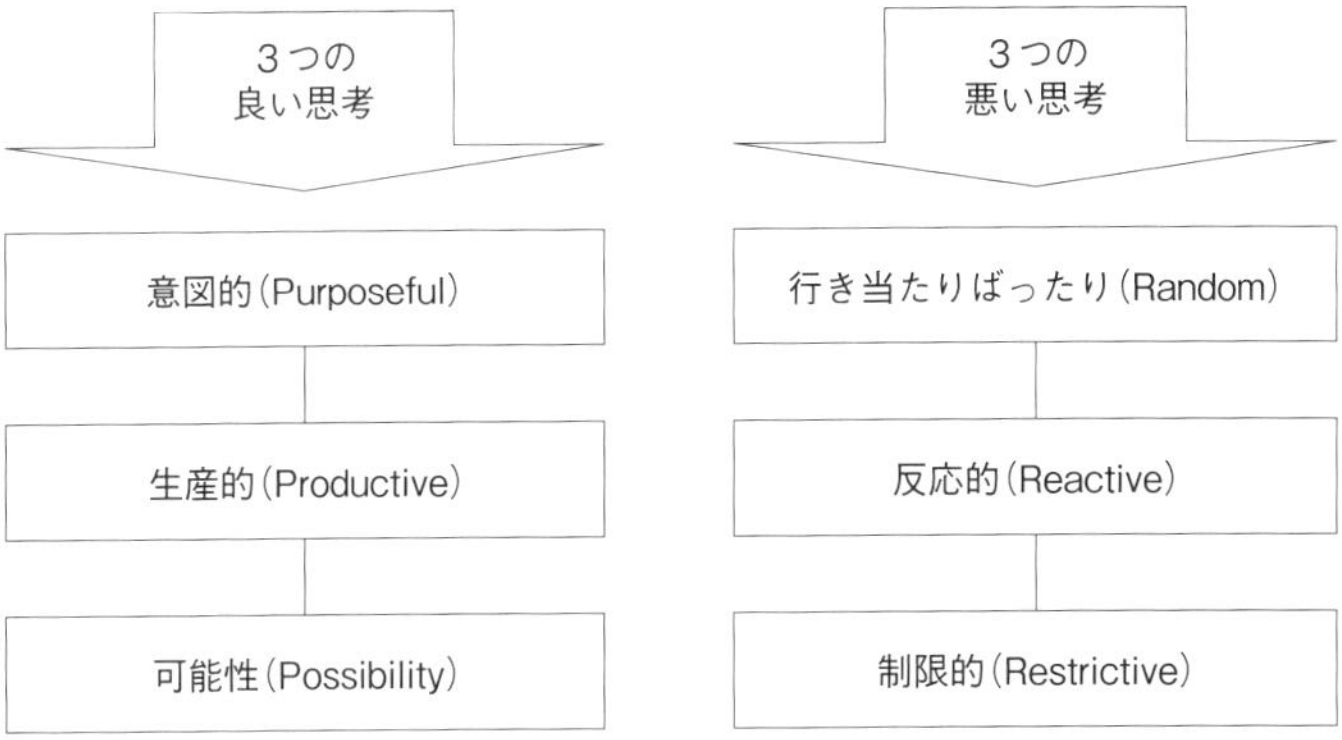


▲図10.1：3つの良い思考と3つの悪い思考

二つ目の生産的な思考は、どのような状況でも前向きかつ論理的で促進的な考え方をするという意味である。競技場面で問題となる反応的な思考は、選手が非論理的な信念に基づいた消極的な思考をコントロールすることができなかったり、その消極的な思考によって集中力が散漫になり、思い描いたパフォーマンスを遂行できなかったりすることである。

三つ目の可能性思考は多くの人が限界だと思っていることによって、自分の考えが制限されない考え方である。歴史に名を残すような偉大な人物たちは、当たり前に受け入れられていた考えや信念にこだわらず、革新的な可能性について考えることに挑戦している。図10・1に示したように、可能性思考の反対は、制限的な思考であり、その考え方は考えの内容をしっかりと理解せずに、自らを制限する。

三つの良い思考は、それぞれの良い思考が互いに作用するために必要である。生産的な考えをする時に意図的な思考は効果的であり、意図的で生産的な考えをするためには、可能性思考の鍵となる要素が必要である。三つの良い思考における最初のステップは、いつどのような時に三つの良い思考や三つの悪い思考になるのかを理解することである。

## 2. 意図的に考える

ここでは、三つの良い思考における最初の鍵となる意図的思考についてみていく。意図的思考では「何を考えるべきか」「いつ、その考えをすべきか」を知り、プレッシャーや心の混乱にかかわらず意図的思考を行うための技術を身につけることが求められる。

## ◉なぜ選手は「意図的に」考えないのか

選手は身体面のトレーニングを意図的に長期間行う。明確な強度を設定し、持久力トレーニングを行い、競技会の前には注意深く調整する。競技会前には食事や水分を念入りに摂取する。しかし、なぜ競技会前や競技会中にどのように考えるかについて意図的に計画しないのだろうか？

大きな理由の一つに、選手が無意識的かつ習慣的に「ただ（その考えが）わき起こる」と思い込んでいることがあげられる。二つ目の理由として、考えるべきことを知らないということである。選手に対して行われる一般的なアドバイスの一つに「考えるな」というものがある。このアドバイスが意味する本当のことは、「思考を自動化させ集中せよ」ということだが、選手はしばしばこのアドバイスを誤解し、何についても考えないように努力する。しかし、実際、何も考えないことはとても難しい。選手に役立つ可能性のあるアドバイスとは、どのように考えるのか、何について考えるのかという特定されたアドバイスである。野球のピッチャーに対しては、「集中しろ」と注意する代わりに一回のピッチング（投げること）に集中し、キャッチャーのミットに注意を注ぐよう指示する。メンタルトレーニングの多くの部分は、何について考えるのかを計画し、それぞれの選手のパフォーマンスに役立つ特定の考えをいつ、どのように考えるのかを練習することである。

意図的に考えない三つ目の理由は、出来事に思考・感情が影響を受けることを放置していることである。意図的に考えることは、競技会のプレッシャー下ではとても難しくなる。プレッシャーは、心の動揺または結果に対する関心、ミスへの心配や失敗の恐れにつながる。心理的スキルを持つ選手は、例え何が起こっても自身の思考や感情を管理する方法を身につけている。これはとても難しいが、学習することが可能である。心理的スキルや精神的粘り強さは、三つの良い思考を無意識的に自然に行えるように首尾一貫して練習した結果である。

## ◉なぜ選手は「意図的に」考えるべきなのか

自己会話（セルフトーク）という専門用語は、選手の思考の同義語としてスポーツ心理学の分野で使用されている。選手の思考に浮かぶイメージと知覚上のイメージは異なり、自己会話は、選手が自分の感情や知覚を理解する、自分を評価する、自分に命令や強化を与えるための言語的な対話である。

選手は、パフォーマンス中、技術の動作パターンを引き出すために、心の中できっかけとなる言葉や文章を繰り返し口にしている（例えば「両手を投げるように」「身構えろ」「弓矢のように」）。課題に関連したきっかけとなる言葉を使用した自己会話は、学習やパフォーマンスを高めるということが証明されている。

自己会話は、選手の自信と動機づけを高めることも知られている。そのため、身体面のトレーニングと同様に心理的スキルを改善することは役に立つ。表10・1に意図的な考え方に基づいた自己会話を使用している選手の用途と例を示す。技術の上達や技術の遂行を目的とした自己会話は、パフォーマンス向上において最も効果的であることが示されている。

▼表10.1：自己会話（意図的な考え方）の用途とその例

| 用途 | 例 |
|---|---|
| 技術の上達と実行 | 樽の中で回るように（ゴルフのスイングの時に） |
| 戦術 | 今のこの投球に（野球のピッチャーが） |
| 情動と取り組みへの心構え | 強くなれ！私はできる！ |
| リラクセーションと落ち着き | ペースを落として。深呼吸して。 |
| 自己評価／自己強化 | ナイスカバー！私は強い。 |
| 集中 | 安定して、強く、優しく、あのリングへ（バスケットボール選手が） |
| 自信 | 私が一番！そうなるはずだ。 |

### ◉意図的な考え方は、選手のパフォーマンスの妨げにならないのか

多くの選手は、何も考えていない時に良いパフォーマンスをしているかもしれない。しかし、思考は意識的なコントロールを必要としなくても自動的に浮かんでくるものである。自動的な考えは、選手が「最適な精神状態（ゾーン）」の状態もしくは第1章で紹介したフローの状態の時に起こる。選手は、「最適な精神状態」の時は無敵であり、自分を完全にコントロールができていて、苦もなくパフォーマンスすることができると思っている。しかし、選手にとって自動的に思いのままに考えることができる「最適な精神状態」でパフォーマンスすることは稀なことであり、競技時間の大部分を「最適な精神状態」の状態で過ごすことはできない。少なくとも最適な精神状態を得ようと試みるだけに終わることが多い。意図的思考は、選手が行き当たりばったりの思考でフロー状態に至ることを望むことに比べれば、非常に前向きな精神的な試みである。競技会のストレスがある時、選手は不必要な思考に影響されやすく、「考えを取り除く」ことを意識すると、さらに不必要な考えがふいに浮かんでくるものである。

意図的思考の鍵は、消極的な思考が浮かぶ前に的確な考え方をしておくことや選手が消極的な思考を抑えるために、使用する代替思考を確認させることである。事前に決めた特定の思考や消極的な思考を除去するきっかけになる言葉に集中すれば、単に考えを取り除こうとか、何も考えないようにした時よりも消極的な思考の除去に成功する。可能な限り習慣的、自動的に三つの良い思考が正しく計画、実践、作成されるならば、意図的思考は効果的な方法である。

## 3．生産的に考える

三つの良い思考の第二の鍵は、生産的思考である（図10・1参照）。生産的思考は、意図的に「生産的に考える」ため、意図的思考を基礎としている。生産的な考えは、第1章、第2章で論じられたスポーツ心理学の目標を選手に実現させるために役立てるものである。

### ◉考えて反応することを選ぶ

生産的思考には、「最も適切と思われる行動を主体的に選択し反応する」という意味がある。対照的に「機械的に反応する」という言葉があるが、これは「強烈でテンポが速く即興的」もしくは機械的に反応することであり、この「機械的に反応すること」に基づく考え方は、競技の環境が選手をコントロールしてしまう。一方、「最も適切と思われる行動を主体的に選択し反応すること」は、冷静に、落ち着いて、先入観を少なくし、思慮深く反応することであり、これは競技の環境を解釈し、管理するための心理的スキルを使用する重要な要素である。

選手は、反応を選択するための能力を持っていると自覚する必要がある。私たちは出来事に対して「機械的に反応」していると思い込んでいるが、そうではない。なぜなら、人間は根本的に考える能力を持っており、考えることは刺激（審判員による悪い判定）と反応（審判員に悪態をつくことやファウルを受けること）の間をつなぐ役割を担っている。

生産的思考は消極的な思考を受け入れることを要求する。そして、消極的な思考が起こった時は、直ちに意図的で生産的な思考に注意を向けるべきである。このように、生産的な思考の一部は、消極的な思考や不安な思考への生産的な反応に従事することである。

## ◉生産的思考の特徴

では、生産的に考えさせるにはどうしたら良いのだろうか？　コーチや教師たちは、生産的思考の四つの手がかりを考慮に入れるべきである。

### (1)今に集中する

一つ目の手がかりは、「今に」集中することである。不安、まったく駄目な最悪のパフォーマンス、うぬぼれは、選手が過去や未来について考えている時に起こる。したがって、選手は今、現在について考えるべきである。

### (2)自らがコントロール可能なことに集中する

二つ目の手がかりは、コントロール可能なものに集中することである。第8章で、いかに目標を体系的に計画立てていくことが役立つのかについて述べた。400メートル競技の競技会で優勝するという結果目標は、トレーニングやレースの準備をする時には動機づけられるかもしれないが、レース当日は不安感を刺激する可能性がある。競技会では、選手は自分の中でコントロールできるパフォーマンスや過程の目標に集中すべきである。生産的思考

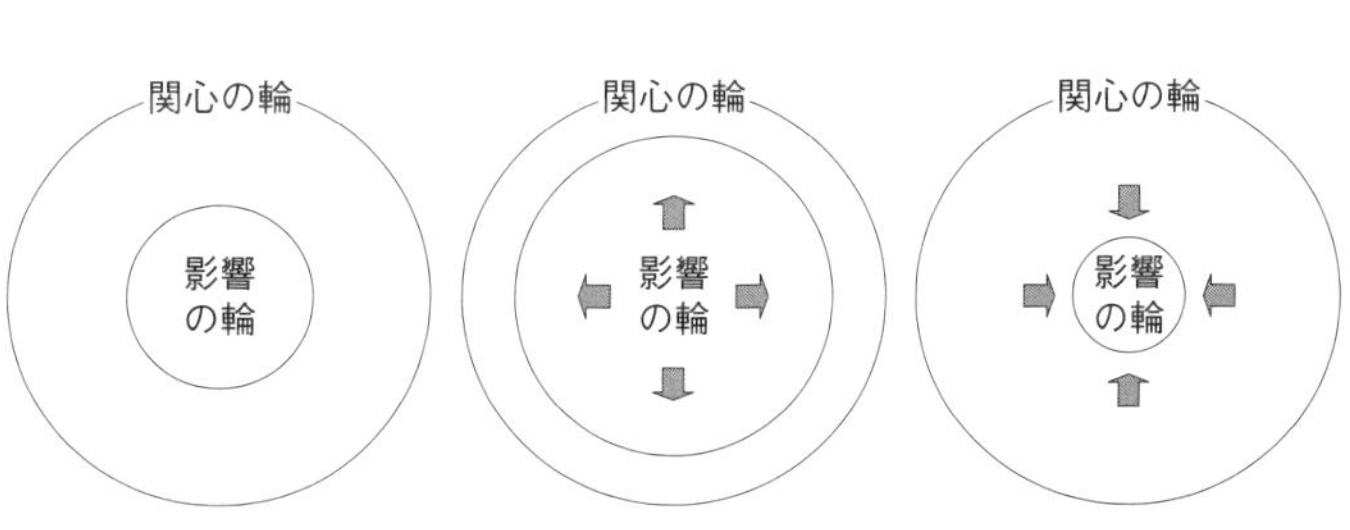


▲図10.2：生産的な思考は影響の輪を広げることを意味する

になるために、選手は、「関心の輪」とは対照的な「影響の輪」の思考に集中すべきである。図10・2に示したように私たちは集中する事柄を方向づける二つの円を持っている。関心の輪は、生活の中で精神的、情動的に影響を及ぼされる事柄（例えば、私たちの健康、家族、大会で優勝すること、チームメートとの問題）を含み、自分が関心のある物事から構成されている。影響の輪は、関心を持つ事柄の中で自らコントロールできるもので構成される。

生産的思考に従事している時、影響の輪にある注意点や努力する点、コントロールできるものに集中している。生産的思考は、関心の輪の中の影響の輪を拡張させる（図10・2の中央）。反面、反応的思考の時、関心の輪にある考えや問題、自分でコントロールできない周りの状況に集中する。反応的思考は、影響の輪を小さくし、コントロールできない関心の輪の中の出来事や問題への集中を増加させる（図10・2の右）。選手は、彼らのコンディションについて心配するのではなく、消極的に考える原因であるコンディションがどのような影響を与えるのかということに集中すべきである。

### (3)課題に関連することに集中する

三つ目の手がかりは、パフォーマンスの課題に関連するものに集中することである。良いパフォーマンスを起こすための最も良い思考は、簡潔な言語的なきっかけ、もしくは明確な描写や完全なパフォーマンスを感じていると想像させるきっかけとなる言葉である。これらのきっかけとなる言葉は、簡潔で短くあるべきである。例えば、最終直線で全力疾走に入る時の「爆発する」や「低く走る」のように鮮明なパフォーマンスのイメージがされやすいものを用いる。パフォーマンス直前に消極的な思考がわいてきた時は、決めておいたきっかけとなる言葉を単純に繰り返したり、完全なパフォーマンスをしている強いイメージを描いたりなど、今、何をしようとしているのかに意識を向けるべきである。

### (4)自らに関連していること

四つ目の手がかりは、選手自身にとって、意味、関連のあることである。ある大学バレーボール選手は、試合の前のウォーミングアップの最中にチームメートは自分に、どのようなことを期待しているのか、そして、チームメートを失望させないようにするには、どうしたらよいのかについて考えると教えてくれた。これは、他の選手であれば、反応的で消極的なものになるであろうが、この選手にとっては、生産的な考えなのである。

## ◉選手の非論理的な考え方に挑む

意図的で生産的な考え方を選手にさせようと努力をしているにもかかわらず、消極的な考え方から抜け出せない選手がいる。このような選手は、本人がはっきりと理解していない所で、非合理的な思考を行う信念体系が深く根づいている。より良い思考を持つ選手になるように、コーチは選手の世界、スポーツ、他の人々や自身のパフォーマンスに対する思考に哲学的変化を促す援助をすべきである。

### (1)論理的情動行動療法のABC

コーチは療法士ではないけれども、論理的情動行動療法によって選手がより良く考える援助が可能である。論理的情動行動療法は、反応的な考え方に導いている選手の哲学に疑問を抱かせることによって、より論理的・生産的な考えを促すことを試みる。論理的情動行動療法のABCを以下に示す。

Ⓐその後の反応を導き出す原因となる出来事（Activating event）…選手は、不運や目標の追求を妨げる事柄を促進させる出来事に遭遇する。

Ⓑ信念（Belief）…選手の信念は、不運や特別な方法における出来事に対する解釈へ影響を及ぼす。

Ⓒ信念（Ⓑ）から生じた情動的、行動的結果（Consequence）…選手は、彼らの信念の結果としての行動的、情動的結果を経験する。


選手は、一般的に「この出来事（Ⓐ）が原因でこの結果（Ⓒ）になった」と信じている。例えば、重要な大会でフィギュアスケート選手が不完全なパフォーマンスを行った時（Ⓐ）、彼女は意気消沈し、落胆した気分になるだろう（Ⓒ）。また、あるアイスホッケー選手が対戦相手と激突した時（Ⓐ）、彼は憤慨し、乱闘を起こし、罰則を適用されるだろう（Ⓒ）。この時、両選手は、彼らがしたこと（Ⓒ）は、その出来事（Ⓐ）に対して無意識に反応していたと言うかもしれない。しかし実際には、落胆した気分や、憤慨し乱闘を起こしたという情動的・行動的結果（Ⓒ）は、状況や自分の世界での信念（Ⓑ）に基づいて反応している。そして、うまく作用しない哲学に基づいた誤った信念は、消極的な結果を招くと言われている。このように、出来事（Ⓐ）は結果（Ⓒ）の一因となるが、出来事（Ⓐ）が結果（Ⓒ）を独占的に引き起こすわけではない。信念（Ⓑ）は、結果（Ⓒ）を引き起こす出来事（Ⓐ）と相互に作用する。より良い考え方をするためには、自らの信念（Ⓑ）と真剣に取り組まなければならない。

### (2)健康と不健康な信念と結果

論理的情動行動療法における「論理的」という用語の意味は何だろうか？　論理的とは、「良い、有益な結果を導くのは何か」や「自分にとって効果的で道理にかなったものは何か」ということを意味している。

もし、選手の目標を達成するために役立つものであれば、その信念や結果は論理的である。もし選手の目標を達成することを妨げているならば、その信念と結果は非論理的である。このように非論理的信念は、役に立たず、反応的なものである。非論理的と論理的を区別するものは、「〜すべき」「ねばならない」「決して〜しない」「常に〜」「我慢できない」のような堅苦しく絶対的な言葉を使う程度である。先述のフィギュアスケート選手は、彼女は完璧にパフォーマンスをしなければならないと信じていたので、意気消沈していた。ホッケー選手は、自分はいつも親切に扱われなければならないと信じていたので、対戦相手を殴り倒した。生産的思考の一種としての論理的な考え方は、優先するものや選手が何をしたいか

▼表10.2：非論理的信念VS.論理的信念とその結果（Ellis、1966より改変）

| 例1：論理的な考え、感情、行動（生産的なもの） | 例2：非論理的な考え、感情、行動（反応的なもの） |
|---|---|
| **不運や促進させる出来事**<br>・試合の終盤にフリースローをミスし、チームが負けてしまった。 | **不運や促進させる出来事**<br>・試合の終盤にフリースローをミスし、チームが負けてしまった。 |
| **論理的な（生産的な）信念**<br>・なんて失望・自信を喪失させることが！<br>・自分がチームを負けさせたような気分だ<br>・なんと不愉快な時間だ | **非論理的な（反応的な）信念**<br>・私が首を絞めた<br>・私はあの状況で二度とミスしてはならない<br>・私は二度とピンチシューターにはなれない<br>・私は挫折し、チームメートに会わす顔がない |
| **論理的な情動の結果（適切な悪い感情）**<br>・きまりの悪さ、悲しみ、欲求不満、遺憾 | **非論理的な情動の結果（適切な悪い感情）**<br>・抑うつ、役立たずだと感じる、チームメートに受け入れられない、あざ笑われる |
| **論理的な行動の結果（生産的な行動）**<br>・コーチによりプレッシャー下での練習を頼む<br>・マイケル・ジョーダンは自分がやったミスより重大なミスをやったと言い聞かす | **非論理的な行動の結果（反応的な行動）**<br>・オフェンスに積極的にならず、フリースローラインを避ける<br>・フリースローのスランプを助長させ、自信と集中が欠如する |

について考えることである。非論理的な（反応的な）考え方に対して論理的な（生産的な）考え方、感情、行動の例を表10・2に示した。

選手が持つ最も共通した三つの非論理的な信念もしくはうまく機能しない哲学は次のとおりである。

①私は、完璧に（上手に）パフォーマンスしなければならない。

②コーチ、チームメート、対戦相手、競技役員はいつも自分に対して几帳面に公平に対応しなければならない。

③トレーニングや試合状況は常に自分にとって有利でなければならない。

これらの信念は、スポーツ場面では頻繁に起こる。もし成功したいのであれば、選手はこれらの非論理的思考もしくは反応的思考を認め、生産的思考に変化させることが重要となる。

### (3) 非論理的な考え方の選手に立ち向かう

もし、選手がもっとうまく考えたいと願うのであれば、選手は心から哲学的変化をしなければならない。特に、自分の反応的な考え方を観察、分析、検討、修正しなければならない。立ち向かうことは、非論理的・反応的思考を壊すことである。

立ち向かうことは、消極的な思考へと導いている潜在的・非論理的な推論に対して、その間違いを証明するために生産的な証拠を提示することも含む。これは、内面的な対話で練習することが可能である。そして、選手とコーチ間の会話において、行うこともできる。論理的情動行動療法の出来事、信念、結果（Ⓐ Ⓑ Ⓒ）に加えて、立ち向かうことは、反論（Ⓓ）と効果的な哲学（Ⓔ）の追加を必要とする。

選手やコーチは、論理的に非論理的な思考に対して論じなければならないし、機能的な生産的思考へと変容させるべきである。ここに選手に適用できる反論的な質問を紹介する。

・勝たなかったら、本当に価値のない人間なのだろうか？
・この選手権は、人生において本当に何よりも重要なものなのだろうか？
・勝たなければならないのだろうか？ ただ勝ちたいだけではないだろうか？
・審判員は常に完璧に、自分に有利なように判定してくれると、本当に信じているのだろうか？

選手は人生の至るところで信念に対して反論することが必要である。一度信念が深く根づいたら、私たちはなかなか疑問を持たない。第4章で論じたように、コーチは、非論理的もしくは反応的な思考や信念の確認をするために、選手とコミュニケーションをとる必要がある。論理的情動行動療法における出来事、信念、結果（Ⓐ Ⓑ Ⓒ）に従って反論（Ⓓ）を使用することは、効果的な哲学（Ⓔ）もしくは、効果的な新しい思考や感情、行動を導くだろう。

これまでに何百という数多くの文献で、効果的な介入として論理的情動行動療法が支持され、論理的情動行動療法は体操選手において競技前の不安を効果的に減少することができることや、ゴルファーにおいては、情動のコントロールを高め、パフォーマンスを改善したと示している。総合的に言えば、論理的情動行動療法は、選手に自分がなぜ非効果的に考えているのかを理解させ、より生産的思考にする実用的な方法を提供している。

## 4. 可能性のある考え方をする

三つの良い思考の第三の鍵は、可能性思考である（図10・1参照）。可能性思考は、可能性に集中し、自分が何をしたいのか、何が起こることを期待しているのかを想像すること、現状を越えて想像するために心を開くことである。可能性思考は、「想像できないことは成し遂げることができない」という考えがもとになっている。意図的思考や生産的思考に、「何になれるのか」という側面を加えることは重要なことである。選手は意図的に生産的に考えているかもしれないが、自分のパフォーマンスと潜在能力の可能性に対して想像できていないかもしれない。可能性思考なしでは、三つの良い思考は完成しない。

### ◉なぜ「可能な」考え方が重要なのか

敗北を一時のつまずきと捉える楽観主義は、より一生懸命挑戦したり、障害を見事に処理したり、解決法を探したりすることを導く。もう一方で、悲観主義者は、悪い出来事は不変なものと考え、生活を効果的に管理する努力ができない。

一流選手の心理的特徴の共通した知見では、成功した選手は、より積極的な方向で、スポーツに夢中になる傾向があることを示している。本章の最初に少し触れたが、オリンピックの金メダリストは高い楽観主義や希望を持っており、良いことが起こるのを予想し、信じるという観点から可能性思考を反映することがわかっている。目標設定での研究は、「実現可能な目標」として彼らが考えている難しい目標は、簡単もしくは適度な目標より、良いパフォーマンスを導くことを示している。

スポーツ心理学の文献の多くは共通して、選手にとって現実的な目標を設定することを提案している。しかしながら、私は選手に「現実的な」という言葉を決して使わない。なぜなら、「現実的な」目標は制限的であることを知ったからである。もし選手が、彼らの目標の組織的な計画を発展させたり、意図的で生産的な考え方を練習したりするのであれば、可能性のある目標を設定することや可能性思考への動機づけは、選手にとって効果的である。スポーツ心理学の相談に応じる専門家として、可能性のある目標よりも制限的な目標を立てさせるほうがより一層問題であると思う。

## ◉「可能な」考え方を高めるための方法

意図的思考や生産的思考のように、可能性思考は、習慣になるはずである。それは熟考と練習を要するが、心理的スキルを向上させることができる。

### ⑴可能性のある態度に

可能性思考を高める最初の段階は、不可能なことに集中することをやめ、可能なことを探すことである。これは、表面上は比較的重要でない態度変容であるが、大切な最初の段階である。態度とは、時間を越えて持続した考え方や感じ方のことであり、「悪い態度」と言う時、「彼が非効果的な考え方をする人物である」ということを意味する。「悪い態度」を持った選手と思考の根拠について会話することは、とても有益かもしれない。

### ⑵宣誓する

可能性のある態度を引き起こす可能性思考を練習する方法の一つは、宣誓を用いることである。宣誓は、潜在意識に影響を与えるために何度も繰り返される個人的な決まり文句であり、予期することを現在形で表現する。宣誓の声明は、簡潔で、活動的で、積極的なものにし、現在形で述べられるべきである。

意図的、生産的になることや宣誓を発展させることで可能性に集中することは選手の獲得したい態度を導く。宣誓は、三つの良い思考を練習するためのすばらしい道具であり、選手が本当は何になりたいのかという可能性を示す。

### (3)可能性のある環境に自分をおく

上手に考えることを援助する環境は可能性思考を促進する。可能性思考の人を探したり、その人と同じ時間を過ごしたりすると良い。なぜなら、良い考え方はうつりやすいからである。コーチとして、選手に可能性思考を浸透させよう。そして、選手たちとどのように互いに元気づけ合うのか、「可能性」のある態度を持つチームとして、目標をどのように追うのかという対人関係の指針について話し合おう。

## 5．三つの良い思考を教える方法

### ◉コーチは選手のために三つの良い思考のモデルになる

精神的強さは、一貫した習慣的な三つの良い思考を通して達成される。心理的スキルを持ったコーチでなければ、心理的スキルを持つことを選手に求めることはできない。コーチの最初のステップは、選手のためにいつでも三つの良い思考のモデルとなることである。あなたの考えを選手に効果的に伝達することは、三つの良い思考を行うスキルを向上させるために最も重要な最初の段階である。

### ◉プログラムの中に三つの良い思考の文化を作り、育てる

コーチは通常、機敏さ、努力、服装の規定のような選手の行動のためのルールや指針を持っている。それと同様に効果的な考え方のために、チーム内に指針を作ることをすすめる。自信に満ちた強気なプレーをするといった各トレーニングのための特有の思考に集中することを提案できる。

### ◉選手のために反応的・制限的思考傾向を当たり前と思うこと

この方法は三つの良い思考に従事するために説明してきた方法と矛盾するもののように聞こえるかもしれない。しかしながら、生産的思考の大事な部分は、特に危機的状況において、消極的な思考を持つことを理解し受け入れることである。コーチは、反応的思考や制限的思考になることは、世界の偉大な選手でさえ、正常で、典型的なものであると選手に理解させることを手助けすべきである。三つの悪い思考のこの標準化は、三つの悪い思考は避けられないものとして受け入れることに役立ち、三つの良い思考の考えに再び集中する自信を与える。

### ◉三つの良い思考の書き込み用紙（ワークシート）を使用させる

選手は、どのように自分に話しかけているか、異なる状況でどのように考えているかについて、注意深く熟考すべきである。パフォーマンスを良くし、自信や集中を増強し、問題に対処するために考えを確認する必要がある。そして、彼らは、一般的に乏しいパフォーマンスに導いている破壊的、反応的、制限的な思考も確認する必要がある。三つの悪い思考の原因となる状況や考え方を選手が確認することもまた役

に立つ。選手にとって三つの良い思考のための書き込み用紙を用いて、まず「①さまざまな状況下」での「②選手の思考（三つの悪い思考に関するもの）」と「③その時の感情やパフォーマンスへの悪影響」を振り返らせ確認する。その後、「④どのようにより良く考えることができるのか?」を三つの良い思考をもとに記述させ、「⑤そのように考えることは感情やパフォーマンスをどのように向上させるのか?」を考えてもらう。それぞれの状況に対して①〜⑤の欄を設けるフォーマットを作成し、選手に使用させることで、三つの良い思考と三つの悪い思考の信念の概観を供給し、選手が(a)彼らの三つの悪い思考を認めること、(b)自滅的な考え方のきっかけとなる状況を確認すること、(c)これらの問題のある状況で思考を三つの良い思考に戻すことを発達させるための内省を促すことができる。しかし、選手があなたと「考える宿題」を共有したくないかもしれないことを心に留めておく必要がある。もし、あなたが書き込み用紙、三つの良い思考の背後にある基本的な説明を行い、その後、個人もしくは、チームメートと書き込み用紙を使用させればうまくいくかもしれない。

## ◉会話を通して、非論理的な三つの悪い思考に打ち勝つ

非論理的な三つの悪い信念を確認させるために、以下にその傾向を示す。

①独断的な要求（「ねばならない」「すべきだ」「決して〜ない」「常に」「絶対に」）
②恐れること（「恐ろしく、怖く、身の毛もよだつ」）
③低い欲求不満耐性（「私は我慢できない」）
④自己や他者にレッテルを貼る（「私/彼/彼女は怠惰だ、役にたたない、卑劣だ」）

三つの良い思考の重要性や耐性を持つこと、理解すること、他者を受け入れることが必要なことを理解させるために「三つの悪い考え方になる方法（表10・3）というリストを示す。このリストを読むことで選手は、自分の非論理的思考を認めず、三つの良い思考にする必要性を習得することができるだろう。

## ◉競技中の「選別」の必要性を強調する

選別とは優先すべきものと資源の最良の使用についての考え方で、三つの良い思考の重要な一部である。なぜなら、注意資源が最も必要とされるところや競技で要求されるものに基づいて、最善の考えを優先させるからである。もし選手がチームメートの決定またはサッカー場でのポジション決めについてもめていても、試合中は、課題に関連するパフォーマンスの思考に集中しなければならない。そのような場合には、

▼表10.3：3つの悪い考え方をする方法

1. すべてのことにおいて100%の満足を要求する（完璧を要求する）。もしこれをどんな時でも達成しなければ、卑屈な思いをする。
2. 人生は容易で公平であるべきなので、不快や不自由に耐えることができないことを思い出す。人生が容易で公平でない時は心を乱す。
3. コーチやチームメートが自分が思っているように動いてくれない時に「なんてひどいのだ」と自分に言い聞かせる。そして自分がどれほどひどい状態かを知ってもらうために、口をとがらせながら、彼らと一緒にいたことで無駄な時間をすごしたことをコソコソと文句を言う。
4. 自分の改善や自分の潜在能力を追求するための危険や挑戦を決してしない。
5. ほとんどすべての人に賛成を要求する（賛成していない人にさえも）。
6. 直面している問題や限界に挑戦する努力をしない。
7. 決して自分の罪はなく、何か悪いことが起きた時、何か行うことは自分の責任ではないことに注意する。
8. なぜそうしたのか、なぜあきらめることを拒否するのか、弁明するための理由をみつける。
9. あなたがパフォーマンスエラーやミスを2回犯したら、それはできないと思う。
10. 失敗は最も悪いことであり、それに耐えること、それを行った時に受け入れることができないと思う。

「パーキング」が有効である。パーキングとは、「彼らが考えやパフォーマンスに集中している時に影響を与えないように無関係な考えを横に置いておくこと」を指す用語である。選別の手順に従って選手は課題特有のパフォーマンスの要求に直接関係しないすべての思考を脇に置いておくはずである。不適切な思考を脇に置いておく、もしくは、単にそれらを取り除く多くの技法が存在する。あるバスケットボールコーチは、コートでミスをした選手に目配せをし、肩を手で払いのけるしぐさをする。このしぐさは、選手にそのミスは「払いのけて」どんどん進めということを思い出させる。あなたのスポーツにとって意味のある特別な方法を作り、選別のきっかけを選手に提案しよう。選手に競技会やトレーニングの前に選別を使用することの重要性について思い出そう。

## ◉重要な三つの良い思考を創造するために宣誓に傾倒するよう求める

宣誓は役に立つので、選手に真面目にやってみることを求めよう。どのように役立つのかを説明し、宣誓を使っている選手のいくつかの例（「私はよくなるために喜んで厳しく批判された結果を受け入れる」「私の足は強く速い」「何が起こっても私が制御する」）を与えると良い。自分のための宣誓が最も良いが、チームの宣誓もとても役立てることが可能である。

三つの良い思考を練習することは、他のメンタルトレーニングを行う際にも役立つ。例えば、静かな場所（眠る前など）で呼吸をコントロールすることと一緒に宣誓を繰り返すことは、三つの良い思考を受け入れ、心をリラックスさせる良い方法である。選手は、宣誓を繰り返している時、イメージに専念すべきである。なぜなら、その宣誓を「心に沈める」のに役立つ言語的刺激に加えて、視覚的な刺激も提供するからである。また、選手は、目標の組織的な計画から宣誓を簡単に作ることができる。その時、目標は未来形で、宣誓は現在形で述べられることが必要である。宣誓は、三つの良い思考を実際に練習する最も良い方法の一つであり、選手により良く考えるためのこの方法の力を理解し、受け入れさせるのに役立つだろう。

（訳　平木　貴子）

# 第11章　身体的リラクセーション法を指導する

リラックスとは、身体的な強さや緊張とは異なるもので、サイキングアップ（気持ちを盛り上げる技法）とは反対の効果を生み出すものである。一流選手のプレーを観察すると、非常にスムーズで、無駄のない、しなやかな動きをしている。なぜなら、一流選手は、最高のパフォーマンスを発揮するための最適な緊張とリラックス状態でプレーしているからである。

スムーズな動きは、すべてのスポーツに必要なものである。このスムーズな動きは、身体的リラクセーションを用いて、過度な緊張を解き、さまざまな筋肉の動きを統合させてできあがるものである。不安や緊張を感じている時には、良いパフォーマンスは発揮できない。また、強さやパワーを持っていても、身体的なリラックスが得られなかったら、筋や神経系のコントロールができなくなり、良いパフォーマンスは得られない。実際、サイキングアップをやりすぎてしまうと、良いパフォーマンスが発揮できなくなることがある。

身体的リラクセーションの技法を習得し、無駄のない動きで、最高のパフォーマンスを獲得することが非常に重要である。身体的なリラクセーションは、メンタルトレーニングの代表的な技法であり、筋緊張や呼吸をコントロールすることで、心拍数が減少し、リラックス状態に導くことができる。ウィリアムズとハリスは、「人間は、心理的なコントロールをすることで、身体的なものもコントロールでき、パフォーマンスの向上と健康の維持・増進を図ることができる」と述べている。

## 1．身体的リラクセーションの利用法

**◉一時的なリラクセーション反応の必要性**

投げる前（野球）、ゴルフボールを打つ前、テニスのサーブを打つ前、飛び込む前（競泳）などに、短いリラックスの方法を使い、緊張を緩和することができる。これは、「パフォーマンス前のルーティン」として使われる。

**◉タイムアウトの間、イニングが変わる時、ハーフタイムの時、ベンチにいる時などにリラックス感を得る**

プレーをしない時でも適度な集中と良いパフォーマンスを得るために、身体的リラクセーションと三つの良い思考を併せて用いる。

**◉重要な試合の勝敗が決まる最終の時間帯で、リラックスし、「活力・元気（エネルギー）」を保存する**

選手には、試合中の「ここぞ」という時に、最適な身体的・心理的な「活力・元気」が必要になる。プレッシャーは、身体的な不安を生み、試合が始まる前に「活力・元気」をなくしてしまう。大事な場面でエネルギー切れにならないように、試合前に「活力・元気」をしっかり貯めておくことが必要である。身

体的なリラクセーションは、選手を冷静にさせ、試合に向けた「活力・元気」を蓄えることができる。

**◉試合の移動の時には、休憩し、疲労を回復させる**

選手に遠征は付き物で、たびたび移動を強いられる。身体的リラクセーションは、緊張や不安、プレッシャーを軽減し、また身体を休めることもでき、次の試合への準備をすることができる。

**◉試合前日に十分にリラックスすることは、良い睡眠につながる**

多くの選手は、重要な試合前夜、うまく眠れないことがある。身体的リラクセーション法を習得すると、どこでも良い睡眠がとれるようになる。

**◉身体面のトレーニングをしている時にリラックスを学ぶ**

身体面のトレーニングを行っている時にリラックスを学ぶという考え方は、今までにない視点だろう。しかし、最高のパフォーマンスは、最大努力の中の「ゆるみ」の中で起こっている。どの選手も、最高のパフォーマンスを得るために、身体的にも心理的にも最適な「活力・元気」を持つことを常に望んでいる。そのために、自分自身の経験を振り返り、最適な身体の状態を明らかにしたり、心身のコントロールを学んだりすることに時間をかける必要がある。

## 2. 身体的リラクセーションの方法

### ◉イメージトレーニング

イメージトレーニングは、選手にとって最も簡単な身体的リラクセーション法と言えるだろう。リラックスした状態・状況をイメージすることで、リラックス感を得ることができる。例えば、心地よい場所、暖かい浜辺、家の居間などという独自のイメージを用いてリラックスする。私が心理サポートしているゴルファーは、試合中の緊迫した場面でイメージトレーニングを行い、このイメージによって、緊張を緩和し、穏やかな心の状態でプレーしている。

また、筋肉の保温性や弾力性を増すために、自分自身の筋肉の中で、血液の流れをイメージするという方法もある。自分の手足を「ゆでたスパゲッティ」「弾力性のあるベルト」というイメージを用いて、柔軟性や弾力性を感じることも可能である。さらに、温かい飲み物が体の中を巡り、顔、首、肩、背中、腕、胴体、足、そしてつま先まで流れるイメージもできる。このような方法は、身体的リラクセーションを得るための有効な方法である。

### ◉自己会話（セルフトーク）

自己会話は、簡単ですぐに使える身体的リラクセーション法で、落ち着く、冷静になるということが基本的な目的である。自己会話の具体的な語や句としては、「スローダウン」「呼吸とリラックス」「穏やかに」そして「私はリラックスし、活力・元気がみなぎっている」など、選手独自の言葉を用いることができる。

自己会話は、クロスカントリー(陸上、スキー)、競泳、陸上の短距離と長距離という競技においても有効である。これらの選手は、「しなやかさ」や「ゆるみ」というものを獲得するために、いつ、どこで緊張をゆるめるのかを見極めなければならない。100メートル女子で10秒48の世界新記録を樹立したフローレンス・ジョイナーは、「10秒60(世界新記録を出す前のレース)が、世界新記録を実現させてくれた。もしも過度な緊張状態が続いたり、リラックスしすぎたりしたら、タイムは落ちていただろう」と述べている。有名なスポーツ心理学者のテリー・オーリックは、「選手は言葉を用いてリラックスし、それによって高い集中を獲得している」と述べている。例えば、「ゆるみと力強さ」「伸ばし、引く、リラックス」または「力、リラックス」というような言葉が用いられている。競泳でいえば、ストロークは力とリラックスが要求され、自由形の選手はストローク中にリラックスを得るために、「手首をだらりとして」と教えられている。この自己会話には練習が必要で、選手はこのリラックスの方法を身体面のトレーニングやイメージトレーニングの中で自己会話の練習をしなければならない。また、競技中にキーワードを使うことで、リラックスの反応を獲得することもできる。

### ◉深呼吸

三つ目の身体的リラックスの方法は、呼吸をコントロールする方法である。不安になった時、呼吸は、速く浅くなってしまう。浅い呼吸は、脳への酸素供給が減り、血管の収縮、それに伴って血液の流れが圧縮され、そして緊張が高まり、めまいを引き起こしてしまう。このような速く浅い呼吸は、不安、パニック、うつ、筋緊張そして疲れの原因となる。効果的な呼吸は人間の感性や思考力も向上すると言われている。コントロールされた呼吸は、アーチェリーや射撃といった静的なスポーツで非常に効果的である。このような呼吸は、瞑想と類似しており、メンタル面を重要とするスポーツに、非常に有効なものである。

コントロールされた呼吸は、リラクセーション技法として効果的である。ゆったりと深い呼吸をすると、新鮮な空気をたくさん吸うことができる。一般に、息を吐くと、新鮮でない空気がいくらか肺や気道の中に残っているので、できるだけ吐ききったほうがよい。

浅くて速い呼吸とリラクセーション目的の呼吸を比べたのが表11・1である。浅い呼吸は、肺活量の3分の1しか使っていない。また、理想的な呼吸より新鮮な空気を取り入れることができず、新鮮でない空気は残ったままである。理想的な呼吸は1分間に12回で、ゆったりとした呼吸は効果的に新鮮な空気を摂取し、新鮮でない空気の排出が増す。リラクセーションを目的とした呼吸（一分間に6回程度）は、普通の呼吸と比べると、2倍の新鮮な空気を摂取できる。これによって、ゆったりした深い呼吸は血液の中に多くの酸素を取り入れることができ、新鮮でない空気を排出し、リラックスを感じることができる。

選手が不安になると、呼吸数は増え胸式呼吸となる。胸式呼吸は、浅く速い呼吸で、緊張状態を作ってしまうものである。腹式呼吸の意味は、横隔膜を使った呼吸で、吸う時

▼表11.1：浅い呼吸、理想的な呼吸、リラクセーション目的の呼吸の差異

| 呼吸の種類 | 回数／1分間 | 吸気（cc） | 呼気（cc） |
|---|---|---|---|
| 浅い呼吸 | 24 | 250 | 2400 |
| 理想的な呼吸 | 12 | 500 | 4200 |
| リラクセーション呼吸 | 6 | 1000 | 5100 |

には肺を膨らませながらお腹を大きくし、吐く時には反対にお腹をへこませながら空気を出すようにする。

深呼吸とは、身体的パフォーマンスとすべてのリラクセーションを向上する呼吸のことである。深呼吸は、横隔膜を使ったゆっくりとした呼吸で、気持ちを落ち着け、筋緊張と身体的不安を取り除き、身体への意識を向上させるものである。次にさまざまな呼吸法を紹介する。

### ⑴自分の呼吸に「気づく」

①仰向けになってひざを曲げ、足の裏は床に平らに置き、片方の手をお腹に、もう一方の手を胸におく。
②1分間普通の呼吸を行い、どのように呼吸をしているのかに注意を向ける。どちらかの手（お腹なのか胸なのか）が上がってくるのかを感じる。
③お腹に置いた手が動いているようであれば、腹部・横隔膜中心の「深呼吸」を行っている。胸に置いた手が動いているようであれば、浅い呼吸なので深呼吸が必要となる。

### ⑵立ったままの腹式呼吸

①この練習の目的は、深呼吸をしている時に、どのように横隔膜が動いているのかを感じることである。この立った姿勢では、両手の親指をお尻のくぼみに置き、その他の指は広げて「へそ」のほうに伸ばす。
②呼吸をしてお腹が膨らんでいるのを指で感じる。肩を上げず、胸を膨らませない。
③その時点で、ゆっくりと息を吐き、指がお腹に沈み込んでいくのを感じる。一回か二回大きく吐くことで、肺の底から息が出るようになる。これを行うことで、完全に息が出て、次の吸い込みが行いやすくなり、より深い深呼吸ができるようになる。

### (3)仰向けでの腹式呼吸

①仰向けになり、ひざはまっすぐ伸ばし、つま先は心地よいところで広げる。目を閉じ、両手はお腹の上に置く。
②呼吸は鼻から行う。呼吸に集中し、吸う時と吐く時に、手の上がり下がりを意識すること。
③ここで徐々に腹部の上にある両手を確認し、呼吸中、腹部がどのように上下しているのかに集中する。
④深呼吸をより効果的に行うために、吐く時に手で腹部を押すようにし、吸う時には手が上がっているのを感じる。この呼吸を数回感じた後、手をそのままお腹の上に置く。

### (4)深呼吸（腹式・暗示呼吸）の反応

この方法は、静かな環境の中で行い、また競技中でもリラックスし、集中する時に使われるものである。
①ほほを膨らまし、息を吐く時に「フー」と声を出す。これによって深呼吸のきっかけを作る。ここで大事なことは、肺に入っている空気を大きく吐き、新鮮な空気を大きく深く吸うことである。
②鼻から大きく息を吸う。肩を上げたり、胸を膨らましたりしないこと。力強くお腹を中心に大きく息を吸い込む。
③吸う時には、鼻からゆっくりと吸い、新鮮な空気、プラスの「活力・元気」が入ると唱え、吐く時には口から行い、「疲れが出る。緊張や不安が抜ける」と唱えると、気持ちが楽になり元気がでる。
深呼吸は、非常に緊張感の高い試合で、最高のパフォーマンスを発揮する時に有効である。またそれをいつでもどこでも使えるようになるためには練習することが大事である。この呼吸を競技場ですぐに使えるようになるためには、一日2～3分でも毎日練習したほうがよい。また、これを練習する時には、緊張

状態でこの呼吸を行い、穏やかに、リラックスし、集中しているところをイメージする必要がある。

この深呼吸は、言葉を自由に使うことができる。例えば、「出て行く」という言葉は、緊張や不安が抜けていくのに非常に有効な方法である。「リラックス」「集中」「平静」という言葉を用いたり、自分なりの言葉を見つけたりするとよいであろう。

### (5)素早い深呼吸

素早く行う深呼吸は、「投げる」「サーブ（バレーボール）」「フリースロー（バスケットボール）」などの時に、パフォーマンス前のルーティンとして使われている。さらに、プレー中の小休止やベンチからフィールドに出ていく時にも使われる。これは、非常にシンプルで、緊張を解き、リラックスを引き起こすものである。

①鼻からゆっくりと肺いっぱいに息を吸う（この時に、肩を上げたり、胸を動かしたりしない）。その時、新鮮な空気と同時に、流れるようなパフォーマンスと「活力・元気」が身体に入っていく。

②口と鼻から、息を吐き、リラックス、ゆるみ、「活力・元気」を感じる。深呼吸は、「活力・元気」、集中、そしてパフォーマンスをスムーズにするための大切な呼吸である。

## ◉筋肉のコントロールを意識する

### (1)「緊張―リラックスの方法」

身体的リラクセーションの「緊張―リラックスの方法」は、順を追って少しずつ緊張させ（力を入れる）、主要筋群の弛緩を行うものである。筋肉を用いて思い切り緊張し（力を入れ）、そして一気に力を抜き、主要筋群にリラックス感を得るというものである。選手は、主要筋群が徐々に緊張して、ゆるむということを感じ、緊張とゆるみというものがどういうものかを感じることができる。

この方法を七つの筋群（右手、左手、顔、首、胴体、右足、左足）を用いて練習し、マスターしたら、五つの筋群（右手、左手、顔、胴体、足）でも有効である。選手は、緊張とリラックスを交互に二つのサイクルをそれぞれの筋群で行う。

それぞれの筋群を5～7秒間緊張させる（力を入れる）。ストップウォッチを使って時間を計り、また次のような言葉を使うと良い。

「これから右足を緊張させます。私が緊張と言ったら緊張させます。次に、リラックスと言ったらリラックスします。では、それぞれ筋群を練習していきます。これを行って足がつったり、痙攣を起こしたりすることがあったら、その部分は飛ばして行います。この一連の流れを2回行います。そして受動的な態度で、言葉にそのまま素直に反応し、筋肉に注意を向けるだけです」

この方法を繰り返し、リラックスします。この時、50秒ほどリラックスを感じます。リラックスの時には、ゆっくりとした深くリズムのある呼吸を続けていくこと。この緊張―リラックスのサイクルをすべての筋肉で続けていくと、自分の身体がどのように緊張―リラックスするのかがわかるようになる。息を吐くたびに「リラックス」と言うことを繰り返すと効果的である。2分間完全にリラックスし、最終的に次のような言葉をかけて目を覚ます。

「今、あなたは深いリラックス状態にいることを楽しんでいます。（少し間をおき）それでは、これからゆっくりと覚まします。手足に意識が戻ってきます。あとは目を開けると、全身に力が戻ってきます」

### (2)「ゆるみ技法」

選手は、それぞれの筋群を意識し、「緊張を解く・ゆるむ」ということだけに意識を向ける。練習をする前に、七つもしくは五つの筋群に意識を向ける。どのように緊張するのかというものは必要ないが、いつ言葉を使い、どのように身体をゆるめるのかということに注意を向ける。さまざまな言葉を用いて、ゆるむということを行っていく。例えば、表11・2のような言葉を使う。

次に緊張とリラックスの方法と同じ練習を紹介する（例えば、快適な場所、ゆっくりとした深い呼吸など）。次のように進めていこう。「これから練習を始めます。あなたの右手に注意を向けてください。そこに緊張を感じてください。その緊張を腕から指に移してください。そして、『あなたの指は、ゆでたスパゲッティのようになります』と声をかけ、腕にリラックスを感じてください。また、筋肉がどのようにリラックスしているのかを感じてください。これをすべての筋群で続けてください。そして、最後にどのように感じたのかを聞かせてください。これは緊張―リラックスの方法と同じです」

この「ゆるみ技法」がしばしば好まれるが、最初は緊張―リラックスの方法を少なくとも3回は経験してから行ったほうがよい。緊

▼表11.2：特定の筋肉の部位

| | |
|---|---|
| 右腕 | 手首を上げて緊張させ、手を降ろし、リラックスを腕に感じて、指がゆでたスパゲッティのようになったと感じる |
| 左腕 | 右腕と同じ |
| 顔 | あごを下げ、おでこにたるみ感じ、口をだらーとする |
| 首 | ゴムの上を走っているかのように首をぐにゃぐにゃにし、口をだらーとする |
| 肩と背中 | 肩を落とし、背中が沈み込むように感じる |
| 右足 | 足が床に溶け込んでいくような感じ。ゆでたスパゲッティのように感じる |

張とリラックスの練習を区別して行うことが、さまざまな筋群の感性を高めることに役に立つ。

### (3) 素早く感じ、ゆるむ方法

「素早く感じ、ゆるむ方法」は、競技中のちょっとした間に行うリラックス法として有効な方法である。選手は、簡単に自分の身体の感覚を感じ、どの筋群がリラックスしているのか意識することが重要である。例えば、私はゴルファーに首から背中にかけての筋肉の感覚を感じることを教えている。緊張している部分があった時、ゴルフのスイングをスムーズにするのは難しいことである。その時に、素早く感じ、ゆるむ方法を使うとよい。選手は、自分の筋肉の感覚を感じ、緊張を解放することができる（例えば、頭をゆっくりと回し、首の筋肉の緊張がとれることを意識する）。この素早く感じ、ゆるむ方法は緊張とゆるみの違いについて理解してないと機能しない。素早く身体の感覚を感じ、筋群をゆるませるということは、パフォーマンスの向上には重要である。

## 3. コーチが指導する場合の助言

### ◉選手をリラクセーション状態に導くのは、市販のリラクセーションのビデオやDVDなのか、専門家なのかを見極めること

「身体的リラクセーションとは何だろうか」「緊張や身体的不安がどのように選手のパフォーマンスに影響するのだろうか」を理解することが重要である。漸進的リラクセーション、呼吸法、そしてイメージトレーニングを用いたリラクセーションなどのオーディオカセットやビデオテープ、DVDなどが販売され、

さまざまなものを使うこともできる。またコーチは、リラクセーションを指導しているスポーツ心理学者やストレスマネジメント（管理・処理）のプロなどがいた場合、選手とコミュニケーションがとれているのかどうかをチェックしたほうがよいだろう。

### ◉コーチ自身が身体的リラクセーションを練習する

最初に、イメージトレーニングを用いたリラクセーションの練習や呼吸法、漸進的リラクセーションを理解し、自分自身で練習すること。コーチ自身も選手と同様に練習が必要である。

### ◉簡単な身体的リラクセーション法を組み合わせる

単純なリラクセーションは、パフォーマンス前のルーティンとして使われる。深呼吸と素早く感じゆるむ方法を組み合わせて、ウォーミングアップの前やクーリングダウンで使うことも効果的だろう。また、コーチの最も重要な役割は、どのような言葉が選手のパフォーマンスに有効なのかをみつけてあげることだろう。リラックスし、最高のパフォーマンスの発揮につながる効果的な言葉を考えよう。

### ◉試合中に「リラックスだ！」とは言わない

私がバスケットボール選手の時、フリースローをする際に、コーチから「ロビン、リラックスだ！」と言われたことがあった。私はすぐに「コーチ、私はリラックスしていない？」と返した。私のコーチが言った意味は、フリースローをする時にリラックスできていないこと、まだシュートできる状態にないということに気づかせることであった。しかし、コーチの役割は、事前に選手にメンタルトレーニングを教えて、パフォーマンス前のルーティンを身につけさせることである。つまり、試合中にアドバイスをするのではなく、事前に教えたほうがよいということである。

## ◉「慌しさ」は、緊張や悪いパフォーマンスを導くものである

選手は、不安を感じ始めると、急いで行動し、その結果パフォーマンスにも影響を及ぼす。「慌しさ」は、スムーズな動きの邪魔をしてしまう。不安を持った選手をみると、動きが早くなることに気づくだろう。ゴルファーに対して、ゆっくり行動しなさいと言うと、身体的にも精神的にもゆったりとしてくる。ゆっくりした行動とは、ゆっくり歩く、話す、考える、またゴルフバックからクラブを抜く、ショット前のルーティンなどすべての動きをゆっくりとすることである。ゆっくりとした行動を行っていくと、穏やかになり、リラックスを感じ、そして活力・元気も蓄えることができる。

## ◉不安や緊張が完全に取り除かれ、身体的リラクセーション法が習得できているのかを確かめよう

三つの良い思考は、選手の消極的な考え方をマネジメントするのに有効である。身体的リラクセーションは、競技生活中の避けられない緊張や不安というものをマネジメントするための方法である。不安になった場合でも、その不安をマネジメントすることで、選手は素晴らしいパフォーマンスを獲得することができる。呼吸法、素早く感じ、ゆるむ方法は、非常に有効な方法である。

## ◉独自のリラックス法を作るということを覚えておこう

身体的リラクセーション法以外に、試合前にリラックスを得るために、音楽を聴いたり、映画をみたり、一人になったりなどいろいろなことを行っている。例えば、試合前に、にぎやかな更衣室を好む選手もいれば、静かな空間で準備をする選手もいる。万人に合うリラックス法というものはない。選手はさまざまな方法をたくさん経験して、自分なりの方法を確立する必要がある。

以上のように、すべてのメンタルトレーニングの方法の中でも、身体的なリラクセーションは有効なものであり、練習を続けていくことが大事である。まずは、腹式呼吸をマスターすることから始めてみよう。また、イメージトレーニングが好きならば、イメージトレーニングを通して、身体的リラクセーションをマスターするのがよいだろう。自己会話を通してリラックスを得るということもプレッシャーの高い試合では必要なことである。さまざまな方法を自分流に組み合わせて用いよう。

（訳　立谷　泰久）

MENTAL SKILLS FOR ATHLETES : THE BIG THREE

# 第3部 選手に必要な心理的スキル：ビッグ・スリー

# 第12章 注意の集中を高める

精神的な強さを手に入れるためには、プレッシャー状況にあっても注意を集中できるようにならなければならない。メンタルトレーニングは、パフォーマンスに集中すべき時に、しっかり集中できるようになることを目的として行われるものである。注意の集中は最も重要な心理的スキルの一つである。指導する選手がより効果的に集中できるよう援助したいと考えているならば、注意の三大特徴を理解する必要がある。

①注意とは、ある瞬間に注意を向け、考えることである。ただし、注意を向ける容量には限界がある。
②注意に対する準備性や能力は情動状態の影響を受ける。
③注意には選択的なものも含まれており、状況に応じて注意の向け方を選ぶこと（選択的注意）ができる。

## 1. 注意の容量（キャパシティー）

選手にとって、一度に複数の事柄に注意を向けることは非常に困難で不可能なことである。その証拠に、注意を集中できなければ、選手のパフォーマンスは乱れる。選手が一時に処理できる情報量すなわちパフォーマンス中の注意能力には容量の限界がある。これが注意の第一の重要な特徴である。

それでは、パフォーマンス中に注意を向けるべきすべてのことに注意を払うにはどうすればよいのだろうか？ 重要なことは、注意を「払っている」のか、あるいは、意識的な努力をすることなく無意識的に動くことができるほどに技術が身についているのかということである。注意を「払う」ということは、何かを考えることに、限りある注意の容量の一部を費やすことになるため、非常に大きな負担がかかる。しかし、練習を重ねるうちに、選手は技術を自動化し、どう動けばよいのかについて意識的に注意を向けなくても動けるようになる。

注意を「払う」ことは制御的処理と呼ばれる。一方、意識的に注意を集中することなく課題を行うことは自動的処理と呼ばれる。制御的処理とは、スポーツ技術を擁するパフォーマンスに対する意識的注意を含む心理的な過程であり、スポーツ技術習得時に用いられるゆっくりとして、逐次的で、努力を要する過程で、注意の焦点は自分自身に向けられる。パフォーマンスを行う際に考えなければならない課題は非常に多くあるため、スポーツ技術を習得した者が意識的にこの制御的処理の過程を行うことは難しいと言われる。

自動的処理とは、意識的注意を伴わない心理的な過程であり、迅速で、努力を要さず、統合的かつ選手の意識とは関連がない。選手が自動的処理状態になるのは、習熟したスポーツ技術を用いてパフォーマンスを行っている時である。選手はスポーツ技術を反射的かつ自動的に用いるとともに、意思決定をしたり、戦略を立てたり、予期せぬ事態や新しい情報に対して対処することに意識を集中しなければならない。そのため、スポーツ場面では自動的処理と制御的処理を併用することが求められる。

選手は、習熟したスポーツ技術を自動的に遂行できるようになることを目指している。自動的処理（あるいは「自動操縦」状態）は、最高のパフォーマンスの要となる。この時、選手は意識的には行動しておらず、無防備な状態となるため、注意や自信が阻害されたり不安に陥りやすくなる。一流選手は、最高のパフォーマンスを行っている時、意識的に注意を向けてはいない。スポーツ技術習得の初期段階では、制御的処理を行うことから始め、練習を重ね、やがて身体という「マシン」を作り上げ、あらゆるストレスフルな状況下でも「自動操縦」でパフォーマンスを行えるようになる。

## 2. 注意の準備性

### ◉不安に起因する注意の狭窄《きょうさく》

図12・1に示したように、競技中の刺激を処理する能力は、覚醒水準（精神的・身体的準備性）ないし不安レベルによる影響を直接的に受ける。覚醒水準が低い時、周辺刺激の弁別精度が高くなっているため、選手はパフォーマンスとは無関係の刺激やさまざまな事柄にまで注意を向けてしまう。パフォーマンスに対する意欲が低い時も、注意が拡散しすぎるために考えなくてはならないことに集中することができなくなる。

パフォーマンスに対する準備が不十分な選手に対して指導者が「集中する」よう戒めることが多い。注意という観点から考えると、選手の準備性の欠如は、無関係な刺激に対して注意が向いている、もしくは、あまりにも多くの事柄に注意が向いてしまい、注意拡散状態にあることを意味している。

不安に陥る等、覚醒水準が高い時は注意が狭くなりすぎてしまい、パフォーマンスの遂行に不可欠な課題に関連する刺激を処理できなくなってしまう（図12・1）。虚ろな表情をした選手は極度の不安に陥り、フィールドで起きている事柄や指導者の指示に十分に注意を向けることができなくなっていることが多い。不安レベルが高い時には、周辺刺激に対する弁別性が鈍化することが実証されている。

図12・1に示したように、中等度の覚醒水準が理想的な注意集中状態をもたらすと考えられる。中等度の覚醒水準では、身体的にも心理的にもパフォーマンスに適した状態にある。そのため、課題関連刺激に対して効果的に集中することができ、無関係な刺激に注意をそらされることがない。

### ◉不安の結果としての自己への注意集中

不安やストレスによる自己への注意集中は、良いパフォーマンスが行えるか心配になるなど、不適切な認知をもたらし、課題に対する外的注意を妨げる。

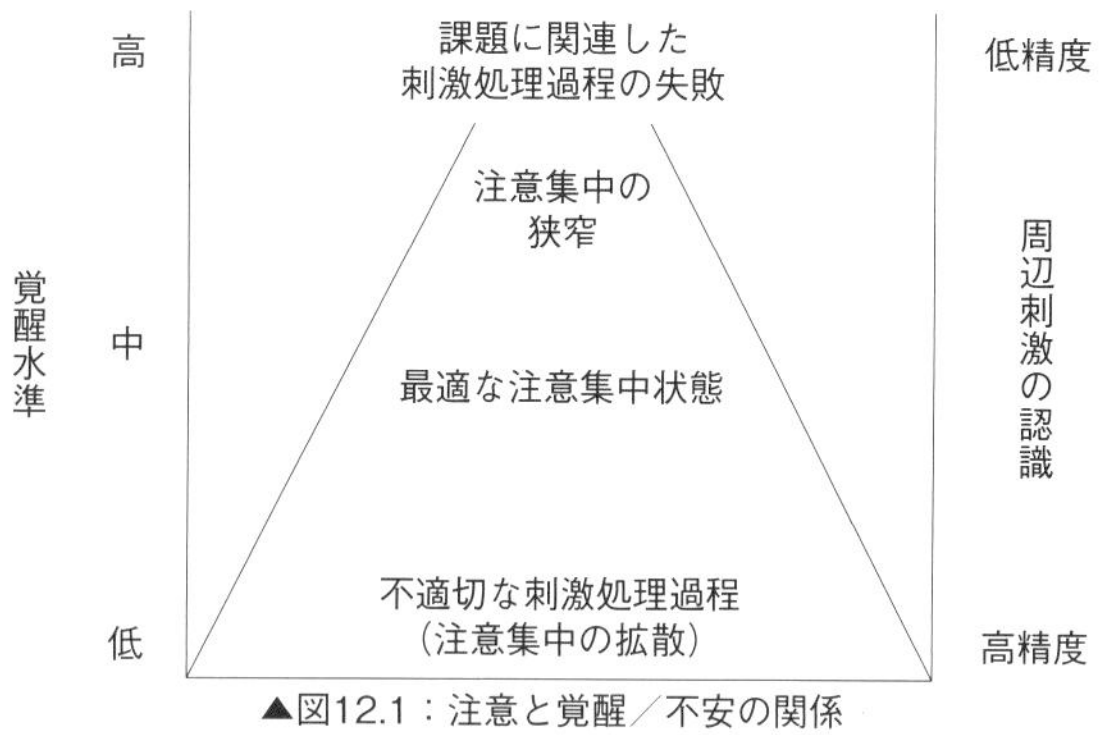


▲図12.1：注意と覚醒／不安の関係

自らのパフォーマンスを意識的にコントロールしようとした時にも不安が生じ、自己への注意集中がもたらされる。最高のパフォーマンスは意識的注意を必要としない自動的処理状態で生じる。自己に対する注意集中は、最良のパフォーマンスに必要な自動化を妨げる。不安もパフォーマンスについて「考える」作業を生じさせる。自己への注意集中は、練習を重ねて自動的に行われるようになったパフォーマンスを妨げ、最悪の結果をもたらす。

不安が高まりすぎると、パフォーマンス上の問題点やうまくいかない状況に意識が向き、過度にパフォーマンスを気にしたり、コントロールしようとしてしまう。ストレスフルな状況に直面しても、効果的に注意を向けられるよう、対処方法を計画し、練習しておくことが重要である。覚醒・不安水準が最適化されれば、効果的に集中することが容易になる。覚醒水準を最適化するためには心理的コントロール法を用いるとよい。

### ◉スポーツにおけるパニックとあがり —なぜ生じるのか—

不安は注意を狭め、自己への注意集中を生じさせる。スポーツ場面におけるパニックとあがりも、注意狭窄と自己への注意集中から説明することができる。パニックとあがりは競技に対する高いプレッシャーによりもたらされると考えがちであるが、なぜ、そして、どのように強い恐れが生じるのかを明らかにするためには、注意という観点から考える必要がある。注意の観点からみると、パニックとあがりは正反対の事象である。

### (1) パニック

パニックは、多くの辞書で「突然の、理性を失わせるような、ヒステリーを引き起こすような恐怖」と定義されている。この定義のキーワードは理性を失うという語である。パニックは、極度の情動状態により、自分自身で情報（もしくは理性）を処理できないほど注意が狭くなりすぎた状態と説明できる。図12・1では、二つの線が交わる先端（注意の幅）に相当する。パニックは理性とは対極の本能や直感に依拠している状態であり、思考が停止した時に生じる自滅的行動は単に反射の作用にすぎない。

パニックになると、すべてが本能に圧倒され、トレーニングを重ねて身に付けたことや理性などは忘れてしまう。自動車レース、スキーの滑降競技やジャンプ競技など、危険を伴う過激なスポーツ種目において、論理的思考の停止は生命を脅かす要因となる。プレッシャー状況下などで注意が狭くなりすぎると、十分にトレーニングを積んで身につけているはずの動作さえできなくなってしまい、パニックに陥る。

### (2) あがり（※チョーキング／最悪のパフォーマンス状態）

あがりは選手やスポーツ愛好者にはよく知られた言葉であり、スポーツにおいて最も恐ろしい出来事の一つでもある。これは、プレッシャー状況で選手のパフォーマンスが突然あるいは短時間に通常の能力水準以下に低下するものである。あがりが生じる原因およびパニックとの差異について考えてみよう。

注意の観点からみると、あがりはパニックと正反対の事象である。パニックは思考が停止して考えられなくなった時に生じ、あがりは考えすぎた時、不安に伴う自己への注意集中によってもたらされる。この時、選手は無意識的にパフォーマンスが導かれる自動的処理とは逆の、制御的処理（パフォーマンスしながらどのように行えばよいのかを考える状態）に逆戻りさせられる。パニックが本能的な状態に逆戻りするのに対し、あがりは本能的な部分を失った状態と言えるだろう。

指導者はまず、不安が注意に影響をもたらす可能性があると理解することが重要である。選手が不安を抱いていることに気づいたら、不安がパフォーマンスにどのような影響を生じているか注意深く観察するとよい。不安がスポーツ場面で生じるのは正常な反応であり、パフォーマンスに対する準備性を示すものである。不安を効果的にコントロールし、プレッシャー状況においても注意の集中状態を保持することができる選手もいる。しかし、注意が狭くなりすぎてパニックになりやすい選手もいる。パニックになり始めたら、落ち着かせ、覚醒水準をコントロールして、注意の集中状態に戻らせる。また、パニックになったら、何をすべきなのか、パニックを想定して行ってきたトレーニングは何かということを説明できるようになっておかなければならない。

あがりへの対処は、制御的処理を停止させなければならないため、パニックへの対処より難しい。選手にとって、パフォーマンスに対する意識的コントロールを故意に解除するよりも、思考を意識的にコントロールするほうが容易である。しかし、あがり始めた時や、あがっている最中に、注意を再び集中させることができる方法がある。指導者は、パニックとあがりの違いについて、特に、選手の注意に影響をもたらす不安がさまざまな心理的問題を引き起こすことを理解しておくべきである。

## 3. 注意の選択性

### ◉熟練パフォーマンスとしての選択的注意

#### (1)スポーツ場面を手がかりとする選択的処理

球技種目において、熟練者は初心者に比べ、対戦相手の体勢や動きから飛んでくるボールのスピードや方向を予測する能力が優れている。スポーツ場面を手がかりとする選択的処理によって、注意能力が増大し、ボールの弾道やリバウンドの軌道、対戦相手の動き、バレーボールのアタックのタイプとコースを予測することができるようになる。パフォーマンスの習熟度の差は、その種目に関連する情報処理能力にある。

バスケットボール、フィールドホッケー、バレーボール、サッカー、空手、フィギュアスケートの熟練者は、初心者に比べて、試合状況に関する情報を認識し、想起し、保持する能力が優れていることが明らかにされている。このことは、熟練者のほうが初心者よりも、競技の展開を予測するのに有益な選択的注意能力が優れていることを示すものである。

熟練選手は、競技中、視覚的な情報収集を効率よく行っている。例えば、キックボクサーは相手の頭に注意を集中させつつ、周辺視野では次の攻撃を予測するために相手の手や足に注意を向けている。サッカー選手も、ボールを保持する選手に注意を集中させつつ、周辺視野で他の選手の動きをとらえ、パスの方向を予測している。初心者は注意集中方法を効率よく利用することがほとんどできないため、誤ったタイミングで誤った対象に注意を集中させていることが多い。

### (2)パフォーマンス前の注意状態に対する自己統制

熟練者は、これから行おうとするパフォーマンスを高めるために身体をコントロールする能力にも優れている。これらの結果を明らかにした研究では、脳の活動を示す脳波、身体の活性度を示す心拍などの精神生理学的指標を用いて測定を行っている。脳波を測定することにより、注意に関連した脳の特定部位における興奮度を明らかにすることができる。射撃、アーチェリー、ゴルフの一流選手はパフォーマンス（矢を放つ、引き金を引く、パッティング）の前に心拍の減少がみられるが、これは、注意をより効果的にコントロールしていることを示すものである。一流選手は、選択的注意能力を高めて自動的処理状態に入っている。

## ◉選手に必要な注意の種類

### (1)注意の二次元

スポーツにおける注意には幅と方向性の二つの次元があると考えられている。注意の幅（図12・2の横軸）では、狭い―広いという軸を考える。スポットライトのように、選手は注意の焦点を一点に絞ったり、広げたりすることができる。テニスでサーブを打ち返そうとする時にはボールに対する狭い注意が求められるが、フィールドホッケーのゴールキーパーはゲームの流れやフィールド上のすべての選手に対して広く注意を向けることが求められる。

注意の方向性（図12・2の縦軸）では、内的―外的という軸が考えられる。身体の状態をチェックしたり、エネルギーを集めたり、視覚化しようとする時には内的な注意状態に、標的や敵を眼で追いかけたりする時は外的な注意状態となる。覚えやすさを考慮して、広い注意を「全体像」、狭い注意を「クローズアップ」、外的注意を「向こうで」、内的注意を「ここで」と名付けて用いている。

### (2)スポーツ場面で必要な四つの注意様式

注意の二次元により分けられた四領域はスポーツ場面で必要な四つの注意様式を示している。広い―外的注意は周囲の状況を観察・評価・見渡す時に、狭い―外的注意はカメラのズームのように、特定のスポーツ技術や反応・標的に焦点を絞る時に用いられる。広い―内的注意は、情報の分析や戦略の計画を行う時に用いられ、狭い―内的注意は、メンタルリハーサルや心身状態をチェックしたり、コントロールする時に用いられる。

### (3)スポーツの特徴による求められる注意の差異

反応型のスポーツか、自己ペース型のスポーツかによって、必要となる注意には大きな違いがある。バスケットボール、サッカー、ソフトボール、ホッケーなどの反応型スポーツでは、敵の動きに応じて動くため、注意は可変的、急速、予測不可能となる。一方、体操、射撃、アーチェリー、陸上競技などの自己ペース型のスポーツでは、パフォーマンスおよび注意はより安定的で予測

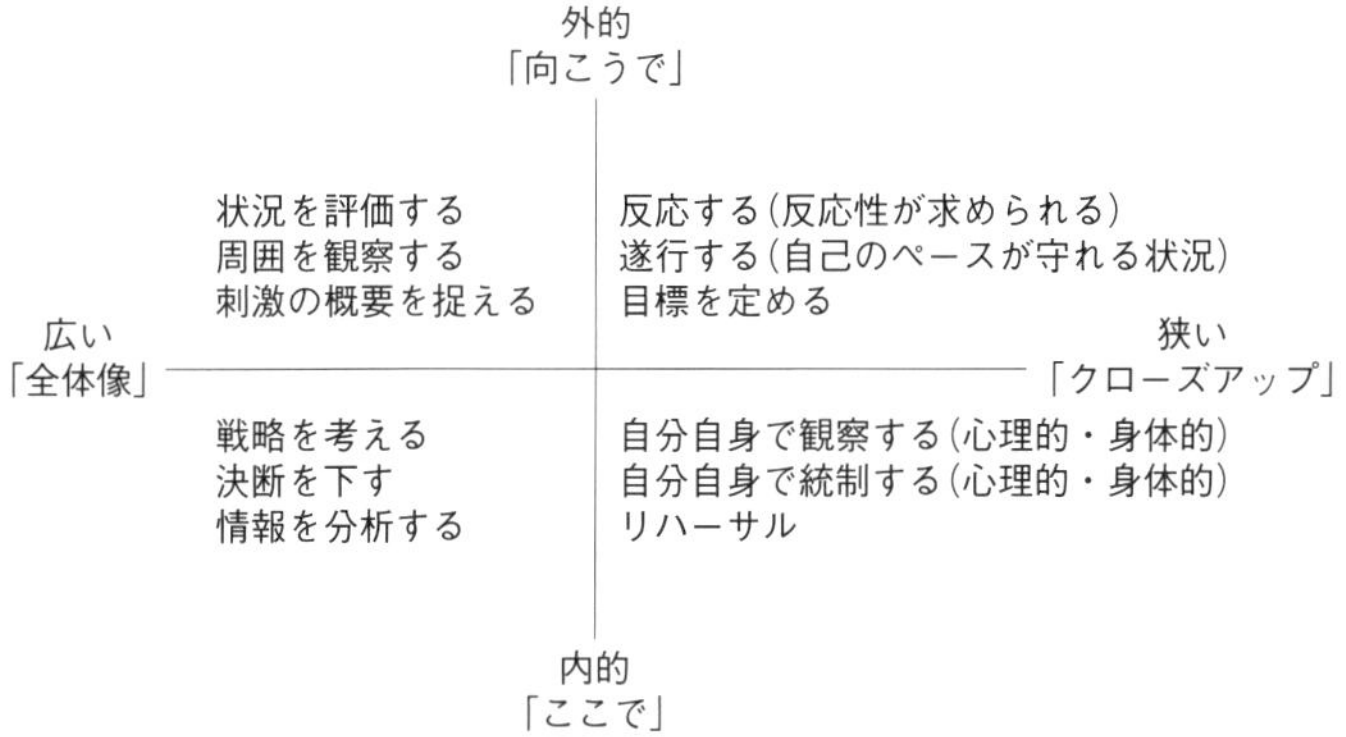

▲図12.2：スポーツで求められる注意様式

可能なものとなる。

スポーツ場面では、ある対象から別の対象に注意を切り替えることが求められる。ゴルファーは地形・距離・風などをみる際には広い―外的注意であるが、それらの情報をもとにクラブを選び、どのようなショットを打つのか決める際には広い―内的注意となる。さらに、心身の状態を整えるためのショット前のルーティンやメンタルリハーサル時には狭い―内的注意となり、実際のショット時には狭い―外的注意となる。ショットまでの間の選手の注意は、まず「全体像」を描き、「ズームイン」「ズームアウト」、そして「打撃」という一連の過程を経ていることが考えられる。

クロスカントリースキーの選手の注意は、滑降中は常に、狭い―内的注意と、狭い―外的注意の間を動いている。ホッケーのゴールキーパーの場合、プレー中の大半が広い―外的注意状態であるが、ゴールショットが打たれた時には狭い―内的注意状態となってパックに反応する。陸上長距離選手、投てき選手、ウェイトリフティング選手もパフォーマンス中は狭い―内的注意である。一方、戦略を考えたり、決断を要するスポーツ種目は、広い―内的注意が求められる。

## ◉注意技術能力の差異

スポーツの場面に応じてさまざまな注意様式が必要とされる。一方、選手によって得意な注意集中方法は異なり、その種目に適した注意様式を有する選手もいる。トレーニングによって種目やポジションに応じて必要な注意集中力を高めることも可能である。

スポーツ心理学者によって、選手の注意集中力を測定する質問紙が開発されている。その一つに注意様式検査（TAIS）がある。注意様式検査は次の項目を測定する尺度である。
①広い―外的注意能力
②広い―内的注意能力
③注意をそらす要因を避けて注意を集中する能力
④外的な注意をそらす要因によって負荷が高まりやすい傾向
⑤内的な注意をそらす要因によって負荷が高まりやすい傾向
⑥注意の切り替え能力の乏しさ

注意様式検査は、種目特性等を考慮した尺度ではないため、個々の種目に特化した注意様式検査が開発された。種目別注意様式検査のほうが選手の行動をより正確に予測することが示唆されている。

選手の注意集中力を注意様式検査などの心理尺度を用いて測定すべきかというと、必ずしもその必要はない。練習や試合など多くの場面で選手を見ている中で、指導者は選手の注意集中力の特徴を捉えている。もし、選手に個々の注意集中力の特徴を理解させるために心理尺度を利用したいと考えるなら、スポーツ心理学の専門家に相談し、サポートしてもらうとよい。また、心理尺度を用いることにより、選手が競技に必要な注意様式を理解し、注意集中について深く考えることができるよう配慮すべきである。さらに、検査結果によって、他の選手と比較したり、試合への起用やメンバーの選定を決めるべきではない。スポーツ心理学領域で用いられている心理尺度には、注意様式検査の他にも比較的容易に評定が可能な心理尺度がある。

## ◉選択的注意

マラソンやトライアスロンなど持久性の競技では、選手は何を考え、試合や練習中の注意はどこに向けるべきなのだろうか。

マラソン選手に対するインタビューから、連想的注意と気晴らし的注意という二種類の選択的注意のタイプが明らかにされた。連想的注意では、パフォーマンスに関わる身体・心理・技術面について内的に観察したり自己統制を行ったり、レースの進行状況を確認したり戦略を考える等レースそのものに関連する課題に注意を向ける。一方、気晴らし的注意では、競技から注意をそらしたり、競技とはかけ離れた対象に注意を向ける。空想、周囲の環境の美しさに目を向けるのは気晴らし的注意である。

持久性競技のパフォーマンスに関する研究から、連想的注意を用いている時にパフォーマンスが向上することが明らかにされている。連想的注意は一流選手にとっても初心者にとっても有益な注意集中方法であるが、身体感覚や競技上の意思決定に用いられた時に最もパフォーマンスの向上をもたらす。概して、持久性競技の選手にとって連想的注意の集中方法を身につけることはプラスになる。気晴らし的注意の方法も、練習の長さや単調さを解消するには良い方法であり、積極的なイメージ想起などメンタルトレーニングの一環としても利用可能であると考えられる。

## ◉注意の選択に関する問題

### (1)誤った選択

パフォーマンスに必要な注意に気づくことができなければ、効果的な注意の選択に失敗する。特に、スポーツ技術の習得時に、このことが問題となる。技術習得の初期段階においては、何にどのように注意を向ければよいのかわからず、技術そのものを行うことに対して大きな注意を要してしまう。

技術を獲得するためには、注意の手がかりも必要である。指導者は、身体的・運動的な技術のみならず、何に注意を向ければよいのかについても指導すべきである。一流選手であっても、誤った癖がついてしまったり、適切な注意を選択することができない場合もあるため、練習時に、どのような注意が正しいのか確認すべきである。

### (2) 注意の乱れ

注意が散漫になったり、望ましくない事柄に気を取られたりすることは、選手にとって大きな問題であり、パフォーマンス失敗の最たる原因である。成功をおさめる選手の多くは、注意を向ける対象についての計画だけでなく、注意をそらす要因への対策を講じ、それを試したり練習して競技場面で利用できるようにしている。たとえ何が起こっても注意をそらされないように、日頃の身体面のトレーニングにおいてさまざまな注意をそらす要因に直面する練習を行うべきである。

### (3) 注意の切り替え

ある注意様式にはまり込んでしまって、必要な時に注意を切り替えられなくなったり、意図せず注意が切り替わってしまうことがある。心配にとらわれたり、自分自身やパフォーマンスに注意を戻すことができなかったり、周囲からの不必要な情報に圧倒されると、広い―外的注意に陥る。分析しすぎると、広い―内的注意に陥り、注意を狭めることができなかったり、自動処理に入れなかったりする。心配事があったり、自信喪失の時には狭い―内的注意に陥る。狭い―外的注意に陥ると、必要とされる注意に切り替えることができなくなる。

### (4) 集中に伴う弊害

指導者は注意の別名として「集中」という言葉をよく用いる。集中とは、特定の課題に注意を向け、その注意をそらされずに保つ能力である。集中は、注意が他の思考によって弱められず、非常に強く保たれている状態である。

注意がはまり込んだり、必要な時に切り替えられないというのは、時に集中が弊害となりうることを示している。集中は重要な注意様式の一つではあるが、集中しすぎればスポーツ場面に応じた柔軟な注意の切り替えができなくなる。注意は、正しい手がかりを選択し、それに集中し、必要に応じて切り替えられることが重要である。

## 4. 注意を高める方法

### ◉トレーニングを重ねて、信頼できる自動操縦スイッチを作る

選手がパフォーマンスを自動的処理で行えるようにすることは、指導者の重要な仕事の一つである。自動的処理を身につけるためには反復練習以外に方法はない。「習うより慣れろ」のことわざにもあるように、反復は基本である。競技中のプレッシャーや注意をそらす要因に対して、基本的なスポーツ技術を遂行し、細部に注意を向けることはパフォーマンスの自動化において重要である。

私はよく、選手に対して、技術が自動化されるようになるまで何度も何度も繰り返して練習して身体と

いうマシンを組み立て、そして、そこに信頼できる自動操縦のスイッチを作りなさいと話す。選手には、ストレスフルな状況やプレッシャー状況でも十分に稼働する信頼できる自動操縦システムが必要である。

## ◉複数の課題を同時に与える

ウェイトトレーニングで筋肉に負荷をかけるのと同様に、注意能力を高めるためには注意に負荷をかける。その練習法として二つあるいは三つの課題を同時に行わせる。また、観客の歓声、大音量の音楽、ラフプレー、敵の中傷、ジャッジミス、天候（雨や寒さ）など、スポーツ場面によくみられるような注意をそらす刺激を与え、選手の注意に負荷をかけるという方法もある。予期せぬ状況になっても、選手が注意を保つことができるよう、あらゆる妨害要因があっても乗り越えられるよう、練習させる。

## ◉注意集中練習を取り入れる

パフォーマンスの成功に不可欠な注意集中のトレーニングを行わず、身体的・技術的トレーニングばかりを行っている選手をよく見かける。日頃から注意集中の練習を行っていない選手は、競技中に必要な注意を保持することができなくなる傾向がある。指導者は、種目に応じて必要とされる注意の様式を明らかにし、日々のトレーニングに基礎練習として取り入れるべきである。疲れとともに注意は散漫になりやすくなるため、試合終盤の疲れ切っている時でも注意を保ち続けられるよう、注意集中力を高めるための努力を重ねることも重要である。

注意を保つための手がかりとして、選手はさまざまな方法を行っている。きっかけになる言葉（キューワード）は注意のリマインダー（思い出すための方法）として用いられる。また、ポジティブ思考、自己会話（セルフトーク）などもよく用いられる。指導者は、選手に「今」に注目することを思い出させたり、パフォーマンス中の最も重要なポイントに集中させたり、自分でコントロールできる対象に注意を向けさせるようにするとよい。

しかし、指導者の指示で注意集中をコントロールするのではなく、選手が自ら、その場に応じた必要な注意様式を利用できるようになることが重要である。指導者は、練習や試合、タイムアウト、作戦会議などの折々に場面に応じた注意様式を教示し、状況に応じてすぐに適切な注意を向けられるように練習させるとよい。また、日々のトレーニングに、パフォーマンスの流れの中で指導者からの指示や合図を与えられずに適切な注意様式をとれるようにするための練習を組み込むとよい。この練習にあたっては、練習の意図を十分に理解させた上で取り組ませることが必要である。

**◉選択的注意の向け方を指導する**

指導者は、場面や状況に応じて、何に対して、どのように注意を向けたらよいのか指導することが求められる。競技レベルや技術的な技術の習熟度に応じて、注意集中トレーニングの難易度を変えるとよい。初心者には単純な練習から始め、自動操縦状態でパフォーマンスを行えるようになった選手は、敵の動きやプレーを手がかり刺激とする注意集中トレーニングを行う。

**◉適切な対象に適切なタイミングで注意を向ける**

結果を出すことばかりを強調しすぎると目標を見失ったり、不安に陥ってしまう。パフォーマンスや将来成し遂げるべき目標を見据えたプロセスに集中し、生産的思考で競技に取り組むとよい。誤った目標は不安を生じさせ、集中を妨げるため、避けるべきである。

目標達成のためにも、競技に対する目的意識や情熱を常に心に留めておくとよい。なぜ行っているのかわからなくなってしまったり、楽しくて行っていたはずが楽しくなくなってしまった時、選手は競技に集中できなくなる。競技に対する情熱を思い出すための単純なきっかけになる言葉を作ったり、競技を始めた理由を考えたり、競技を始めた頃の気持ちを思い出すためにイメージ想起を行うとよい。

**◉競技不安や覚醒水準をコントロールする**

注意は覚醒と関連があるため、不安や覚醒水準をコントロールするには、注意を最適化すればよい。心身のリラクセーションをもたらす呼吸法や、スムーズなパフォーマンスを視覚化するイメージ想起などを用いる。

**◉注意に対する意識を高める**

注意に対する意識を高めるために、章末に提示している「スポーツ選手の集中力検査法」を用いて自己評価を行うとよい。チームで一斉に行う場合は、注意の集中について学ぶために行うという点を強調し、指導者が回答や結果を見たり、結果によって選手を評価したり、メンバー選出の情報にすることはないと伝え、10分程度で質問紙に回答させる。

選手が個別に質問紙を行う場合は、最初に指導者が注意の様式について説明する時間を取り、スポーツ場面でどの注意様式が用いられているかについてのグループ討議を行ってから実施させるとよい。①精神的に強い選手は、たとえ何があろうと注意集中することができる、②注意集中力は習得し、向上させることが可能である、という二点を強調する。選手にとって有益な情報を盛り込み、リラックスしながら楽しんで行えるよう留意すべきである。

## ◉パフォーマンス前のルーティンを作り、活用する

パフォーマンス前に実施できる注意集中の方法としてルーティンがある。ルーティンとは、特定のスポーツ技術を行う前に実施する予め計画された系統的な思考や行動のことである。深呼吸のような単純な方法から、いくつかのステップを踏む方法までさまざまな方法がある。

ルーティンは、自己ペース型のパフォーマンス前に行われることが多い。望ましい思考や感情を引き出したり、ミスをした時に生産的な思考に切り替えるために用いると効果的である。反応型のスポーツでミスをした場合などには、プレー中の短い時間で行える簡潔なルーティンを行うとよい。指導者は、スポーツの特徴を考慮して、ルーティンを利用するのかどうか、行うとしたらどのタイミングで行えばよいのかを考える必要がある。

### (1)ルーティンの効果

成功をおさめる選手は、パフォーマンス前にルーティンを行っている。ルーティンを一貫して行うこと

により、最高のパフォーマンスがもたらされる。これは、ルーティンが自動操縦状態になるためのスイッチとして機能するためである。ルーティンは、パフォーマンスを行うのに望ましい感情・思考・心理状態をもたらす。選手は各々、実用的で現実的な自分なりのルーティンを作るとよい。

### (2) チームで行うルーティンの例

チームで行うシンプルかつ効果的なルーティンを紹介する。これは、ネブラスカ大学のフットボールチームのために開発されたルーティンで、「Ready（準備する）—Respond（反応する）—Refocus（もう一度、注意を集中する）」の３ステップから構成されるため「３R」と呼ばれる。「Ready」は注意をそらす要因や前のプレーを忘れるためのきっかけである。これにより選手は個々に、次のプレーで必要なメンタルリハーサルを行うため「３R」に「Rehearse（リハーサルする）」を加え「Ready—Rehearse—Respond—Refocus」の「４R」とする場合もある。続いて、スナップカウントの間に反応モードに切り替え、ボールが投げられたら無意識的に反応できるように集中する。そして、１プレー毎に選手は行うべきプレーができたかを振り返り、精神状態を整え、再び集中するための時間を取

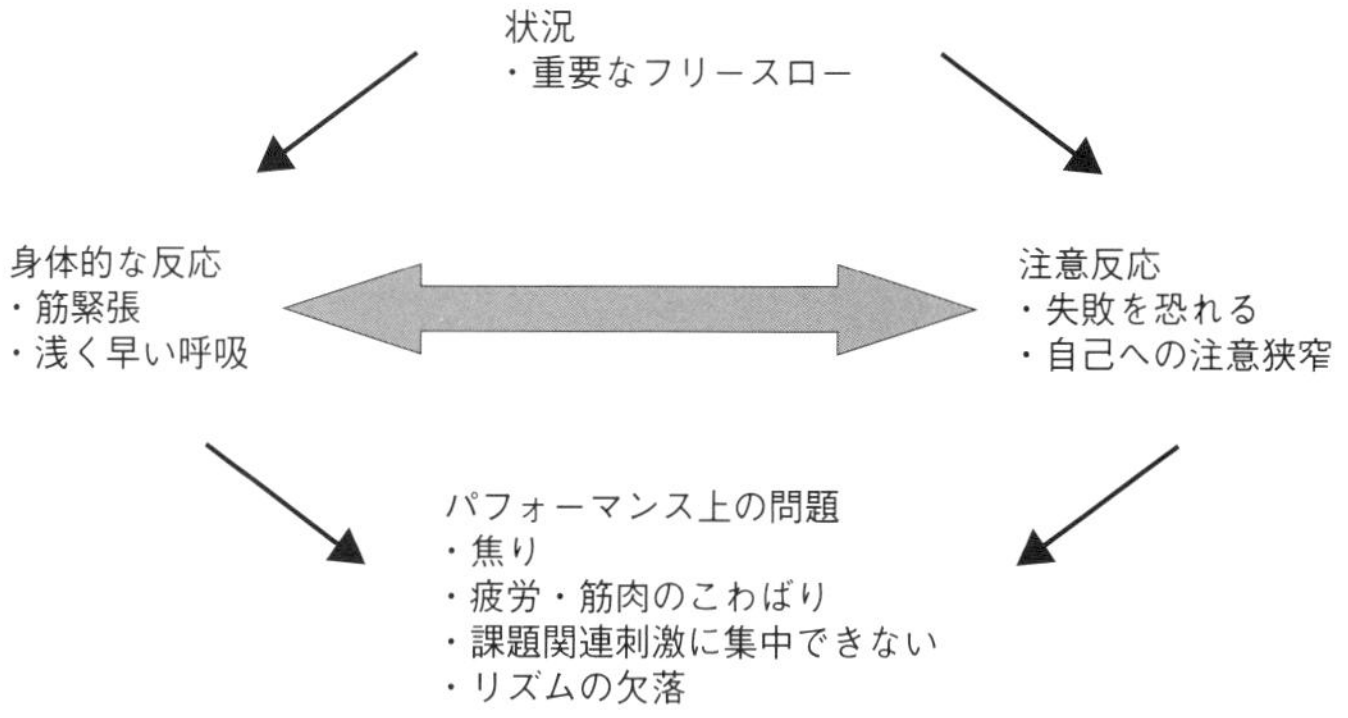

▲図12.3：身体的緊張および注意拡散によるパフォーマンスの阻害

り、次のプレーに向けての準備を行う。このルーティンは、練習計画の中に組み込まれてトレーニングの一環として行われたこともあり、非常に効果的であった。

### (3) センタリング

センタリングは、身体面での準備性を高め、望ましい注意集中状態を作るためにパフォーマンス前に行うルーティンである。センタリングの実施例を図12・3、図12・4に示した。図12・3はバスケットボールのフリースロー時の身体的反応と注意の低下とパフォーマンス上の問題との関係を示している。一方、図12・4はセンタリングを行うことで身体感覚や注意の状態がパフォーマンスを行うのに適した状態となり、自動操縦状態がもたらされることを示している。ルーティンは思考や行動の確実性や慎重さを維持するのに役立つため、プレッシャー状況下でも慌てたり焦ったりしなくなる。

### (4) ルーティンづくりのためのガイドライン

効果的なルーティンづくりに規則や台本はない。ルーティンの目的は無意識にパフォーマンスを行えるような思考・行動状態にすることであり、それが成し遂げられるのであれば、どのような方法であっても構わない。以下に、ルーティンを作る際に考慮すべき点を示す。

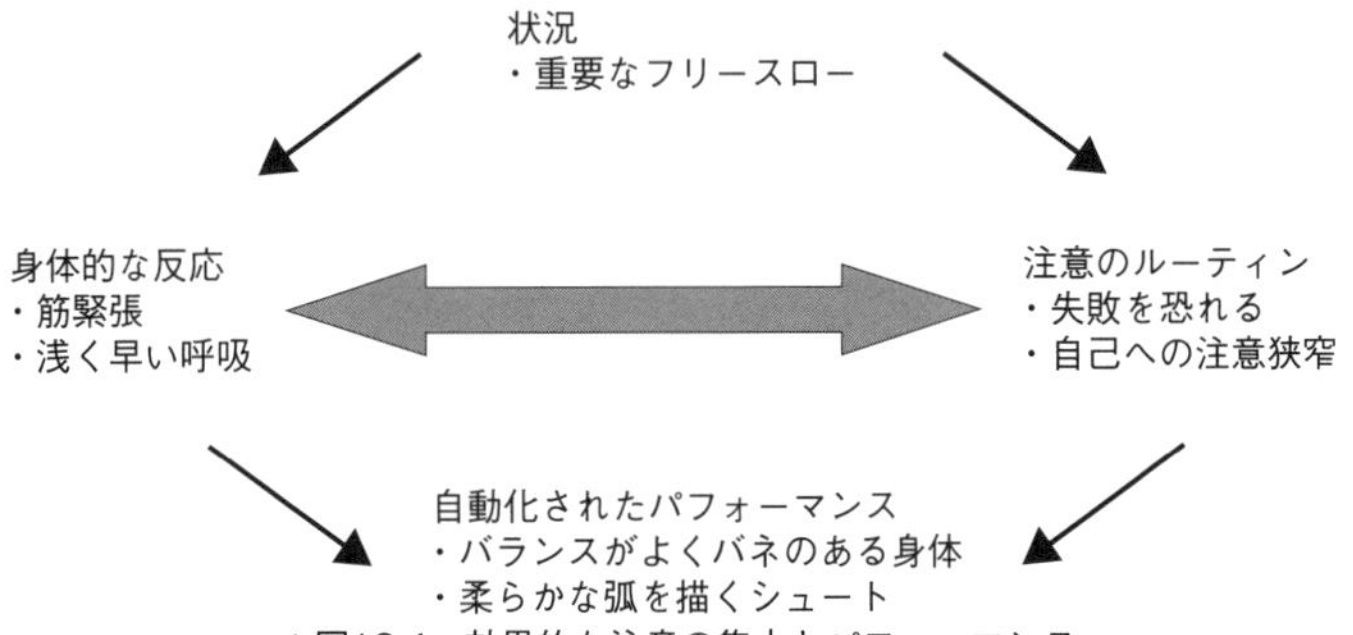

▲図12.4：効果的な注意の集中とパフォーマンス

①自分が望む身体的・心理的状態を作る

深呼吸はパフォーマンス前にリラックスをしたり、やる気を高めるのに最も実用的な方法であるため、ルーティンに取り入れられることが多い。また、特定の言葉や表現、例えば、力がみなぎっている、落ち着いているなども心身調整に役立つ。

②リズムを作る

ルーティンを行うことにより、パフォーマンスを無理なくスムーズに行うためのリズムを作ることができる。最高のパフォーマンスをもたらす思考・行動面のリズムについて考えておくとよい。

③リハーサルを行う

ルーティンには、これから行おうとするパフォーマンスについて、心理的・身体的にリハーサルを行うという要素が含まれることが多い。リハーサルによってリズムを作り、自分が理想的なパフォーマンスを行っているのを「見ること」「感じること」ができる。

④「注意集中のきっかけになる言葉」を作る

パフォーマンス直前に注意集中状態に入り、固定するためのきっかけになる言葉を持っておくとよい。注意集中状態に入るためのきっかけになる言葉はパフォーマンスの遂行を妨げるものではなく、自動操縦状態をもたらすものにして、理想的なパフォーマンスが無意識的に行えるようにする。選手は、パフォーマンス中には何も考えていないと言う。矛盾するようだが、パフォーマンス中に何も考えないでいいように、パフォーマンス前のルーティンを考えておくとよい。

他の心理的スキルと同様に、ルーティンもシンプルなものから取り組み始めるべきである。最初は深呼吸や注意を向けるためのきっかけになる言葉などから始め、慣れてきたら自分なりのルーティンに変えていけばよい。ルーティンは繰り返し練習することで習慣化し、自動操縦状態に入るためのルーティンそのものが自動化されるようになる。

### ◉注意集中のための計画を作り、活用する

#### (1)集中のための計画（フォーカスプラン）の例

注意集中のための計画は、ごく単純なものから詳細なものまで多岐にわたる。時間の流れに沿って、競技の開始時・序盤・中盤・終盤に分けて計画を立てることもある。

野球やバレーボールなど、構造化されたタイプの競技では、バッティング、イニング間のベンチ、守備など、競技場面ごとに集中のための計画を立てる。ゴルフのジャック・ニクラウスは、競技中の注意の集中とリラクセーションをコントロールするために「ピークと谷（peak ＆ valley）」という方法を行っている。

方針を示すだけの計画もある。野球の投手は打者に注意を向ける傾向があるが、投手自身がコントロールできることは捕手のミットに良いボールを投げることだけである。そこで、打者に対してではなく、捕手に向かって投げることに注意を向けることを集中のための計画とする。コントロールできることに注意を向けるため自信も高まり、パフォーマンスの発揮に非常に効果的である。

#### (2)集中のための計画を立てる

まず、集中のための計画の場面ごとの区切り（セグメント）を決定し、次に各場面における注意、感覚、

動きを決める。そして、各場面において適切な注意状態にするための手がかりになる言葉を考えておく。

有名なスポーツ心理学者であるテリー・オーリックは、競技前の計画と競技中の計画を考えることを推奨している。競技前の集中のための計画は以下の三点を目的としている。

①自信を高める。

②注意をそらす考えを排除して注意集中状態を保つ。

③最適な状態を作る。

試合日の目覚めが悪い選手が多いが、試合日の朝は、起きたらまず、良いパフォーマンスができるように自信を高める集中のための計画を行う。集中のための計画は選手が自ら選択して行うことが前提である。何も準備を行わずに良いパフォーマンスができるような状態に整えられることなどない。競技前のルーティンは心理面のウォーミングアップにもなり、良い集中状態をもたらす。

## ◉集中の乱れ、あがり、パニックへの対処法を理解する

厳しいトレーニングを重ね、望ましい心理状態に整えたとしても、競技中に注意集中状態が乱される状況に直面することがある（表12・1）。あがりやパニックに効果的に対処するための準備をしておくことも重要である。

▼表12.1：注意集中をし直すことが求められるスポーツ状況

| | |
|---|---|
| 1. | イライラするできごとが生じた |
| 2. | 理想的なコンディションではない |
| 3. | 試合の遅れ |
| 4. | 試合当日の気を散らすできごと（家族、友人、試験、締切）にどうすればよいかわからない |
| 5. | 競技開始時のパフォーマンスがよくない |
| 6. | 大きなミス（エラー） |
| 7. | コーチやチームメートからの非難 |
| 8. | 心の乱れ |
| 9. | 対戦相手に対する恐れや自分の力に対する疑念 |
| 10. | いつものようなパフォーマンスができない |

### (1)再集中（集中状態に戻す）

優れた選手と普通の選手との最大の違いは、注意集中のコントロール能力と注意を妨げる要因に対する対処能力である。再集中の方法を習得し、競技前・競技中の集中のための計画に沿った、再集中のための計画や対処法を考えておくとよい。

完璧に行えないからといって狼狽するのは無意味である。完璧なパフォーマンスは人生で一回か二回にすぎない。だからこそ、うまくいかないことを予期して、リハーサルすることが必要である。注意を妨げる要因に注意をそらされなければよい。

再集中を行う時には、現在を志向するとよい。過程・目標に注意を向けて集中する。新たな集中のための計画を作成したら、それを競技前のルーティンとして首尾一貫して実行すべきである。また、パフォーマンスを阻害する考え方ではなく、積極的な考え方をすべきである。望ましい注意状態に導くためにセンタリングやイメージ想起法も有効である。いずれの方法も、あらかじめ計画して練習を重ねておくことが必要である。

### (2)あがり・パニックへの対処

あがりやパニックは考えすぎた時や思考が停止して考えられなくなった時に生じる。あがりは、プレッシャーを受けてパフォーマンスをスムーズにコントロールできなくなり、自動操縦ではなくなっている状態である。一方、パニックは、不安が高くなりすぎて圧倒され、注意が狭まり、思考が停止して落ち着いて考えることができない状態である。

注意に関する問題（注意の乱れ、あがり、パニック）について、表12・2にまとめた。あがってしまったら、自動操縦状態に戻すことが目標となるが、あがっている時は考えすぎの状態であるため、まず身体と心をリラックスさせることが重要となる。あがり始めたら、何かしようとせずに「なすがまま」にしておき、自動操縦状態に導く手がかりになる言葉を用いるとよい。客観的な視点を持つことも有効である。呼吸法や注意を高める思考法を用いて対処してもよい。

パニックになったら、まず、何が起こっているのか理解することである。選手は情報や課題に圧倒されるとパニックになる傾向にあるため、ゆっくりと考え、ゆっくり行動する等、一つずつを意識的に行うようにするのは良い対処法となり得る。また、センタリングや論理的思考も有効な対処法である。パニックに対処するためには、理性的になり、広く全体に注意を向けて、自動操縦状態に集中するとよい。

### (3) 対処法を考える

注意の乱れ、あがり、パニックに対して生産的な

▼表12.2：注意の乱れ、あがり、パニック：詳細と対処

| | 注意の乱れ | あがり | パニック |
|---|---|---|---|
| どういうことか？ | 誤ったタイミングで不適切な事柄を考える | 考えすぎる | 考えていない |
| なぜ、そのようなことになるのか？ | 無関係なことに注意がそがれる | 自分に注意が向いてパフォーマンスをコントロールしようとする | 注意が狭くなりすぎて論理的に考えることができなくなる |
| どのようにしたらよいか？ | 思考と注意をコントロールすることによって注意の方向を修正する | 自動操縦状態に戻す | 注意のコントロールと論理的思考を獲得する |
| 使用する対処法 | ・問題を別置しておく<br>・「今」に集中する<br>・目標達成のプロセスを視覚化する<br>・すべきことに集中する | ・視点をシフトする（目的／感情）<br>・仕方がないとあきらめる<br>・イメージ想起、自動操縦を誘発する<br>・少しだけパフォーマンスを上げる | ・落ち着く<br>・深呼吸、注意を全体に向ける<br>・センタリング技法 |

対応をするためには、ＡＰＲＯのステップで考えることが有効である。ＡＰＲＯは以下に示す各ステップの頭文字である。

Ⓐ受け入れる（Accept）…状況を受け入れ、感情をコントロールする。苦痛を消し去ろうとしたり、事態を否認したり、考えないようにしてはならない。まず「何が起こっているのかわかっている。準備も覚悟もできている。」と言ってみる。事態に正面から立ち向かい対処する。

Ⓟ装う（Posture）…自信のある態度をとり続ける。顔を上げ、肩を落とさず、視線を定めて、態度から自信を示す。自信が持てるようになり、注意を保てるようになるまでは、そうであるかのように装う。心は身体から発せられる手がかりになる言葉で動くことが多いため、身体状態から注意集中状態に引き戻すことができる。

Ⓡリラックスする（Relax）…身体をリラックスさせるため、呼吸法やストレッチを行う。意識的に話す速さや歩く速度を落とし、ゆっくり考えるようにすると、落ち着きやリラックスが増す。

Ⓞ引きつける（Occupy）…集中のための計画や再集中法、センタリングを行うことに集中し、パフォーマンスを阻害する思考を追い出すことができる。「課題は一つ、注意を向けるのは一つ」あるいは、今、何をすべきか、を考え、一つのことに注意を向ける。パフォーマンスを阻害する思考が現れたら、あらかじめ計画された目的ある思考に立ち戻り、集中のための計画を実施するとよい。

## スポーツ選手の集中力検査法

以下の注意・集中に関する質問について、試合中にそう思うことがどの程度あるか、あてはまる番号（0〜4）を空欄に記入してください。答えに正解や不正解などはありません。正直に答えることで、自分の注意集中スキルの高め方が明らかになります。

いつもそう思う（4点）　よくそう思う（3点）　時々そう思う（2点）
あまりそう思わない（1点）　まったくそう思わない（0点）

1. 試合中は、自分のパフォーマンスについて考えることなく、ただ、プレーするだけだ。（　）
2. 試合中、パフォーマンスに重要ではない事柄に気を取られてしまう。（　）
3. 状況をみて何を行うべきか判断することが得意だ。（　）
4. 注意をそがれるようなことがあっても、すぐにまた集中することができる。（　）
5. 必要に応じて注意を狭め、集中することができる。（　）
6. 流れに任せておいても自動操縦状態でパフォーマンスを行っている。（　）
7. 劣勢の場面や失敗した時でも注意を集中していられる。（　）
8. 状況をとらえて分析・判断することが難しい。（　）
9. エラーや失敗した後でも、すぐにパフォーマンスに注意を戻す。（　）

10．周囲でいろいろなことが起こっていると、自分のやるべきことに集中できない。（　）
11．パフォーマンスについて考えすぎたり、過度にコントロールしようとしてしまう。（　）
12．不利な判定を下されたり、悪い状況の時は、注意集中することによって対処している。（　）
13．対戦相手の長所・短所の分析が得意だ。（　）
14．コーチから批判されても、すぐに自分のやるべきことに注意を集中する。（　）
15．試合中は一度に一つのことしか集中できなくなりがちだ。（　）
16．パフォーマンスに没頭すると、問題や注意を妨げるもののことを忘れる。（　）
17．審判、対戦相手、観客の歓声などが気になって仕方ない。（　）
18．試合中、何が起きても、すぐに対処できる。（　）
19．試合中、心が乱されても、すぐに落ち着いて、注意集中状態に戻る。（　）
20．重要な一つのことだけに自分の考えや注意を向けてしまいがちだ。（　）

●評価方法

スポーツ選手のための注意様式質問紙は、パフォーマンスをうまく行うために必要な五つの注意様式について評価することを目的としています。注意の様式ごとに得点を集計してみましょう。番号に※印がついている項目は4→0点、3→1点、1→3点、0→4点というように点数を逆転させて計算します。各注意様式の得点範囲は0〜16点です。

①自動操縦（質問1、6、11*、16の合計）　得点（　）

②注意をそらされない（質問2*、7、12、17の合計）　得点（　　）
③全体をとらえる（質問3、8*、13、18の合計）　得点（　　）
④注意を向け直す（質問4、9、14、19の合計）　得点（　　）
⑤注意の切り替え（質問5、10*、15、20の合計）　得点（　　）

●各注意様式のあなたの得点は？

①13～16点　優れた注意集中力です！
②9～12点　望ましい注意集中力ですが、微調整が必要な点があるかもしれません。
③5～8点　標準的な注意集中力です。練習を積むことでさらに高めることができます。
④0～4点　少し課題があるようです。

※訳者注　チョーキング

チョーキング（choking）は「スポーツの試合で、精神的弱さから〝ここぞ〟という場面でミスをする、重圧に負けてうまくいかない（ジーニアス英和大辞典）」ことを意味する語であるため、ここでは「あがり」と訳した。

（訳　大場ゆかり）

# 第13章 最適な精神状態（ゾーン）―「活力・元気」を高める―

選手として「活力・元気（エネルギー）」の養成スキルを高めることは非常に重要である。胃を締めつけるような不安、大会のプレッシャー、制御できない怒り、最高の経験の興奮、優勝することの喜び。これらはすべてスポーツ選手が経験する「活力・元気」の例である。効果的に養成された競技のための「活力・元気」は高いパフォーマンスの発揮を促す。しかし養成されていない競技のための「活力・元気」は選手の能力発揮を妨げるだけでなく、そのスポーツへの参加・継続にも悪影響を及ぼす。

本章には目的が二つある。一つは、「フロー」状態（課題に対する完全な没頭を伴う最適な精神状態、第1章参照）に入ることができる精神的準備の方法や、最良のパフォーマンスを発揮することができるように最適な「活力・元気」状態に導く方法を理解することである。メンタルトレーニングを行うことで、いつも「フロー」が生じるわけではないが、「フロー」が生じやすい状態に自分自身を誘導する方法を学ぶことはできる。

もう一つの目的は、最適な精神状態から外れている時に、競技のための「活力・元気」をうまく養うことである。スポーツ選手が神経質になり、心配になり、息苦しく感じることは、当然のことである。ジャスティン・ハイッシュ（1996年アトランタ・オリンピック・アーチェリー金メダリスト）は、「イライラ感は良くないと思われがちであるが，これは単に試合に対する準備ができた状態を示すものであり，このような試合前のイライラ感を愛すると良い」と述べている。

## 1．資源としての「活力・元気」

選手の「活力・元気」は生まれつきの資源である。選手はパフォーマンスを高めるために，自分の「活力・元気」を養成・保存・解釈・放出する方法を学ばなければならない。スポーツ選手の生理的「活力・元気」の養成を思い浮かべてみよう。選手は，正確な有酸素トレーニング，無酸素トレーニング，ウェイトトレーニングを行う。さらに，試合に向けて循環器系・筋肉系の「活力・元気」を最適化するために身体面のトレーニングを調整し，筋肉内の燃料が最大となるように正確なタイミングで特殊な食事を摂取する。このようなすべての行動は，最大のパフォーマンスを引き出すために，選手の生理的「活力・元気」を構築・養成・保存・放出するように計画されている。

しかし，精神的な「活力・元気」はどうだろうか。ある選手はサイキングアップのためのルーティンや集中するための計画を行っているが，大多数の選手は試合に向けて精神的「活力・元気」を最適化することに手をつけていない。運良く，心と身体の状態が試合に求められているものと一致すると，自動的に良い「ウォーミングアップ」になっている。ところが，この「ウォーミングアップ」が合っていないと，「活力・元気」が最適化されていないので，十分に力が発揮できない。

選手は，生理的な「活力・元気」と同様に，精神的な「活力・元気」についても意識して計画的に管理すべきである。コーチであれば、身体面のトレーニングに関して大雑把なやり方はしないだろう。では、メンタルトレーニングについても同じように指導してみてはどうだろうか。

スポーツ心理学の分野では「活力・元気」に関する用語がたくさんある。例えば、覚醒、不安、ストレス、アクチベーション（活性化）、気分、情動などである。これらは微妙に異なるが、基本的にはすべて人間の「活力・元気」に関係するものである。「活力・元気」とは、身体的および精神的な準備状態、あるいは、活発な行為をする能力のことである。したがって競技のための「活力・元気」とは、競技のための身体的および精神的準備状態のことを指す。学術用語である「覚醒」は、この章で定義される「活力・元気」と同義語である。アクチベーションも選手の「活力・元気」状態を表す用語であり、本書の目的からすると、覚醒や「活力・元気」と同義語である。

## 2. 多様な感情状態

### ◉「活力・元気」の強度と快的性から生じる感情状態

選手が経験する「活力・元気」の分類を図13・1に示した。感情状態には、強度の強弱と快的性の程度がある。強い強度の快感情には、活気、熱狂、競争的が含まれる。強い強度の不快感情には、緊張、不安、恐怖が含まれる。弱い強度の快感情には、落ちつき、リラックスがあり、弱い強度の不快感情には、悲しみ、虚脱感、疲労などが含まれる。精神的に熟練した選手は、たとえ不快感情でさえ、ある感情状態が自分のパフォーマンスを引き上げてくれることを知っている。

図13・1の感情の分類はスポーツ心理学の分野で研究されたものである。情動と同様に、選手の気分は、パフォーマンス、オーバートレーニング、ケガの発生と関連することがこれまでに研究されてきた。特にスポーツ心理学の分野では強い強度の不快感情（緊張、不安、失敗恐怖など）の研究に焦点が当てられてきた。しかしながら、私はストレスや不安といった「活力・元気」の一側面だけに焦点を当てるのではなく、あらゆる「活力・元気」や多様な感情状態の管理について選手と話し合うことが有効であると考えている。

不安は欲求や恐怖から生じる典型的な強い強度の不快感情である。一般的には他人からの身体的攻撃、危険を伴う行動といった身体が傷つく恐れのある時に不安を感じる。しかし、スポーツ心理学で扱う不安は、観衆やメディアの前で競技する時の評価に対する脅威に基づいている。このような脅威は選手自身の自己意識や自尊感情と関係し、対象が重要なことや自分で決めた目標が脅かされる場合に生じる。

## ◉精神的および身体的な感情状態

「活力・元気」は選手の精神にも身体にも影響を与える。怒りが精神（思考）や身体（身体感覚）にどのように働くのかについて考えてみよ

▲図13.1：強度と快的性に基づく「活力・元気」の分類

う。選手が怒り始めると、「フェアーじゃない（不公平）」「自分だけ」と考え、ついには「こいつをやっつけてやる」となる。また、怒りは末端部での血流増加、筋の緊張、息苦しさ、顔や全身のほてりといった身体的反応を引き起こす。強度と快的性に基づく精神および身体の感情の分類を図13・2に示した。

不安を精神面と身体面に分ける考え方は、スポーツ心理学の中では主流である。多面性不安理論では認知的不安と身体的不安を区別している。認知的不安を感じる時には、選手はうまくできるのか、失敗するのかということを心配している。身体的不安を感じる時には、選手は身体の緊張や震え、心拍数、呼吸数、発汗の増加を感じ、胃の不調を覚える。この不安をうまく処理するためには、どのように不快感情状態を感じているのかについて正確に理解する必要がある。

## 3.「活力・元気」はプラスにも、マイナスにもなる

### ◉感情の機能

すべての感情には、人間としての意味がある。少なくとも人類の進化の中では役立ってきた。人は不安や恐怖を感じた時、身構える。怒

| | 精神 | 身体 | 精神 | 身体 |
|---|---|---|---|---|
| 強い強度 | 心配<br>不安<br>怒り<br>神経質 | 緊張<br>ふるえ<br>力み | 集中<br>自信<br>興奮<br>落ち着き | 爆発的<br>エネルギッシュ<br>活気 |
| 弱い強度 | 退屈<br>無気力<br>混乱<br>悲しみ | 疲労<br>枯渇<br>疲弊 | リラックス<br>眠気<br>平静 | ゆるみ<br>しなやかさ<br>リラックス |
| | 不快 | | 快 | |

▲図13.2：強度と快的性に基づく精神的および身体的「活力・元気」の分類

りを感じた時、戦いの準備をする。選手は、すべての感情には目的や機能があることを理解すべきである。心配は選手の事前練習を促す。そしてそれは問題点を探し出し、解決方法をみつけることを助ける。このように不安は競技に対する選手の準備に良い影響を与えている。同様に疲労は自分の身体の状態を理解し、休息の必要性を教えてくれる。大事なことは、自分の感情状態の特徴を理解し、試合に向けてどのような状態にしたいのかを把握することである。

## ◉選手にとってストレスが重要な理由

ストレスはマイナスの「活力・元気」と思われがちであるが、実際には選手に成長を促す重要な役割を果たしている。ストレスとは選手が抱えている欲求と定義されている。選手にはウェイトトレーニングや反復練習で常にストレスがかかっている。このようなストレスに対して身体は適応し、技術は向上する。しかしながら過度のストレスは選手の身体を壊してしまう。計画的にストレスを引き上げることで、コーチは選手が試合中に生じるストレスに耐えられるように選手のストレス耐性を高めることができる。

これと同じ考え方が精神面にも当てはまる。プレッシャーや心理的欲求をうまく処理するために、選手は自分の心理的スキルを高めなければならない。選手がストレスに対応できるスキルを持っているのであれば、ストレスはマイナスにはならない。つまり、ストレスは成長・発展への刺激であり、適量であれば人生にもプラスに働く。

プロスポーツ選手のメンタルトレーニング相談の専門家であるジム・レーアーは、効果的な「活力・元気」の養成とは、「活力・元気」の消費（ストレス）と「活力・元気」の再生（回復）の繰り返しであると強調する。レーアーによれば、ストレス自体は問題ではなく、むしろ究極の「活力・元気」にはストレスが必要であると述べている。

したがって「活力・元気」の養成とは、ストレスを取り除くことではない。効果的な「活力・元気」の養成には、選手の身体と心が適応できるように、適度の休息と回復を織り交ぜながら適切なストレスを与えることである。「活力・元気」の養成のトレーニングには、メンタルトレーニング（例えば、イメージ、リラクセーション、三つの良い思考、集中のための計画）と同時に身体的練習も含めるべきである。つまり選手には、①徐々に増大するストレス、②回復期間、③メンタルトレーニングの三つが必要なのである。

## 4.「フロー」―最適な「活力・元気」状態―

### ◉挑戦と技術のバランスとしての「フロー」

状況に求められる技術（課題の難易度）と自分の技術のバランスが合致した時、「フロー」は生じる（図13・3）。私たちは自分の技術が試されるような場面で爽快感を感じる。このような挑戦は集中力を高め、最適な精神状態に導くプラスの感情状態をもたらしてくれる。

### ◉「フロー」が最高のパフォーマンスを導く理由

「フロー」は、最高のパフォーマンスを導くための最適な「活力・元気」体験である。選手が「フロー」状態にある時、選手は集中しながらも守られた感覚（コクーン）があり、心地良い「活力・元気」に満ちている。スポーツ選手へのインタビューによって「フロー」状態の特徴が定義されている。「フロー」の一番目の特徴は「行為と意識の融合」で、課題に完全に没入していることである。つまり、選手は自分の行っていることは認識しているが、その認識については意識していないので、自動操縦しているようにみえる。この没頭状態では心配や疑心暗鬼といった意識の入る余地がなくなり注意が適切に注がれているので、二番目の特徴である「高度な集中」とも関係が深い。三番目の特徴は「コントロール感」である。これはパフォーマンスだけでなく、チームメートや相手選手の動きの予測もコントロールしているというような感覚のことである。四番目の特徴は「自己意識の喪失」である。そこでは課題に完全に没頭しているので心配や疑心暗鬼、パフォーマンスの分析に注ぐ注意がまったくなく、自分の意識をコントロールすることもない。五番目の特徴は「明確な目標と役に立つ情報」である。スポーツ選手はどこに意識を向け、何をすべきかを知っており、運動中の修正情報をその直後の運動に取り入れることも行っている。六番目の特徴は「時間変換」で、これは時間経過の感覚のズレである。七番目の特徴は「自己目的的」である。これは内発的に活動し

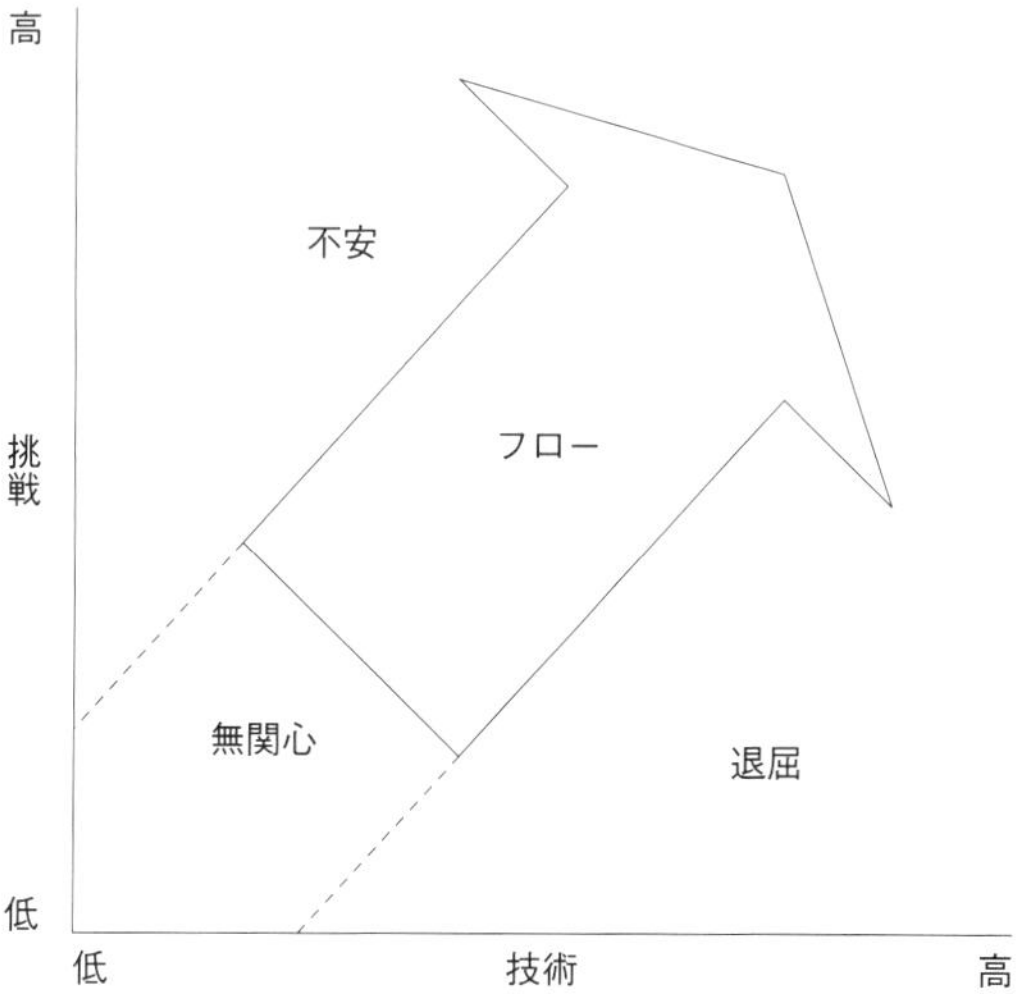

▲図13.3：挑戦と技術のバランスとしてのフロー

ている状態のことである。「フロー」は一般的に際立ったパフォーマンスを伴うが、皮肉なことに「フロー」状態の時には、選手は結果についてまったく考えていない。実際、「フロー」の最大の特徴は楽しむことへの集中であり、勝つことは後回しにされている。これは重要なことで、勝利のための最も良い方法は、勝利について考えないことである。その点、個人目標の組織的な計画や今行うべきこと、課題の手がかりに意識を向けることなどのメンタルトレーニングを行うことで、結果を意識することを避けることができる。

## ◉「フロー」は意図的に作り出せるのか

「フロー」をコントロールできると思っている選手もいるが、私はそう思わない。自分の「活力・元気」や感情状態を完全にコントロールできるということはない。しかし、嗜好や感覚、行動を「フロー」が生じやすい状態に持っていくという考え方には賛同できる。では、選手たちはどのようにすれば良いのだろうか。質の高い身体面のトレーニングや試合に向けての準備はその第一歩である。質の高いメンタルトレーニングを行うことで自分に合った集中の方法が理解できる。さらに、試合前やパフォーマンス前のルーティンは、「フロー」が生じる集中状態や感情状態に導いてくれる。また、最適な環境やチームの相互作用といった条件も「フロー」を生じさせることに関係する。

コーチとしては、技術と挑戦のバランスが良い時に「フロー」が生じることを理解しておくべきである。コーチはトレーニング時にも挑戦的な状況を作り、選手自身でその状況に立ち向かう機会を設けるべきである。修正点や評価を提供することもコーチの役割であるが、常にそれらを選手に与えることは「フロー」

出現の妨げとなる。難しいことだが、コーチングや指示をしないトレーニング時間も設定すべきである。パフォーマンスを分析したり、行動のことを考えたりすることは「フロー」の発生を妨害する。野球では、ノーヒットのピッチングをしている投手にそのことを伝えないことが多い。そのようなことを意識させることは「フロー」にとってよくない。第12章で述べたように集中力を乱した後、集中力を取り戻す手がかりも習得すべきである。

## 5.「活力・元気」のパフォーマンスへの影響

### ◉「活力・元気」の強度（覚醒）とパフォーマンス

#### (1) 覚醒水準が上がるに伴い優勢な反応が多くなる（図13・4）

優勢な反応とはその選手にとって最も馴染んだ行動のことである。熟練選手の場合、十分に習熟しているので優勢な反応は正しいパフォーマンスとなる。未熟な選手の場合、優勢な反応は正しくないパフォーマンスとなる。観衆の前でこれらの選手がどのような反応を示すのか考えてみよう。観衆の存在は覚醒水準を上げるので優勢反応の出現率が高まる。熟練者にとって競技のための「活力・元気」（覚醒水準）が上がることは優勢反応の出現を促し、良いパフォーマンスとなる。一方、未熟な選手にとっての優勢反応はミスをすることなので、競技のための「活力・元気」の上昇はパフォーマンスの低下を招く。

このような覚醒と優勢反応の出現の関係は動因理論に由来している。この理論では、覚醒水準が高くなればなるほどパフォーマンスは向上することになる。熟練選手が覚醒の上昇と共に「活力・元気」や集中力が増し、心身の準備が整うことについては基本的に賛同できる。しかし、図13・4のグラフの端（右上）になるとこの理論に疑問が生じる。高すぎる「活力・元気」がパフォーマンスを害することは容易に想像できる。特に細かなコントロール（アーチェリー）や正確性（フリースロー、ゴールキック）、複雑な状況判断（サッカーのキーパー、アメリカンフットボールのクォーターバック）がそうである。スピード（短距離走）や強さ（ウェイトリフティング、アメリカンフットボールのラインマン）が必要とされるスポーツでは高い覚醒は必要だが、これらのスポーツでさえも高すぎる覚醒は的確な状況判断の妨げとなる。

この動因理論は時代遅れかもしれないが、覚醒とパフォーマンスの関係についてはこの理論から役立つ情報が得られる。覚醒水準が高いと優勢反応が増加することを思い出してみよう。新しい技術を学ぶような場面ではプレッシャーのない環境が良い（観客がいない、試合ではない、失敗しても責められない）。学習が進むにつれて、覚醒水準を少しずつ上げると良い。十分に学習した技術では、コーチはトレーニング時において覚醒を上げるさまざまな状況を作るべきである（競争的練習、観衆、褒美のある練習試

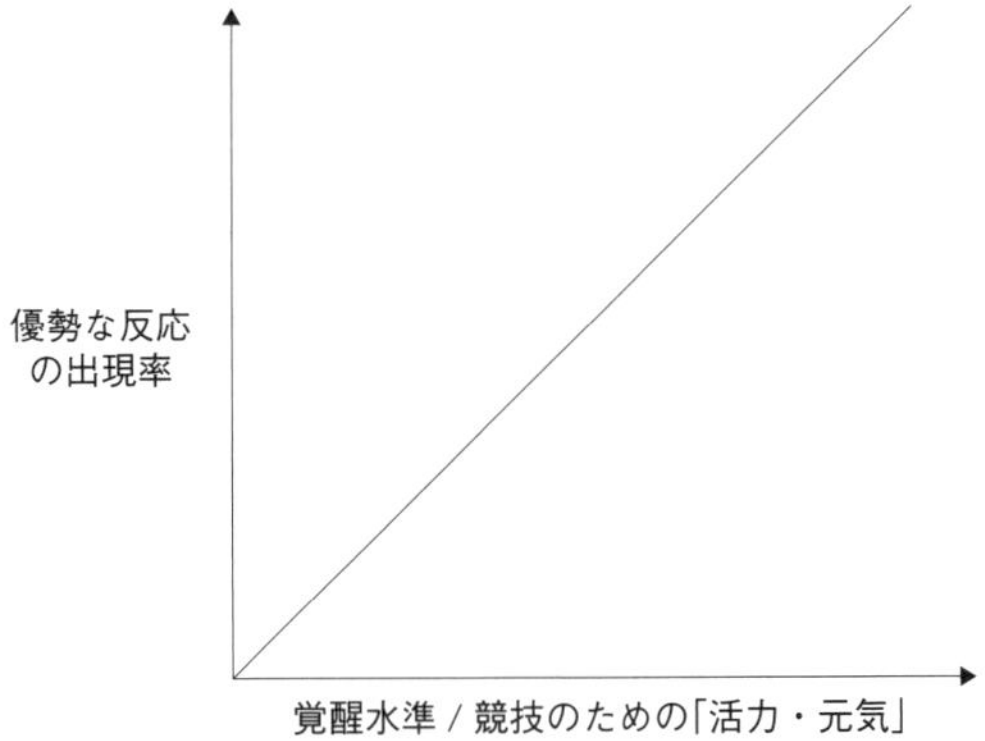


▲図13.4：覚醒水準と優勢な反応の出現率の関係

合)。

動因理論から学ぶべきもう一つのポイントは、プレッシャーや覚醒水準が高い時、選手は馴染んだ（優勢な）行動をする傾向があるということである。コーチは選手のこのような傾向を理解すべきである。第12章で述べたように、パニックは最も高い覚醒水準を招き、その結果、保身的・本能的行動を導く。しかし、本能的行動がいつも良いというわけではないので、選手は競技のための「活力・元気」の強度を養成する方法や集中力を高める方法（第12章参照）を学ばなければならない。

### (2) 一般的に中程度の覚醒水準の時にパフォーマンスが良い

動因理論の欠点を修正したものを図13・5に示した。覚醒水準とパフォーマンスの関係は逆U字の形を示している。これは、ある地点までは覚醒水準が上がるのに従いパフォーマンスも上昇する。しかし、覚醒水準がある地点を越えるとパフォーマンスは低下する。この逆U字モデルでは最適な「活力・元気」（覚醒水準）の時に最良のパフォーマンスとなる。研究結果はこの逆U字モデルを支持するが、実際には図13・5のように曲線は滑らかではなく、連続していない。

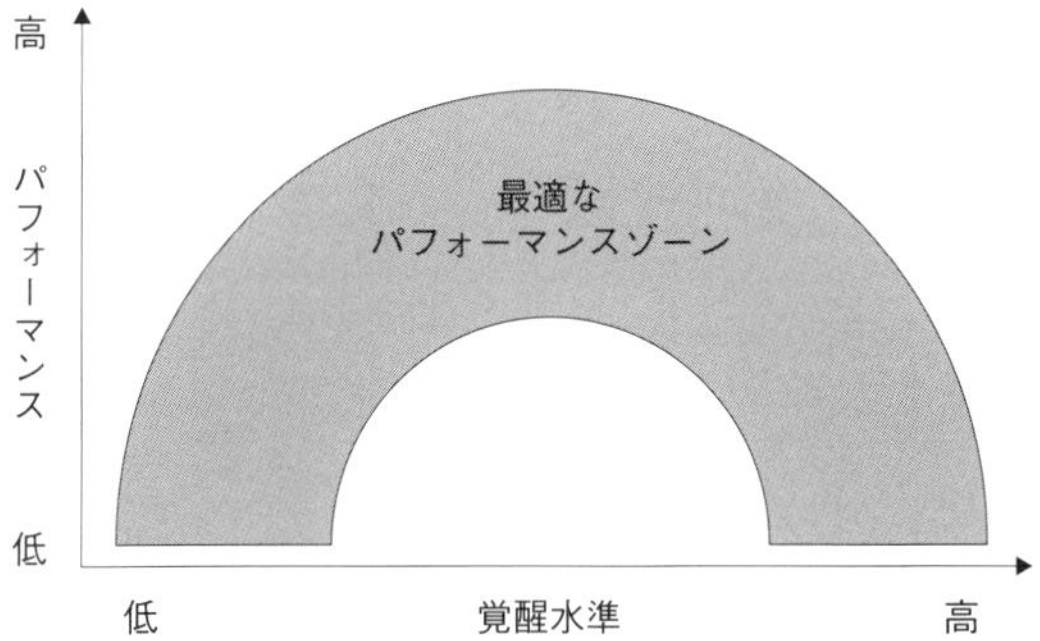


▲図13.5：覚醒水準／「活力・元気」とパフォーマンスの逆U字モデル

### (3) スポーツ種目や状況に応じて最適な覚醒水準は異なる

アーチェリー選手と比較すると、アメリカンフットボールのラインバッカーは、はるかに高い覚醒水準で良いパフォーマンスを発揮する（図13・6）。また、同じスポーツの中でさえも最適な覚醒水準は異なる。バスケットボールのコート上では高い覚醒状態で激しく走り回るが、フリースローでは覚醒水準を下げなければならない。多くの選手は集中力を高

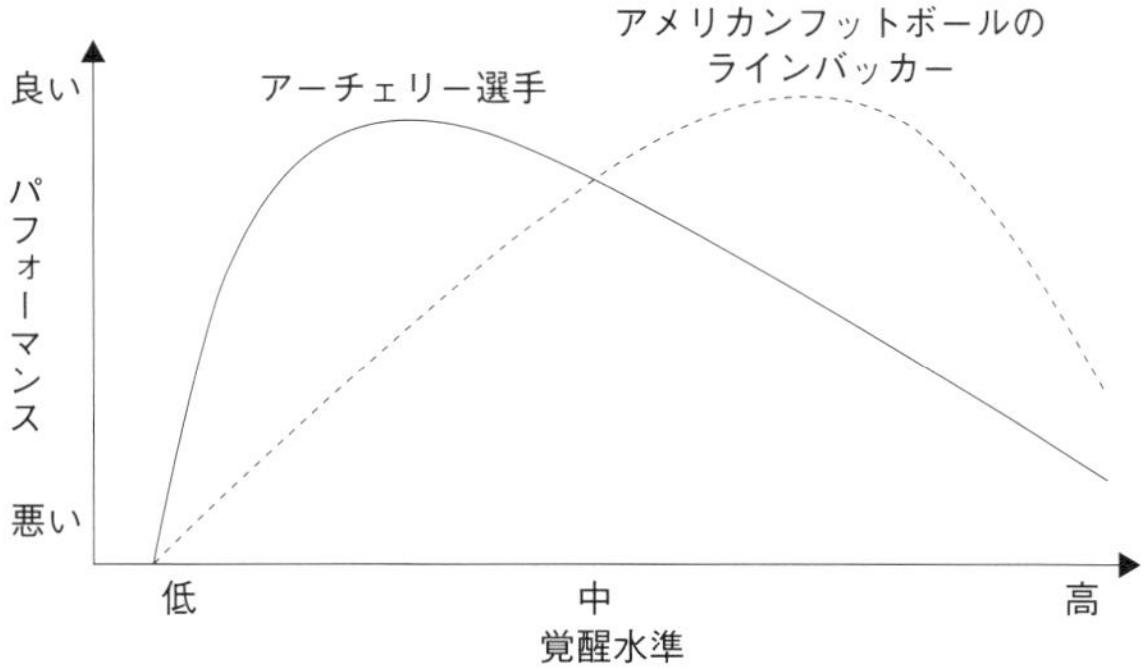

▲図13.6：スポーツ種目の違いによる最適な覚醒水準

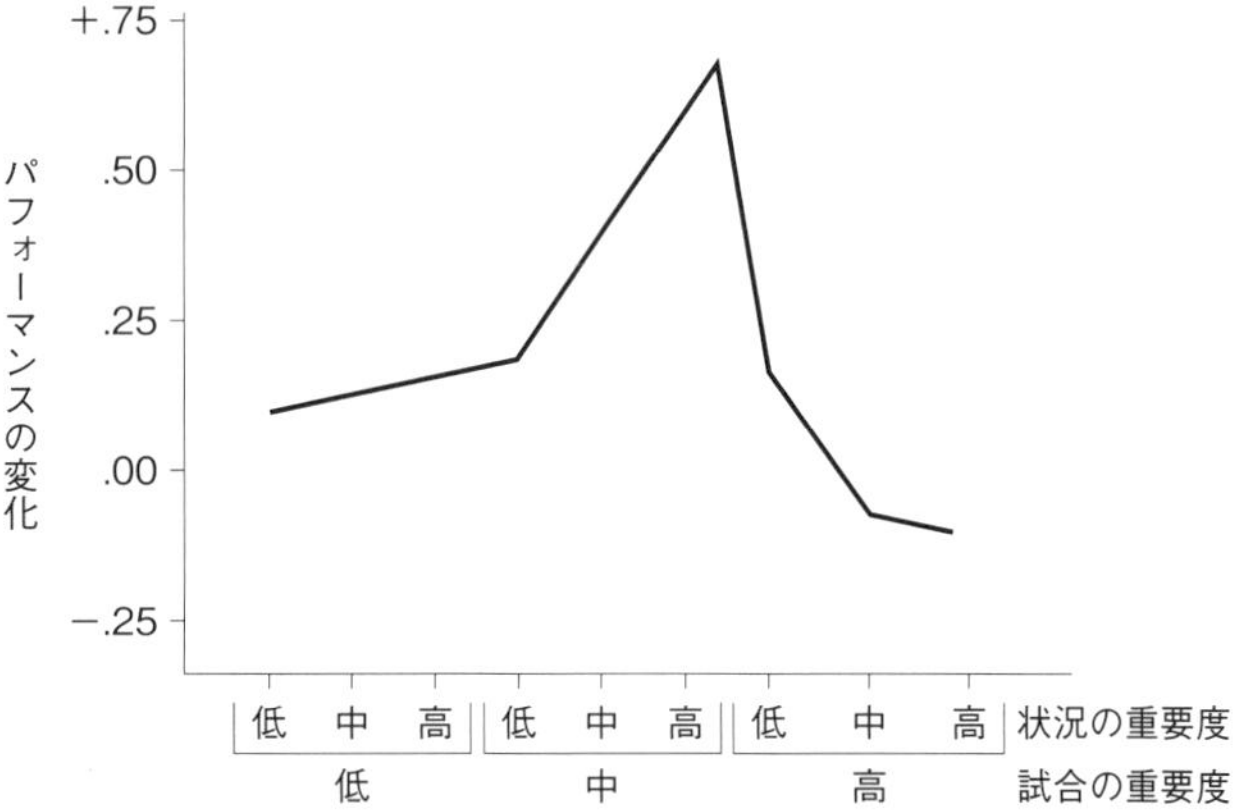

▲図13.7：試合の重要度状況の重要度別のリトルリーグ選手のバッティングパフォーマンス

めるために深呼吸をし、ルーティンを行う。選手は状況に応じた適切な「サイキングアップ」と「リラクセーション」の方法を学ぶ必要がある。

### (4) 最適な覚醒水準には個人差がある

同じスポーツの同じポジションでさえ、最適な覚醒水準は個人によって異なる。高い覚醒水準を好む選手もいれば、低い覚醒水準を好む選手もいる。図13・7は11〜12歳のリトルリーグ選手を対象に行われたバッティング（バットにきちんとボールが当たったのか）と試合の重要性（リーグ後半の首位攻防戦では試合の重要性が高い）、状況の重要性（最終回の同点で走者がいる状況では状況の重要性が高い）の関係を調べた研究結果である。結果は逆U字仮説を支持するものであった。グループ全体では最適な覚醒水準は中程度であったが、一人ひとりをみてみると、最適な覚醒状態は変化に富んでいることがわかった。

このような最適な覚醒水準の個人差には、パフォーマンス特性、対処スタイル、技術水準が関係する。図13・8は、パラシュートの技術水準によって覚醒水準（心拍数）に差異があることを示した有名な研究結果である。二人の最適な状態には違いがあること

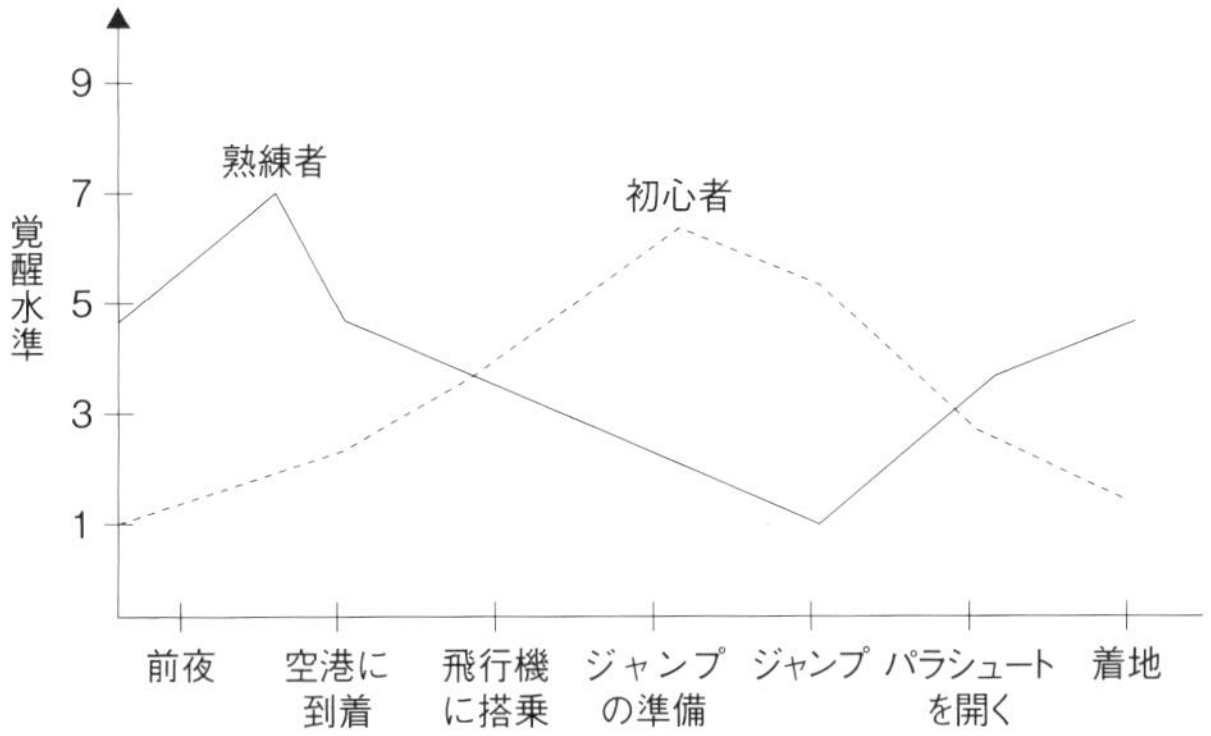


▲図13.8：パラシュートの初心者と熟練者の覚醒水準

がわかる。したがって、自分の最適な状態を見つけ出す訓練が必要である。

### (5)覚醒水準が上がると注意の範囲が狭くなる

覚醒がパフォーマンスに影響する理由としては、注意の範囲が狭くなることがあげられる。第12章で「手がかりになる有益なモデル」について説明した（第12章図12・1参照）。このモデルでは、選手の注意の集中を向上させる最適な覚醒状態が存在することを示している。覚醒水準が低すぎる場合、選手の注意の範囲は広くなり、必要な情報だけでなく関係のない情報にまで注意を払ってしまう。一方、覚醒水準が高すぎる場合、注意の幅が狭くなりすぎて重要な手がかりも逃してしまう。

私もかつてバスケットボールの指導で失敗をした経験がある。残り時間もわずかなプレッシャーのかかる状況で、私はあまりにも多くの細かな指示を出しすぎた。厳しいプレッシャー下でそのような指示をしてもうまくいくはずがなかった。この経験から、それ以降、厳しいプレッシャーの下では単純でわかりやすい指示を与えるようにしている。覚醒水準が高い時には、「単純」「明快」が大事である。

## ◉パフォーマンスに影響する快─不快感情状態

### (1)パフォーマンスを高める一般的な感情状態

ロシアのスポーツ心理学者で、現在、フィンランドのオリンピック選手に対する心理的サポート活動をしているユリ・ハニンは、快─不快感情がスポーツパフォーマンスと関連するという研究を行ってきた。

彼はパフォーマンスに関係する快─不快の感情状態を表す言葉に、個人によって大きいな違いがあることを見出した。表13・1はさまざまなスポーツ選手から得られたパフォーマンスに対してプラスに、また、マイナスに機能する快感情の上位八つの言葉である。一般的にプラスに働く快感情を表13・1の左側に、マイナスに働く快感情を右側に示した。さらに、それぞれの言葉に対して、有益（＋）、あるいは、有害（－）であると思っている選手の割合を示している。

パフォーマンスにプラスな快感情は、高い「活力・元気」（エネルギッシュ、みなぎった、やる気のある）、自信（確信のある、自信のある）、強い意志（目的のある、意欲的、決意の固い）を表しているように思われる。パフォーマンスにマイナスな快感情は、低い「活力・元気」（のんきな、静穏な、リラックスした）、真剣さの欠如（うきうきした、揚々とした、大喜びな）、過信（恐れのない、満足した）を表しているように思われる。多くの言葉は有益にも有害にも捉えられているが、個人によってその捉え方は大きく異なっている。例えば、「確信のある」という言葉に対して、30％の選手はパフォーマンスに有益であると評価しているが、14％の選手は有害であると思っている。同様に、「リラックス」という言葉に対しても、17％の選手は有害であると思っており、有益と思っているのは10％である。

パフォーマンスにプラスに影響する不快感情状態（表13・2の左側）は、高い「活力・元気」（緊張した、激しい、興奮した、神経質

▼表13.1：パフォーマンスに影響（プラス・マイナス）する快感情の上位8項目

| 一般的にパフォーマンスにプラスに働く感情 | | | 一般的にパフォーマンスにマイナスに働く感情 | | |
|---|---|---|---|---|---|
| 快感情 | ＋（有益）と評価する割合（%） | －（有害）と評価する割合（%） | 快感情 | －（有害）と評価する割合（%） | ＋（有益）と評価する割合（%） |
| エネルギッシュ | 40 | 6 | のんきな | 30 | 7 |
| みなぎった | 40 | 4 | うきうきした | 23 | 19 |
| やる気のある | 38 | 0 | 静穏な | 18 | 3 |
| 確信のある | 30 | 14 | リラックスした | 17 | 10 |
| 自信のある | 29 | 2 | 揚々とした | 17 | 1 |
| 目的のある | 29 | 0 | 大喜びな | 15 | 1 |
| 意欲的 | 23 | 2 | 恐れのない | 15 | 9 |
| 決意の固い | 22 | 0 | 満足した | 15 | 4 |

な、イライラした、立腹した）を表しているようであり、困難な目標を乗り越えようとしている（不満足な、攻撃的な、挑発的な、怒った）ように思われる。パフォーマンスにマイナスに影響する不快感情状態（表13・2の右側）は、「活力・元気」の欠如（疲れた、鈍い、疲労困憊の）、やる気のなさ（気の進まない、怠慢な）、自信の欠如や不安（不安な、悩ましい、心配な）、試合に対する不適切な状態（落胆した、悲しい）を表している。快感情のリストと同様に、ほとんどの不快感情も、有益にも有害にも働き、その機能は個人の見方によって異なる。

## (2) 感情状態を最適化するための個別解決法

最適な感情状態は個人によって異なるので、選手は、まず、どのタイプの「活力・元気」が有益に機能するのかを理解し、そして、その状態を作るようにしなければならない。また、最適な「活力・元気」状態はパフォーマンスの重要な予測因子となることも報告されている。

以下の手順によって、選手は自分にとって最適な「活力・元気」状態を作り出すことができる。

▼表13.2：パフォーマンスに影響（プラス・マイナス）する不快感情の上位10項目

| 一般的にパフォーマンスにプラスに働く感情 | | | 一般的にパフォーマンスにマイナスに働く感情 | | |
|---|---|---|---|---|---|
| 快感情 | ＋（有益）と評価する割合（%） | －（有害）と評価する割合（%） | 快感情 | －（有害）と評価する割合（%） | ＋（有益）と評価する割合（%） |
| 緊張した | 49 | 10 | 疲れた | 44 | 3 |
| 不満足な | 49 | 6 | 気の進まない | 40 | 1 |
| 攻撃的な | 35 | 0 | 不安な | 37 | 5 |
| 激しい | 25 | 0 | 鈍い | 29 | 1 |
| 興奮した | 22 | 3 | 落胆した | 27 | 0 |
| 神経質な | 20 | 10 | 怠慢な | 23 | 1 |
| イライラした | 20 | 4 | 悩ましい | 20 | 6 |
| 挑発的な | 13 | 4 | 悲しい | 17 | 0 |
| 怒った | 12 | 4 | 心配な | 16 | 4 |
| 立腹した | 11 | 2 | 疲労困憊の | 15 | 0 |

①パフォーマンスに有益な快感情を評価する（P＋）：pleasant＋
②パフォーマンスに有害な快感情を評価する（P－）：pleasant－
③パフォーマンスに有害な不快感情を評価する（U－）：unpleasant－
④パフォーマンスに有益な不快感情を評価する（U＋）：unpleasant＋
⑤各感情について望ましい強度を0～10の範囲で評価する

その結果、選手はどのような感情をどの程度の強さで感じると良いのかを理解し、試合に向けて最適な感情状態を作ることができる。

さまざまな感情の組み合わせがパフォーマンスに影響するので、最も良く機能する最適な感情状態の秘訣をみつける調査が必要である。プラスの感情にだけ、あるいは、マイナスな感情にだけ焦点を当てると、多様な感情の交互作用を見逃すことになる。多くのスポーツ選手が「リラックスしているけど緊張している」「心配だが自信がある」「腹が立っているが集中している」といった報告をしているように、スポーツの世界ではこのような「複合的情動」という考え方が有効である。

図13・9はあるアイスホッケー選手の最適な「活力・元気」状態の例である。この選手にとっての最適な「活力・元気」状態は、強い強度の有益な快感情（P＋）と有益な不快感情（U＋）、そして、弱い強度の有害な不快感情（U－）と有害な快感情（P－）である。

研究では、規定の最適な状態の中に感情状態が留まるとパフォーマンスが良いことがわかっている。図13・9を「新しい逆U字モデル」とみなしてみよう。中央にある有益な感情の強度は高く、両端の有害な感情の強度は低くなっている。このような輪郭を描くと良いパフォーマンスが期待されるが、平坦な輪郭の場合、平均的なパフォーマンスとなり、U字型になると悪いパフォーマンスになることが予想される。

### ◉不安とパフォーマンス

#### (1)不安の最適な状態

最適な不安状態にある選手のパフォーマンスは良くなる。認知的・身体的不安の最適水準には個人差がある。また、不安の対処法を学んだテニス選手のパフォーマンスは向上したという報告もある。

#### (2)不安の種類

パフォーマンスは、認知的不安と身体的不安の影響を別々に受ける。例えば、認知的不安が高いソフトボール選手は、認知的不安の低い選手よりも、試合中に心理的エラーの多いことがわかった。このことは、メンタルトレーニングは特定の不安に焦点を当てるべきであることを意味している。また、認知的不安を抱えるサッカーのセミプロ選手を対象として、認知面に焦点を当てた自己会話の介入実験が行われた。認知

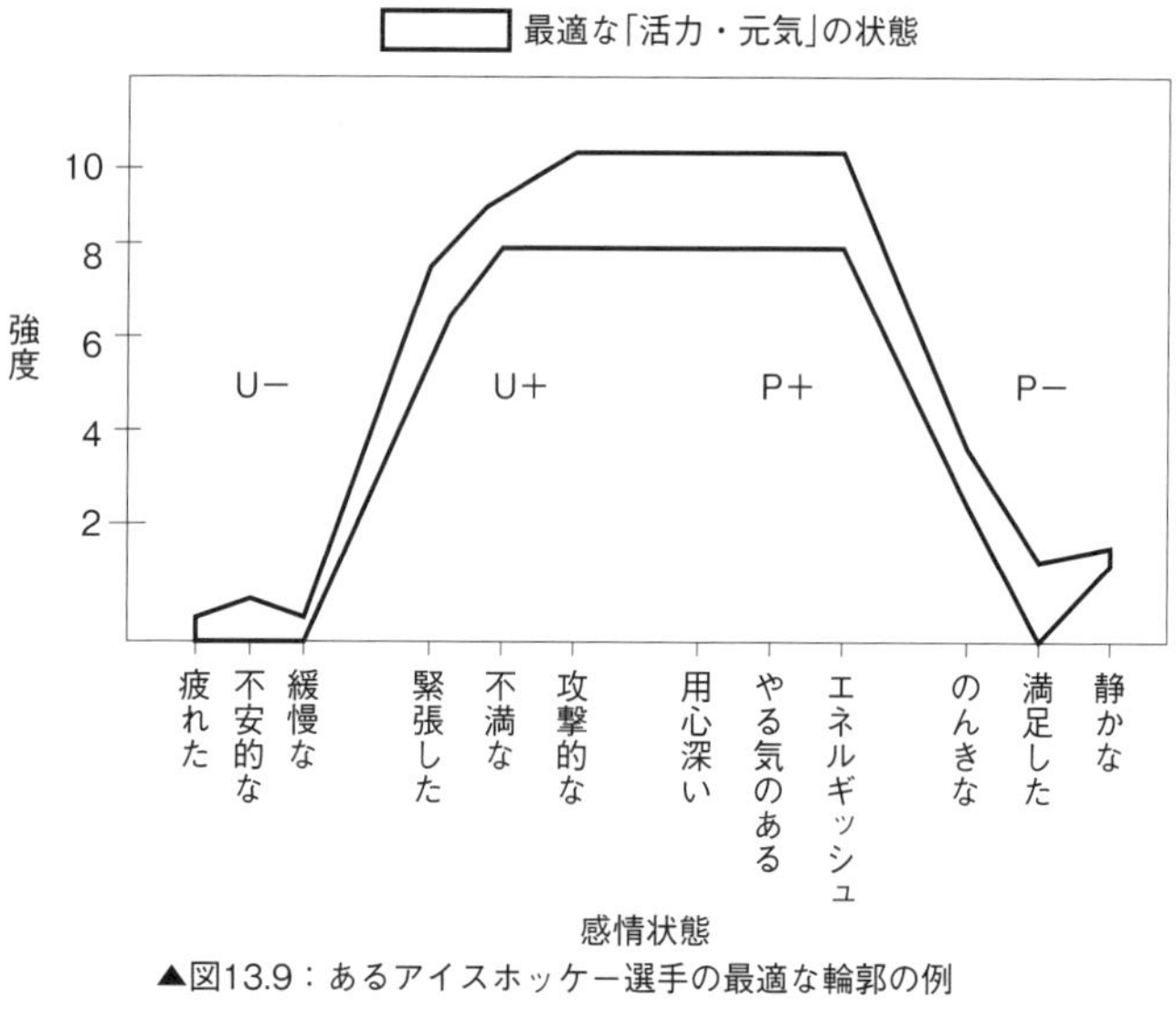

▲図13.9：あるアイスホッケー選手の最適な輪郭の例

その結果、このメンタルトレーニングのプログラムは認知的不安を低減させ、状況判断を向上させることに成功した。

身体的不安は身体的緊張・興奮を生み出す。身体的不安の特徴的な症状を示す選手（肩に力の入るゴルファー、手が震えているバスケットボールのシューターやアーチェリー選手）は、深呼吸や筋弛緩法といった身体的リラックス技法を身につけるべきである。

パフォーマンスに最も影響すると考えられるのが、認知的不安と生理的覚醒の組み合わせである。この相互効果は「急激な崩壊（カタストロフィー）」理論と呼ばれる。「急激な崩壊」は、認知的不安が高い状態で、生理的覚醒も高い状態である時に生じる。そうなるとパフォーマンスは急激に低下し、「急激な崩壊」が発生する。

コーチはこの「急激な崩壊」理論から何を学ぶことができるだろうか。まずは、認知的不安自体は悪くないということである。中には、準備や集中のためのメカニズムとして認知的不安を歓迎する選手さえもいる。このような選手は、良い「活力・元気」状態を作り出すために、その他の「活力・元気」（例えば、自信や生理的覚醒）も使っているように思われる。重要なことは、認知的不安が高い時、選手は「急激な崩壊」現象を避けるために生理的覚醒をコントロールしなければならないということである。

コーチとしてもう一つ理解すべきことは、いったん過剰で壊滅的な不安を経験してパフォーマンスが低下すると、選手は再び集中することが難しいということである。これは一度最適な状態を過ぎると簡単には戻れないことを意味している。

### (3) 不安の解釈

不安は不快感情であるが、選手によってはパフォーマンスを高めるものとして捉えられている。一流選手、競技成績の良い選手、競争的な選手、自信のある選手は、そうでない選手たちと比べ、不安をパフォーマンスにとって有益なものとして捉えている。最近の研究によると、パフォーマンスを向上させているのは、不安そのものではないことがわかっている。むしろ、精神的に熟練した選手が、集中力や自信を高める手がかりとして不安を用いている。

このことはスポーツ選手にとってのメンタルトレーニングの重要性を示している。もし、自分は不安に対処する能力があると思い、実際にそのような経験があれば、不安は集中力を高め、最適な「活力・元気」状態に導くための有効な手がかりとなる。不安は心地の良いものではないが、パフォーマンスを高める役割があることを選手に説明すべきである。

### (4) 不安の影響

不安は競技に役に立つ「活力・元気」であるが、適切に対処されていない高い不安は心配を発生させ、注意力を低下させてしまう。不安を有害と捉えている選手は、競技場面における有害な手がかりの対処に多くの時間を費やしている。つまり、このような選手は、競技の面白い部分ではなく、競技の否定的な部分に注意を払っていることになる。

不安が原因でパフォーマンスが低下する選手に対しては、「活力・元気」の最適化のトレーニングが有効であろう。不安のことだけに対処すればよいのであれば簡単であるが、実際には多様な感情が絡み合ってパフォーマンスに影響している。したがって、あらゆる感情を対象とした個別の最適な「活力・元気」状態の把握をすすめる。もし、不安が重要な有害な不快感情（U－）であれば、不安を低減させるために「活力・元気」を養成する必要がある。これを実行するには、有益な快感情（P＋）や有益な不快感情（U＋）の感情状態を強調することである。選手は不安を当然のものとして捉え、競技のための「活力・元気」として重要なものと考えるべきである。そして、不安が役立つものとなるようにトレーニングするのである。

## 6.「活力・元気」を最適化する方法

### ◉競技不安に対する「三つの良い思考」と「三つの良い感情」

第10章を読み直してみよう。自分に起こったことに対する考え方は、感じ方に影響する。「活力・元気」を養うには三つの良い思考（意図的、生産的、可能性）が必要である。一方、三つの悪い思考（行き当たりばったり、反応的、制限的）は起こった出来事によって思考や感情がコントロールされる。そのため、三つの悪い思考では、「活力・元気」の養成ができず、生じたままの「活力・元気」を受け入れなければならない。

スポーツ選手は三つの良い思考でなければならないし、このような考え方が三つの良い感情を作り出す。つまり、選手は競技に対する考え方や感じ方を自分で選択し、そしてその考え方や感じ方がパフォーマンスを決定するのである。

#### ⑴プレッシャーが原因で三つの悪い思考になる理由

選手の思考や感情は、さまざまな要因の影響を受ける。観客数、試合の重要性、スカウトの存在、テレビカメラ、家族の存在、個人的目標や期待などである。魅力的で価値のある目標を達成したいと思った時に不安が生じる。期待に沿えそうにない時、十分に力が発揮できそうにない時、能力のなさが暴露されそうな時、個人目標が脅かされる時に、選手はプレッシャーを感じる。

フィギュアスケート選手のアメリカ国内優勝者の71%は、優勝する前よりも、優勝後のほうがよりストレスや不安を経験している。これらの選手が経験した「勝者」のプレッシャーは、ミスなく演技すること、優勝した年よりも良い演技をすること、日々優勝者として振舞うことなどへの期待である。さらに、試合に伴うストレッサーは三つの悪い思考を増大させ、選手は予測しないストレッサーに直面すると、躊躇したり、適切な対応ができなかったりする傾向がある。

プレッシャーのために三つの悪い思考や三つの悪い感情に追い込まれる選手をみることがある。選手はプレッシャーを有害であると思っているので、そのわな

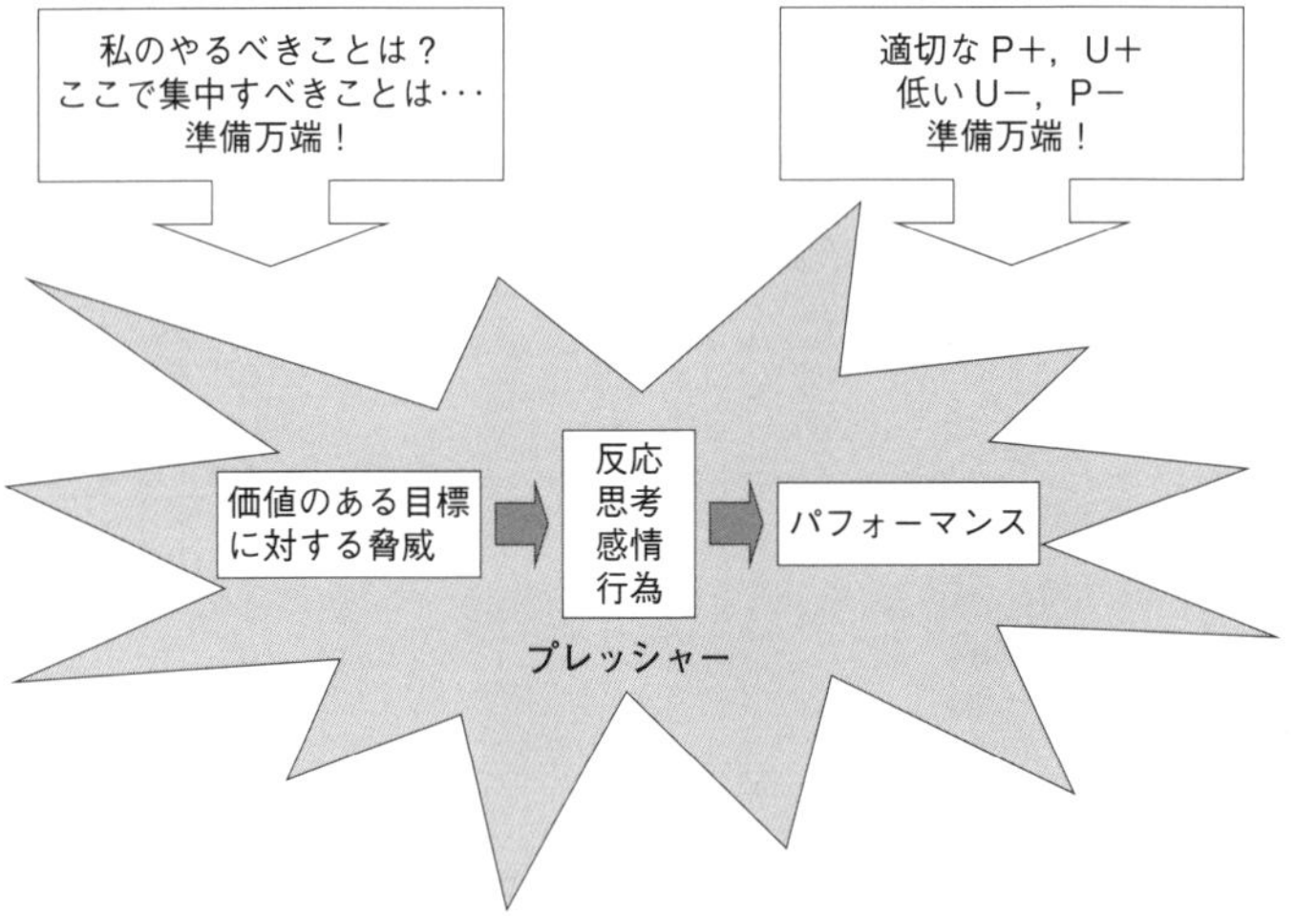


▲図13.10：プレッシャーに対する反応における３つの良い思考

にはまってしまう。しかし、有害なのはプレッシャーではなく、プレッシャーに対する反応の仕方が問題である。図13・10で示したように、選手のパフォーマンスは、選手の考え方や感じ方、選手の行為に左右される。ある選手はプレッシャーを歓迎する。その一方で、プレッシャーを嫌がる選手は、プレッシャーのことをパフォーマンスに有害であると思っている。

### (2)プレッシャーに対処するための三つの良い思考

プレッシャーは目標に対する脅威なので、最初にするべきことは、目標の組織的な計画のスキルを用いることである。選手が目標計画の五つの原則に集中し、その時にどの目標を用いるべきなのかを理解することがプレッシャー対処の第一段階となる。第8章をすでに学んでいるのであれば、試合中に集中すべきパフォーマンス目標と過程目標を使うべきである。アニカ・ソレンスタム（女子プロゴルファー）が集中力と「活力・元気」を最適化させている方法を紹介しよう。「私はショットのことだけに100％集中する。結果は気にしない。クラブフェースから離れたボールはコントロールできないので、あとは結果を受け入れるだけ」。

プレッシャーの対処方法として、選手は目標の組織的な計画を用いた集中の方法やパフォーマンス前のルーティンを身につけるべきである。図13・10で示したように、集中の方法として三つの良い思考を用いる意味は、行うべきことを考えることによってプレッシャーに対処するということである。同様に三つの良い感情はパフォーマンスを害する感情（有害な不快感情、有害な快感情）を減少させ、良い感情（有益な快感情、有益な不快感情）を最適化することで、プレッシャーに対処する。

プレッシャーへの対処において、「受け入れること」は非常に有効な方法であるが、この「受け入れること」の練習には二年間が必要だと、私は選手に言っている。第一段階としては、選手は試合前に、自分自身や結果、試合中に起こることを受け入れることができるようにしなければならない。これは難しいことで、人間的成熟や心の知能指数、客観性が必要である。しかし、この自己受容は心配に対する有効な対処方法である。これは、プレッシャーや心配を感じないという意味ではなく、プレッシャーや心配の悪い影響を理解するということである。コーチは選手の非合理的な考え方を打ち消すようにすべきである（第10章の論理的情動行動療法を参照）。

「受け入れること」の第二段階としては、試合に伴うプレッシャーを受け入れることである。なぜプレーをするのか考えてほしい。ある選手はプレッシャーを好むし、ある選手は嫌う。プレッシャーを嫌う選手には、単にプレッシャーを認めるようにお願いしている。自分が直面して感じたことの一部として受け入れるのである。プレッシャーが生じた感情状態に注意を向けることによって、選手は有益な「活力・元気」資源としてのプレッシャーの用い方を学ぶことができる。オリンピックの競泳の優勝者であるブライアン・グードルは、「恐怖心や心配ときちんと向き合った時にのみ、恐怖心や心配を捨て去ることができる」と述べている。そして、恐怖についても、時間をかけて合理的に考えると、恐怖は正当ではないことがわかると言っている。

コロラドスプリングスにあるオリンピックトレーニングセンターのスポーツ心理学者であるシーン・マッカンは、選手に適切な質問をすることは、選手に大事な思考や感情を植えつけることに役立つことを示唆している。最も良い質問の方法は選手が避けたいことではなく、選手がやりたいことを聞くことである。以下は、大事な試合の前で神経質になっている選手に聞く四つの大事な質問である。

①やりたいことは何ですか。（回答例「明日、良いレスリングをすること」）
②そのためにはどのようにすればよいですか。（回答例「最初の一分間は攻撃し、それからさらに激しくしていく」）
③それができますか。（回答例「はい、できます」）
④そのようにしたいですか。（回答例「はい」）

このような質問は、コーチが選手の考え方に関心を向けることを促すとマッカンは述べている。しかし、より大事なことは、選手がコーチの考えた解決法に同意することではなく、選手自身で解決法をみつけることである。自分でみつけたことに対して、選手は信じやすく、内在化させやすい。

もちろんこのことは、三つの良い思考と集中の計画をトレーニングした時にのみ機能する。そのため、先ほどの質問をする前にプレッシャーへの対処法を準備しなければならない。例えば、8～9歳の少年スポーツ選手は、試合前のドキドキや心配を技術が劣っていることの表れだと思っている。若い選手は不快感情を有害で異常なものと解釈する傾向がある。少年スポーツのコーチがまず行うことは、選手の解釈を修正することである。不安ときちんとつきあうことが大事だということを選手に伝えるのである。正しい方法で不安を用いれば、不安は選手を助けてくれる。

コーチは選手の覚醒状態の徴候に気づくことができるようになるくらい選手と親しくなるべきである。マッカンは、選手の「良い静けさ」と「悪い静けさ」の違いを理解する必要があると述べている。「良い静けさ」とは、パフォーマンスに集中し、精神的にも身体的にも「活力・元気」に満ちている状態である。「悪い静けさ」とは楽しんでいるようだが実際には最適な状態から外れ、コントロールできないことを心配している状態である。コーチは選手の状態を理解し、選手に確認するべき質問ができるような関係を築くのである。単純なコメントや会話が、「活力・元気」養成に必要な精神的切り換え（リバーサル）を促進させるのである。

### (3) 情動の準備

ＮＨＬ（プロアイスホッケー）のスポーツ心理学者でカナダ人のカル・ボッターリルは、身体の準備と同じように、「情動の準備」の必要性を強調している。特に、うまくいっていない時に転換の引き金となる感情状態を準備すべきである。そのため、選手は、試合や練習中に起こりうるあらゆる状況（例、バスが故障した、立ち上がりがひどかった、チームの主力がケガをした、相手のやじ、ウォーミングアップが早すぎた、など）に対して、どのように考え、感じるのかを準備すべきである。

ボッターリルとパトリックは、試合中に生じる特定の情動への反応を準備すべきであると述べている。例えば、驚きに対する反応も準備するのである。相手のベストパフォーマンスややっかいなプレーに対しても準備をし、その対応方法を事前練習するべきである。また、相手のプレーのみならず、自分たちのプレーに対する驚きにも準備すべきである（過剰に反応しない）。その他にも、審判の判定、天候、試合の遅れ、土壇場での逆転などが考えられる。さらに、怒りや困惑、悲しみ、抑うつなどに対しても準備すべきである。最も影響を受けやすい情動は何なのかについて、選手は考えるべきである。そうすることで、試合中に生じるこれらの情動に対する有効な対応を準備できる。

情動に対する準備には、計画した有効な反応（三つの良い思考、三つの良い感情）や自己会話、集中のための手がかりになる言葉、イメージが有効である。そして、特定の感情に対する精神、身体、情動の準備を事前練習すべきである。これらのことは試合が近づいてきても焦らないように、試合の前（数週間〜数ヵ月）に計画的に練習すべきである。試合の前日、あるいは当日には、典型的なストレッサーに対する三つの良い思考・感情を行い、試合に向けて計画的な集中を事前練習するのである。

さらに予想していなかった状況に対する思考・感情も準備すべきである。予想していないことに準備するとは奇妙に聞こえるが、事前に三つの良い思考・感情を準備することはできる。「何が起こっても大丈夫」は、スポーツ選手のマントラ（呪文）である。「思考や感情を養うのか」、あるいは「そのままにしておくのか」、それは選手自身が決めることができるということをよく理解しておこう。この選択が一番大事である。

個人の感情状態がチーム全体に影響することがある。とりわけチームスポーツでは、組織としての「準備」「攻撃的」「エネルギッシュ」といった状態が必要である。しかし、チームが作り出そうとしているこのような状態をぶち壊すのはたった一人の選手でも十分である。つまり、選手は個人の「活力・元気」の養成だけでなく、チームの「活力・元気」の養成にも協力する責任がある。

## ◉有害な「活力・元気」の処理

### (1)有害な「活力・元気」を有益な「活力・元気」に変える

「活力・元気」を最適化するもう一つの方法は「再構築」である。再構築とは選手のものの見方をより前向きに変える対処法である。プレッシャーに抵抗するのではなく、受け入れることについては既に述べたが、これも再構築の一例である。また、不安を有害なものとして捉えていた競泳選手にメンタルトレーニングが実施され、不安を有益なものとして捉えるように修正がなされたものもある。このメンタルトレーニングでは、目標の組織的な計画やイメージリハーサル（不安の「活力・元気」を活用）、自己会話、レース前のルーティンなどが行われた。

**(2) 精神的切り換え**

選手が自分の感情状態を有益ととるか、有害ととるかは、選手の「動機づけ状態」に左右される。この考え方は、切り換え（リバーサル）理論に由来するものである。ここで最も大事なことは、選手の動機づけ状態が活動志向であるか、あるいは目的志向であるかということである。

図13・11の両方向の矢印で示したように、活動志向の選手は高い水準の覚醒を興奮と解釈し、高い「活力・元気」状況を求める（試合、危険な活動、社交的な活動）。活動志向の選手は低い覚醒を退屈とみなし、このような状況を好まない。目的志向の選手は低い覚醒をリラックスとみなして好み、高い覚醒は不安とみなして避けたがる。

有効な「活力・元気」の養成のためには、動機づけ状態

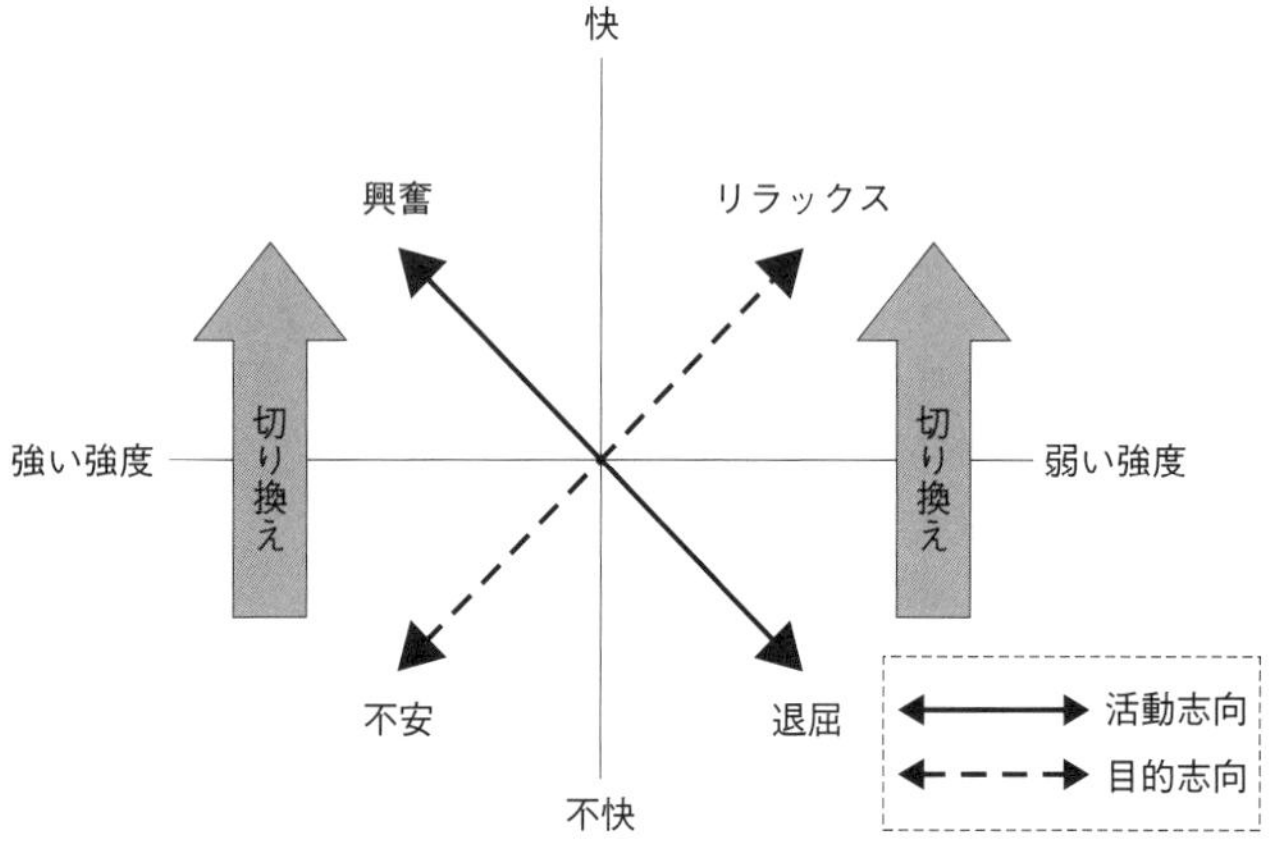


▲図13.11：動機づけ状態によってネガティブな「活力・元気」をポジティブに反転させる切り換え

の切り換えを理解すべきである。図13・11のブロックの矢印は切り換えを示したものである。不安を感じている時、動機づけ状態を目的志向から活動志向に変えることで、強い強度の「活力・元気」状態を興奮として再構築することが可能となる。目的志向ではなく、活動志向というのは変に聞こえるかもしれない。しかし、これは「フロー」や最高のパフォーマンスと関係しており、活動志向や課題への没頭は「フロー」や最適な「活力・元気」状態、最高のパフォーマンスを導くのである。一流選手を対象とした研究では、活動志向は良いパフォーマンスと関連が強いことがわかっている。

動機づけ状態を活動志向に変えて不安を減少させることは、メンタルトレーニングでは一般的な方法である（そのスポーツが好きだということを確認させる）。多くの一流ゴルファーは目的志向になることを防ぐために、心地の良い歌を口ずさむ。また、選手は「楽しい」というような自己会話の言葉を使い、プレーを楽しむことに集中するイメージ練習を行う。選手は、不安から興奮へと切り換えを促す手がかりになる言葉の使用を試みるべきである。この手がかりになる言葉は、結果へのプレッシャーから、楽しみや熱中へと注意を向けさせる。図13・11のもう一つの領域の矢印は、弱い強度の不快から快へと変化するものである。この図では退屈からリラックスへと切り換えをしているが、疲れからリラックスへと切り換えをさせることも可能である。これにはトレーニングや試合を休む必要がある。

選手は、試合中に心理的切り換えを経験し、このことを理解すべきである。そして、動機づけ状態の変化について気づくようにすべきである。一般的に不調の時は、目的志向になりやすい。しかしながら、目的志向になっていないと、集中力を欠き、最適な「活力・元気」状態から外れる。そのため、自分自身の課題への取り組み方や好ましい感情状態について自分で自分を観察するべきである。

### (3) パフォーマンスを害する快的な「活力・元気」の処理

強い快感情もパフォーマンスを害することがある。アメリカの体操競技オリンピック金メダリストであるピーター・ビドマールは、高強度の快感情に悩み、コーチとともにその克服に取り組んできた。それは、高すぎる快感情からバランスを崩すことがあったためである。このことは、快・不快にかかわらず、最適な「活力・元気」の強度の重要性を示している。特に正確性が求められるようなスポーツでは重要で、快感情が「活力・元気」のバランスを変えて、通常よりも大きなパワーを与えてしまうことがある。競技場面では興奮が生じるので、エネルギー強度をコントロールするのは難しい。自分にとって、その試合に適するエネルギー状態を把握して慣れるにはトレーニングが必要なのである。

### (4) 最適な「活力・元気」の輪郭（表）を作る

最適な「活力・元気」状態を把握する方法について紹介する。試合や練習後に自分で自分の「活力・元気」状態とパフォーマンスを評価するのである。これを繰り返すことで、自分にとって最適な「活力・元気」状態が把握できる。

選手は、毎試合前に、同じ精神的・行動的準備やルーティンを守るべきである。これらのルーティンは、最高のパフォーマンスを導く感情状態に入ることを助けてくれる。これと同時に、最適な状態から外れさせるものにも注意を向けるべきである。もし、いつもある感情状態で最適な状態から外れるのであれば、なぜ、この感情状態が生じるのか、どのようにすると最適な状態内に戻れるのかを注意深く考えるべきである。選手は「活力・元気」の「ものさし」として最適な「活力・元気」の書き込み用紙を用い、試合後に観察することによって、自分の最適な「活力・元気」状態についての理解を深めることができる。

## 7. コーチが「活力・元気」を養う必要性

コーチにとって、自分の「活力・元気」の養成は二つの理由から重要である。一つは、選手は「活力・元気」の養成方法のモデルとして、コーチを見本にするからである。適量の情動を表出することは選手を奮い立たせる。しかし、感情の表出が多すぎたり少なすぎたりすると、選手はコーチのことを疑いはじめる。選手はコーチの真似をすべきではないが、コーチとしての「活力・元気」養成の模範例は選手に大きな影響を与える。コーチが「活力・元気」養成を行うもう一つの理由は、コーチとして有効に機能させるためである。感情状態は状況判断に影響を与える。これは、感情が悪いと言っているのではなく、プレッシャー下での自分の感情の特徴を把握する必要性を述べているのである。

不適切な「活力・元気」の対処がコーチの能力に悪影響を及ぼす例をあげてみよう。コーチの臆病さは伝染する。スタッフや選手はコーチのことをリーダーとみなしているので、コーチの影響を受けやすい。適量の心配は試合に対する準備で、試合を大事なものと考えている表れである。しかし、過剰な心配は周りを疲れさせ、準備状態を疑わせる。そして、過剰な心配はコーチのしすぎや話しすぎを導き、その結果、コミュニケーションの力を減少させ、コーチの能力のなさを現す。また、時には、沈黙しコーチングを放棄することもある。これもコーチの能力のなさを現すものである。このような時、信頼のできるスタッフや正直な情報を提供してくれる人が身近にいると、コーチの助けとなる。

不安などの感情状態もパフォーマンスを低下させる。例えば、処理しきれない怒りは迷惑な行動を導き、時にはコーチの退場処分となる。コーチの怒りを静める一般的な方法は、怒りが発生した時に、周りのスタッフが冷静に声を掛けることである。しかし、コーチ自身が自分の感情状態の処理に責任を負わなければならないので、怒りを処理する簡易な方法を自分でも持つべきである。これには、リラクセーション技法（肩の運動を伴う深呼吸）や怒りから注意をそらす自己会話などを用いると良い。

コーチは、選手と同じように、試合中に起こるすべてのことに対応できる準備をするべきである。これには、相手チームや自チームの想定外のパフォーマンス、鍵となる選手のケガ、作戦タイムのとり方の失敗、審判のジャッジなどが含まれる。このような出来事に対するコーチの対応はチームに影響する。バスケットボールのコーチが試合や審判に対して不平を言い続けている時、選手も同じことをしているのを何度もみかけたことがある。これは、選手がプレーではなく、審判に注意を向けていることを意味する。

カナダの国立スポーツ機構から優秀なコーチとして認められた21人のコーチに対するインタビューによると、そのほとんどのコーチが試合前のルーティンとしてメンタルリハーサルを用いていることがわかった。90％以上のコーチが試合中に起こるであろうシナリオをイメージしていた。

コーチは、プレッシャーがかかった時の自分の行動や情動の特徴を把握し、どのように考えて、どのように行動したいのかという心理的計画を開発すべきである。そして、試合後に自分の感情状態を観察し、コーチとしての最適な「活力・元気」の輪郭をみつけるべきである。コーチは選手の見本となっていることを忘れずに、まずは自分の「活力・元気」の養成から始めよう。

（訳　蓑内　豊）

# 第14章 自信を高める

多くの選手やコーチが「自信」という言葉を使用するが、自信に関しては多くの誤解が生じている。そこで本章ではまず、自信とは何かについて説明する。次に、自信が選手にとって「精神的調整剤」として機能することを説明する。また、選手やチームにとって重要な自信の資源についても説明する。最後に、コーチが選手の自信を高めるために使用可能な、いくつかの方法を検討する。

## 1．自信とは

### ◉自信についての理解

自信とは、自分の能力における信念や、何かを遂行する能力に関する感情のことである。この信念は、ある状況で必要とされる能力に関する選手の認知（例えば「ペナルティーキックを成功させることができるか?」「大観衆の前でフリースローを成功させることができるか?」）のことである。自信を理解するためにもう一つ大切なことは、選手の成功の捉え方である。本章を読むと、他者が成功を定義するのではなく、個人的に成功を定義することが重要であることがわかる。

最大限の努力を十分にせず、良いパフォーマンスを発揮できなかったチームや選手に対して、コーチは「自信過剰」という言葉をよく使用する。しかし、自信過剰とは、選手が自信を持ちすぎているという意味ではなく、選手の実際の能力と、能力における信念とが一致しないことである。正しい自信とは、努力や準備に関する現実的な理解を伴い、ある状況において成功するための能力を備えているという強い信念や、粘り強さを指す。

## ◉自信に対する誤解

### (1)誤解その1　自慢

一つ目の誤解は、自慢話をよくする選手ほど、より多くの自信があるということである。自分の能力を自慢する自信過剰な選手は、自信があるのかもしれない。しかし、自信とは、選手のうわべだけの威勢ではなく、選手が能力に関して実際に感じていることに基づくのである。自慢は自信があるようにみえるだけで自己認識の欠如を示し、選手が真の自信を身につけるための障害となる。コーチは、自慢話をする選手や自信過剰な選手をよく理解し、自分自身の能力において、一貫性のある自信を身につける手助けをする必要がある。またコーチは、自信過剰な選手に対して、真の自信がある選手とは自分の能力について大声で話すことはなく、自分自身や自分の能力を純粋に信じていることを説明する必要がある。

### (2)誤解その2　勝たねばならない

スポーツでの自信に関する二つ目の誤解は、自信をつけるためには勝たねばならないということである。また、自信のある選手は、勝利を確信しているという誤解もある。勝利はコントロールできないものである。自信は、選手個人がコントロールできないものに決して基づかないのである。

勝利は重要なものであり競技の目標となるが、スポーツは勝利以上の成功を多くもたらす。例えば、自己記録の達成、新しい技術の習得、もしくは最高水準でのパフォーマンスなどである。勝利にたどり着くまでの過程で、個人の目標の成功を積み重ねることで、勝利に向けての自信を獲得する。加えて、選手は、敗北とは選手としての成長であると捉える必要がある。敗北から重要なことを学んだり、敗北の恐怖と向かい合ったりすることで、より自信を持ってその後の競技に臨むことができる。

### (3) 誤解その3　失敗によって自信が失われる

自信に関する三つ目の誤解は、失敗によって自信が失われるということである。自信のある選手ほど失敗を恐れずに挑戦し、より多くの失敗を経験することが明らかにされている。自信が欠けている選手は、新しい技術の習得で生じる失敗を避けたがり、すでに習得済みの技術練習にばかり時間を費やす。過ちや失敗を繰り返したとしても、選手は改善や肯定的な経験が自信を形成することを学ぶべきである。優れた選手は、同じ失敗に直面した際も、自信や忍耐力を維持する能力がある。自信は、達成に向けて努力する過程で、障害や逆戻りなどの逆境を耐え抜く力を維持し、困難からの回復力を生み出す。

失敗そのものではなく、失敗することへの恐怖により、選手は自分の可能性を閉ざしてしまう。スポーツ競技において、パフォーマンスの失敗はつきものである。失敗は学習の過程の一つであるという理解を、選手に促す必要がある。自信のある選手は、これらの失敗を受け入れ、より大きな失敗にならないように努める。

## (4)誤解その4　成功している選手には、揺るぎない自信がある

自信に関する最後の誤解は、成功している選手には、揺るぎない自信があるということである。世界レベルの選手でさえも、自信の欠如による弱い一面がある。この理由として、自分は能力が欠如しているという自己イメージに執着することがあげられる。コーチは、能力の欠如というイメージに価値がないことを選手に気づかせる必要がある。

成功している選手の自信に影響するその他の要因として、過去の成功に基づく予測があげられる。過去の成功に基づいて予測する際、選手は非現実的で非合理的な予測をすることがある。多くの選手にとって、予測が混乱やプレッシャー、保守的な姿勢の源となる。コーチは選手の声に耳を傾け、予測が心配（「勝利の大きなチャンスを得ている。けれど、失敗するのが怖い」）を生み出していないか、一方で、自信（「集中し続ければ、うまくやれると思う」）を与えているかどうかを確認する必要がある。また、コーチは、選手の課題はパフォーマンスをうまく発揮することであり、結果の予測は非現実的で、コントロールできないものであると選手に強調すべきである。

### ◉自信を持つために選手にとって必要なものとは

コーチは、身体的技術（例えば、バスケットボールでジャンプシュートをする）における選手の自信についてのみ考えがちである。しかしながら、バスケットボール選手は、シュートするだけでなく、観衆の前でシュートする、プレッシャー下でシュートする、シュートをとるための守備の予測、そしてシュートを失敗したとしても集中と自信を維持する能力に関して、自信がなければならない。

スポーツや試合において、選手は三つの基本領域の能力に関して、自信を持つ必要がある。第一は、選手は、パフォーマンスをうまく発揮するために必要な身体的技術に関する自信が必要である。第二は、選手は集中を維持し、効果的な決断をくだすといった心理的スキルに関して自信を持つ必要がある。第三は、選手は失敗後の集中の回復、うまくパフォーマンスを発揮できなかった際の立ち直り、困難の克服に関する能力に関して、自信を持つ必要がある。

コーチは、パフォーマンスを発揮するための能力だけでなく、精神的に集中し、困難に負けずに、より良いパフォーマンスを発揮する能力における選手の信念を、高めるように努めるべきである。章末に提示している「スポーツ選手の自信検査法」は、試合における三つの重要な自信を測定するためのものである。

## 2.「精神的調整剤」としての自信

スポーツ中に生じるすべてのことを選手がどのように知覚し、どのように対応するのかは、自信によって調整がなされる。このため、自信は選手にとっての精神的調整剤として考えられる。図14・1に示された連続体の左側は、最高のパフォーマンスと最適な精神状態の中にあることを示している。この最も良い状態では、選手は、パフォーマンスに集中しており、またパフォーマンスに一貫性がある。パフォーマンスに集中できず、一貫性が欠如する時には、選手は鍛錬に励み、その日にできる最善のことを行うことに集中する。自信のある選手は自分の能力を信じ、あきらめない。十分な集中と一貫性を備えてパフォーマンスを発揮できない時に、いかにうまくパフォーマンスを発揮できるかが、選手にとっての本当の精神的試練である。自信は、選手が大きな精神的試練を乗り越える手助けとなる。

パフォーマンスがうまくいかない時、選手は集中したり自動的に動いたりすることができなくなるが、自信がある選手は、図14・1に示された連続体の右側の状態に陥らないですむ。この連続体の右側は、失敗やスランプ、そしてあがりに代表される状態である。うまくいかない日に、集中してパフォーマンスを続ける努力を維持するための精神的強さに欠けている選手が、この状態に陥るのである。

スポーツにおいて、自信は選手のパフォーマンスに影響する重要な精神的調整剤と言える。しかし、自信は、どのようにして選手のパフォーマンスを改善するのであろうか。つぎに、①挑戦的な目標の設定、持続的な努力、粘り強さ、②認知的効率性、もしくはより良い思考、③情動的適応を通して、自信がどのように選手のパフォーマンスを高めるのかを説明する。

### ◉目標、努力、粘り強さ

自信が欠如した選手と比較して、自信のある選手はより挑戦的な目標を設定し、トレーニングでより努力し、困難にも粘り強く対処する。自信のある選手は、高い目標を見すえ、自信の欠如した選手は、あまり挑戦的ではない目標を設定する。

目標は、選手の動機づけにも影響する。目標を達成できない時、選手は満足できない。自信のある選手にとって、この不満足が引き金となり、目標を達成するため

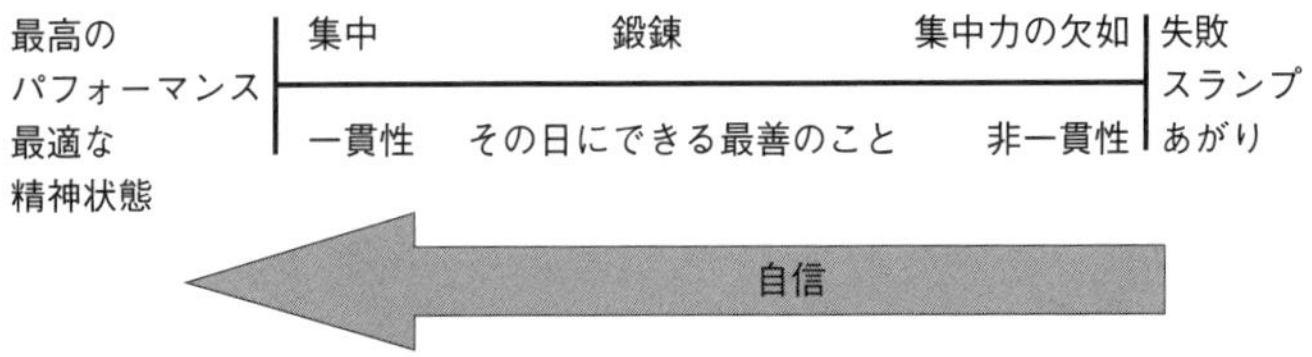


▲図14.1：精神的調整剤としての自信

の努力と粘り強さが増加する。一方、自信が欠如している選手はあきらめてしまう。

自信のある選手では、能力における信念によって、失敗後に肯定的な反応（「私はできる」）が導かれる。自信の欠如している選手や、能力における信念が揺らいでいる選手は、失敗後に否定的な反応（「私はできないことを悟った」）が導かれる。どのくらい一生懸命に練習をするのか、どのように失敗に対処するのか、達成（もしくは失敗）により、信念や自己成就予言がどのように形成されるのかなどに、自信は影響する。

## ◉認知的効率性

自信は、選手の認知的効率性を高める。認知的効率性とは、選手が精神的、もしくは認知的な資源をより生産的に使用することを意味する。つまり、自信のある選手は、自信の欠如した選手より、より良く考えるということである。

自信のある選手は、思考をコントロールするための心理的スキルを備えており、自信は三つの良い思考を高める。自信のある選手は、より決断的で、現在のパフォーマンスに集中することができ、過去のパフォーマンスの失敗にとらわれない。また、パフォーマンスの結果において、自分の能力、努力、そして準備が成功の理由であると考える。一方で、自信のない選手は、コントロールできない要因を成功の理由として考える傾向にある。

## ◉情動的適応

自信が精神的調整剤として働く三つ目の方法は、情動的適応を高めることである。能力に関して強い信念がある選手は、自信のない選手と比較して、試合に関連する情動をより効率的にコントロールすることができる。自信のある選手は、不安やストレスを感じても、困惑したり、パフォーマンスを阻害されたりしない。自信によって、選手はこの不安に効果的に取り組み、対処することができる。

特に、要求された課題が自分の能力より高いと選手が知覚する時に、ストレス反応は生じる。自信がこの過程を調整し、選手は対処行動を強化することで、競技不安により対処できるようになる。

## 3. 自信の資源

スポーツにおいて、選手が自信を得るために有効な資源は複数あり、それらは年齢、性別などによりさまざまである。自信の九つの資源を、表14・1に要約する。以下に、これらの自信の資源を概観していく。

### ◉達成感

最も重要な資源は、過去のパフォーマンスや達成感である。達成感には、能力の証明（他者への技術の証明、対戦相手より能力が優れていることの証明、もしくは勝利）や統制感（技術の改善や新しい技術の獲得）などがある。これまでに、過去のパフォーマンスが、選手の自信の最も重要な予測因であることが示されてきた。一方で、過去の失敗が自信を弱めるとされる。つまり、成功したことがないと、選手は自分の能力に疑問を抱く。

◉**準備**

第二の資源は、準備である。最適なパフォーマンスを発揮するため、準備に時間を費やすことが重要である。選手は、身体的および精神的準備を自信の資源として考える。特に世界レベルで成功している選手は、自信やパフォーマンスの成功のために、質の高いトレーニングの重要性を強調している。

◉**自己統制**

第三の資源は、自己統制である。自己統制とは、集中を維持し、最適なパフォーマンスを導く選手の思考、情動、そして行動をコントロールするための技術や方法を発達させ、使用することである。選手は試合で精神面をコントロールするために、精神的準備や自己統制の方法の練習をしなければ

▼表14.1：選手の自信の資源

| | |
|---|---|
| 1．達成感 | 過去の成功；勝利；他者と比較した能力の証明；技術の習得；技術の改善；目標の達成 |
| 2．準備 | 身体面のトレーニング；練習方法の開発；精神的準備やトレーニング；状況に合わせた準備 |
| 3．自己統制 | 集中を維持したり、最適なパフォーマンスを導く情動、思考、行動をコントロールしたりするための技術や方法の開発と使用 |
| 4．モデリング | うまくパフォーマンスを発揮しているチームメート、友人、他の選手といった他者の観察；自己のビデオテープの視聴；完璧にパフォーマンスを発揮している自分の外的イメージの使用 |
| 5．情報の還元・激励 | コーチや他者（チームメート、両親、友人）からのサポートや激励、有効な情報の還元 |
| 6．コーチのリーダーシップ | コーチの決断に対する信頼やコーチのリーダーシップ |
| 7．環境の快適さ | 競技の環境における快感情 |
| 8．身体的自己呈示 | 身体的自己（身体、ユニフォーム、外見など）において、優れているという感情 |
| 9．状況の有利さ | 状況の打開や、試合の流れは自分に有利であるという感情 |

ばならない。例えば、行動の仕方や考え方において、慣れ親しんだ習慣的手順の使用があげられる。特にプレッシャーのかかる場面において、集中するための習慣的手順が、選手のパフォーマンス発揮において重要な予測因となる。

### ◉モデリング

第四の資源は、成功例を観察することである。一般的に、教師やコーチは、やり方を説明するのと同時に、手本を選手に示す。この言語による指導と視覚的な指導を組み合わせることで、選手は自分自身が技術をうまく遂行できるという自信を持つことができる。コーチは、技術の遂行だけでなく、自信のある行動、決断、そして方法の開発においても、選手にとっての重要なモデルである。チームメートもまた、自信を形成するモデルとなる。

### ◉情報の還元・激励

第五の資源は、重要な他者からの情報の還元や激励である。賞賛や失敗した時の励ましにより、子どもたちの自尊感情が有意に増加したことが報告されている。同様に、コーチからのチームへの賞賛や情報の還元は、青少年選手の自信と関連している。

興味深いことに、自信の資源は、選手の年齢によって変化する。9歳以下の子どもたちには、両親、教師、そしてコーチからの情報の還元が自信の最も重要な資源となる。しかしながら、10～13歳の児童期後半になると、仲間と比較した自分が自信の最も重要な資源となる。そして、14～17歳の青少年期では、改善、統制感、個人目標の達成感などの自己参照の使用へと徐々に移行していく。

### ◉その他の資源

右記以外の資源として、コーチのリーダーシップ、環境の快適さ、身体的自己呈示、状況の有利さなどがあげられる。コーチのリーダーシップは、コーチの決断に対する信頼やコーチのリーダーシップ・技術のことである。環境の快適さは、体育館やプールなどのような競技環境に対する快感情である。身体的自己呈示は、選手の身体的自己知覚や身体イメージであり、状況の有利さとは、「物事が自分の思いどおりに運んでいる」という感情を得ることで自信を高める。

### ◉自信の資源に優劣はあるのか

これらのすべての資源は、選手にとって有効であるが、そのうちのいくつかはよりコントロールでき、耐久性があり、そして強い自信を導く。より高い自信は、選手がコントロールできる資源や方法と密接に関連する。つまり、統制感や改善、個人のパフォーマンス目標の達成、厳しいトレーニングや準備、そして個人の自己統制が、自信を強固なものにし安定させるために、最も良い資源と言える。

選手の自信を形成するために最も効果的な方法は、成功の機会を与えることである。また、情報の還元や激励は、それだけでは自信の資源としては弱い。しかし、パフォーマンスの成功と言語での情報の還元の併用により、パフォーマンスの成功のみの時以上に、さらに自信は高められる。

目標設定を用いて、自分のパフォーマンスにおいて「何をするのか」を、選手に明確にさせる必要がある。そして、選手がそれを実行し、うまく成し遂げるための能力を強化するために、選手に準備や自己統制に取り組ませるべきである。もし選手が負傷し、プレーができないならば、プレーをしている他者を観察させるべきである。もし、個人競技ならば、負傷している選手は、自分自身のビデオテープを視聴するか、またはイメージトレーニングに取り組むべきである。コーチは三つの良い思考、効果的なコミュニケーションやリーダーシップのある行動、感情の自己統制を通して、選手のモデルとなり、逆境を耐え抜く自信を持つべきである。コーチは、選手がすべての試合状況において環境の快適さを感じ、生産的に考え、そして自分の一部として身体的自己を受容できるように、選手を鍛えるべきである。選手が成功のために必要な、逆境を耐え抜く自信を維持できるように、すべての資源をコーチは使用する必要がある。また、選手の自信を形成するために、どの資源が最も重要であり、どのように資源を組み合わせて使用するのか理解しておくべきである。

## 4．チームの自信

チームの自信は、うまくパフォーマンスを発揮するためのチームの能力において、チームのメンバーに共有される信念である。チームの自信は、陸上競技、水泳、もしくはゴルフの団体戦で争うチーム競技ではなく、相互に影響し合うチーム競技（つまり、バレーボール、ホッケー、バスケットボール、サッカー）で特に重要となる。

チームのメンバー各々における個人の自信の総計ではなく、チームの自信がチームの成功の最も重要な予測因となる。また、チームの自信は、チームの勝利後に増加し、敗北後に減少するが、その一方で、個人の自信はチームの結果には影響されない。さらに、チームの自信が高いチームは、チームの凝集性も高い。加えて、コーチだけでなく、選手の中にも優れたリーダーシップが存在することが、チームの自信の重要な資源となる。

チームの自信は、チームの課題に選手がどのくらい一生懸命取り組むか、困難にぶつかった時に、選手がどのくらい粘り強さを発揮できるかに影響する。コーチは、選手個人だけでなく、チーム全体においても、自信は精神的調整剤として働くことを説明すべきである。また、個人の自信と同じように、チームの自信の最も重要な資源は、チームのパフォーマンスの成功である。コーチは、勝利だけでなく、パフォーマンスの目標など、チームの成功に向けた手法を見出さなければならない。

## 5. 自信を高める方法

選手の自信を高めるための方法は、すでに述べた九つの資源を用いるか、もしくは「努力」「統制」「激励」によって、自信を形成することである（図14・2）。達成感を導く質の高いトレーニング（努力）、メンタルトレーニングやメンタルプラクティス（統制）、そして情報の還元や激励、優れたモデルやリーダーシップのある環境（激励）が、選手の自信を高めるための三つの主な方法である。

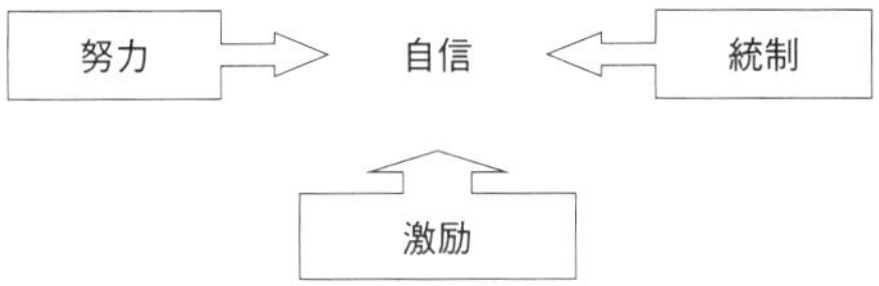


▲図14.2：選手の自信を形成するための3つの方法

## ◉努力

### (1)質の高い身体面のトレーニングを通して自信を形成する

選手は、練習やトレーニングを通して自信を高める。自信を高めるための練習の例として、プレッシャーがかかる場面の予測や予期しない場面を想定することがあげられる。練習によって、選手は自信を持って対処する準備ができる。これにより、試合のプレッシャーのもとでパフォーマンスを発揮する際に、選手は自分自身を信じることができる。

### (2)どんな時でも、最善を尽くしてパフォーマンスに集中することを選手に教える

物事がうまく運ばない時、選手はとりわけ努力を必要とする。選手が最適な精神状態にない時、もしくは自信を感じることができない時に、集中して最も良いパフォーマンスを発揮するために、一生懸命に練習することがどのくらい重要かを選手に理解させるべきである。どんな時でも、最善を尽くしてパフォーマンスに集中するよう努力するべきである。また、コーチは、選手が身体的技術に悩んでいる時、トレーニングにおいてうまく集中したり、気持ちの切り替えをしたりすることによって、選手が自信を形成する手助けをするべきである。

### (3)選手が成功を確信するために、個人目標を設定させる

選手はそれぞれ、個人目標を設定する必要がある。個人目標を設定する選手は、独自の成功をコントロールできる。そのことが、自信を形成するために重要な鍵となる。コーチは、選手それぞれの個人目標に基づいて、各選手の進歩や達成を強化しなければならない。安定した自信は、目標計画の五つの原則（詳細は第8章参照）の追求と達成に起因する。コーチは、実現不可能なレベルではなく、また他者との比較

や競争でもなく、すべての選手がパフォーマンスや技術を強化できるように、手助けする必要がある。

**◉統制**

努力によって、選手は自信を得ることができる。選手はその後、自信やパフォーマンスを高める過程で、思考や感情、行動の統制を学習する。したがって、選手が自己統制の技術を備えることが、自信を形成する二つ目の鍵となる。

### (1)メンタルトレーニングの技法を練習し、使用する

選手は、メンタルトレーニングの技法を用いることによって、自己統制を学習する。コーチは、選手にこれらの技法を紹介したり、選手がそれらをトレーニングや試合で用いるための方法を計画したりするべきである。前述したように、選手は、個人目標を計画し、それに集中したり、自信を高めるために、二つの方法のイメージを用いることができる。選手は、不安やプレッシャー下で生じる否定的な思考に効果的に対処するために、試合に向けて、意図的思考、生産的思考、そして可能性思考（三つの良い思考）を形成する必要がある。選手は、身体的不安に対処するために、深呼吸のような身体的リラクセーションを学び、また、パフォーマンスの前によく練習された習慣的手順を行ったり、注意をコントロールするための集中・気持ちの切り替えを行ったりすることを練習するべきである。

### (2)自信を形成するための秘訣

まず、選手は、最適なパフォーマンスだけでなく、失敗に関しても、集中や気持ちの切り替えを伴う精神的準備を行うべきである。以下の質問の回答を考えることから始めると良い。パフォーマンスに自信を

感じられない時に何ができるか、もしくは自分自身に何と話しかけるか。パフォーマンスをうまく発揮できる・できないのはなぜなのか。不安の感情がわいてきたら、うまくパフォーマンスを発揮していたことを、そして今、うまくできていることを思い出すとよい。

第二に、選手は自信や個人の統制感を常に示すために、行動、身体の動き、顔の表情、そして姿勢のコントロールの仕方を学ばなければならない。つまり、自分は自信があるという行動をとるのである。自信があるように行動するためには、「自信を持って対応する」ことである。選手は、パフォーマンスの失敗、批判、審判からの呼び出し、そして自己懐疑に備えて、「自信を持って対応する」ことを練習することによって、自分自身の精神的準備を行うべきである。

第三に、不安に対処するための方法を使用することがあげられる。選手は、不安の発生を予測し、不安が生じた時には、断固とした、また生産的な思考（もしくは集中）に切り替えるべきである。

### ◉激励

前述した努力や統制を選手はコントロールできるが、自信を形成する方法の第三のカテゴリーである激励は、選手がコントロールできない資源である。コーチは、努力や統制は選手が自信を高める方法であるが、激励は選手の自信を支える資源として働くことを認識すべきである。自信を支える激励として、他者からのサポート、コーチのリーダーシップ、チーム内の選手のリーダーシップ、そしてチーム内での効果的なモデリングがあげられる。

### (1)他者からのサポート

一般の多くの人々と同様に、すべての選手が、人間としての受容を望んでいることをコーチは覚えておくべきである。もしコーチが、選手がうまくパフォーマンスを発揮できない時に、自分はコーチの目には価値のない人間に映っていると選手に感じさせてしまうならば、選手は自信の欠如に苦しみ続けるかもしれない。また、回復力を発達させるためには、継続的な努力とトレーニングを通して、選手が困難の克服を経験することが必要である。この克服の経験により、選手は強固な自信を持ち、将来的に困難に直面した時に、耐え抜くことができる。これらの辛い時に、競技を続けるために支えとなるようなコーチが必要である。

### (2)リーダーシップとモデリング

コーチのリーダーシップは、選手の自信に影響する。コーチは自信のある決断ができる手本となり、情動を適切にコントロールし、そして自信のある行動や身体的態度をどんな時でも表すべきである。チームの自信はまた、チーム内に優れたリーダーとなる選手がいることで高められる。コーチは、チームのリーダーとして適していそうな選手に、チームに必要とされるリーダーの行動を指示するべきである。さらに、自信は、効果的なモデルを観察することによっても高められる。繰り返しになるが、選手にとって最も重要なモデルはコーチである。また、選手がどのように振舞うべきか理解しているチーム内の年長者や熟練者も重要なモデルとなる。

## スポーツ選手の自信検査法

選手が成功するためにはさまざまな能力（例えば、身体的技術、精神的な集中、適切な体力など）が必要です。この検査は、選手としての能力を測定するためのものです。それぞれの項目について、どのくらいうまく行えると確信しているか選択してください。

この調査では、「成功」とは自分にとって成功と感じるもの（個人的に成功を定義する）を意味します。

競技に関連する能力について、あなたが今どのように感じているのかについて、それぞれの項目において以下の回答の中から最も当てはまる数字を空欄に記入してください。

回答の守秘義務は厳守されます。正直に、実際に感じていることを回答してください。すべての選手は能力が異なるので、回答に正解・不正解はありません。

非常にそう思う（なんの疑いもなく、絶対的に確信している）（7点）、とてもそう思う（ほぼできると確信している）（6点）、ややそう思う（できるように思う）（5点）、たぶんできる（4点）、あまりそう思わない（疑いがある）（3点）、ほとんどそう思わない（ほぼできないと確信している）（2点）、まったくそう思わない（まったくできない）（1点）

1．成功するために必要な身体的技術を遂行することができる。　（　）

2. 競技中に、精神的な集中を維持することができる。（　）
3. 良くないプレーから脱却し、うまく技術を発揮することができる。（　）
4. 成功するために十分な身体面のトレーニングを行っている。（　）
5. 競技中に重要な決断をうまく行うことができる。（　）
6. 失敗した後に、精神的な集中を回復することができる。（　）
7. 競技に必要な身体的な体力レベルを備えている。（　）
8. 成功するために必要な方法を効果的に使用することができる。（　）
9. 良くないプレーの後に、不安を克服することができる。（　）
10. スポーツに必要な身体的技術をうまく発揮できる。（　）
11. うまくパフォーマンスを発揮するために必要な精神的な集中を維持できる。（　）
12. うまくパフォーマンスを発揮するために、困難やつまずきを克服できる。（　）
13. 競技に必要な身体的準備がある。（　）
14. パフォーマンスを阻害しないように、緊張をうまくコントロールすることができる。（　）

●三つの自信の内容と採点の仕方

①身体的技術やトレーニングに関する自信得点（1、4、7、10、13の合計を5で割る）

うまくパフォーマンスを発揮するために必要な身体的技術を遂行するための能力に関する自信のこと。

得点（　）

②認知的効率性に関する自信得点（2、5、8、11の合計を4で割る）
うまくパフォーマンスを発揮するための精神的な集中、集中の維持、効果的な決断に関する自信のこと。

得点（　　）

③回復力に関する自信得点（3、6、9、12、14の合計を5で割る）
うまくパフォーマンスを発揮するために、失敗後の集中の回復、うまくいかないプレーからの脱却、不安、困難やつまずきの克服に関する自信のこと。

得点（　　）

（訳　内田 若希）

PUTTING IT ALL TOGETHER

# 第4部 メンタルトレーニングの実践

# 第15章　メンタルトレーニングの実践法

本章では、この本の中でレストランのメニューのように紹介してきたすべてのトピックスをいかに実践するかということを紹介していく。この章は、あなたが指導している選手やチームをどのようにサポートするか、またどのように精神的強さを養うかということに対するガイドとして使ってほしい。

## 1．精神的強さを養うための実践

もし、選手がもっと集中したいと考えるなら、コーチはいかにして自分をうまくコントロールできるかという心理的準備の方法を教えるとよい。もし、選手にプレッシャーのもとで良いプレーをさせたいなら、プラスになる「活力・元気」を発揮する最適な精神状態（ゾーン）のことを理解させ、同時にマイナスになる「活力・元気」を作るものを排除する方法を理解させればよい。

この点については、本書の中で精神的強さを養うことを紹介したことで準備ができていると思う。多くのコーチは、メンタルトレーニングをする暇がないと言うが、考えてみてほしい。精神的強さを養うことは、簡単に、すぐにできるものではない。メンタルトレーニングという言葉を使う使わないは別にして、どんな競技レベルにおいても、すばらしいコーチは精神的強さを養っているはずである。ぜひ、成功したコーチの事例を本や雑誌などから集めて、参考にしてほしい。あなたが精神的強さを養えば、多くのことで満足感を味わうだろうし、本書を読むことは、指導する時の役に立つはずである。しかし重要な点は、本書で紹介した内容を選手に実践させ、選手のサポートをするという点である。もしかすると、指導する時に、「メンタルトレーニング」や「スポーツ心理学」という言葉を使いたくないかもしれないがそれでも構わない。

## 2. 本書のまとめ

精神的強さを養うことを導入した効果的な指導をするためには、まず本書の内容を初めから終わりまで順番に読み進めてほしい。このことは、本書に書いてある内容をすべてやるべきだという意味ではなく、最初にこの本で学んだ内容から順番にやってみようという意味である。これは、あなたのチームやあなたのプログラム（練習方法）における哲学を持たないで、メンタルトレーニングの基礎をやっても意味がないと考えるからである。

## 3. メンタルトレーニングの進め方

メンタルトレーニングは、「最初は少しずつ始めて、簡単に、継続してやる」ことが重要である。このことを何度か口に出して繰り返し言い、記憶にとどめておいてほしい。選手と一緒にメンタルトレーニングを実践する上で、よくみられる間違いは、選手に多くのことを聞きすぎて、やらせすぎるという「過重負荷」である。メンタルトレーニングも身体面のトレーニングと同じように、消化吸収する（理解し、身に付ける）時間が必要である。そこで、最初は少しずつ始めること、どんなメンタルトレーニングを始めるにしても、選手にとって簡単でやりやすいものから入り、悩んだり迷ったりしないように心掛けることが重要である。選手たちは、学んだスキルを、何が実践的で、また簡単に使えるかを理解すれば、継続して使うだろう。だからこそ、簡単にやることが重要である。心理的スキルを選手に教える時に、陥りやすい二番目の大きな間違いは、メンタルトレーニングを始めた時は新鮮な考えや方法であっても、シーズンが進むうちに、その時の気持ちや心理的スキルを忘れていくということである。そうなると、その効果が薄らぐと同時にこれまでに積み重ねた時間の無駄になるし、選手はそれほどそれが重要だと考えなくなることが起こる。そこで、継続させるための事後指導が必要である。つまり、あなたが教える心理的スキルや方法は、選手にとってそれほど重要ではない（すべてではない）という点を考えておくことである。

そこで、最初は少しずつ、簡単にやらせ、継続するための事後指導をすることが重要となる。結局、選手が試合に対する心身の準備をするという点と、毎日の練習での上達を目的とした心身の準備をするという点を理解することが重要である。

## 4. メンタルトレーニング開始時の重要点

スタートする時の重要な点は、選手がメンタルトレーニングに触れる機会となる講習を実施することである。メンタルトレーニングを始めるきっかけとしての講習では、選手が何をするかを選び、導入した後にそれが継続できるような事後指導をすることが重要である。

### ◉目標へたどり着けるように目標設定をしよう

目標設定は、選手が目標を見失った時、プロセスを確認する時、チャレンジする時、そして目標に集中する時に重要である。何回かのミーティングを通して、目標へたどり着けるような指導を継続させてみよう。このミーティングで実施する内容は、以下のとおりである。

#### (1)一回目のチームミーティング

「なぜ目標が必要なのか?」「何を目標にすればいいのか?」「目標を設定する意味は何か?」「効果的な目標設定を活用するキーポイントとして、いつまでにどんな目標を達成という点を押さえているか?」「チームに対するやる気を出させるための目標やチームに重要な目的、チームがピンチ(逆境・混乱)になった時に必要な目標は何か?」などについて話し合う。

#### (2)二回目のチームミーティング

「チームにとって重要な目標」「そのチームに適合する目標」「段階的な目標」「チームが達成可能な段階的でチャレンジしがいのある目標」「チームがピンチ(逆境・困難・混乱)になった時の目標」「意識を集

中すべきメンタル面の重要なチャレンジしがいのある目標」などを立てる。最初に設定した目標から、試合に対する特殊な目標に対して、修正・向上をさせていく。シーズン中の週間目標を作る時、目標を言葉で言うだけでなく、忘れないように紙に書くことが重要である。

### (3)事後指導

チームの目標設定にそって、選手は自分の目標設定をする。シーズンが進むにつれて、チームや個人の目標を達成するための計画は、目標が達成可能になるように変更することができるようにする。試合に対するシーズンはじめの目標設定は、特別な目標となっていたはずである。シーズンを通して、毎週の目標を達成していく過程で、目標を頭の中で思い描くのではなく、紙に書いてその達成したい目標を忘れないようにする。

## ◉メンタルトレーニングを始める時に、大切な成功の要因を認識しておく

精神的強さを養う指導をする時の大切なもう一つの点は、成功の要因を認識しておくことである。

### (1)一回目のチームミーティング

大切な成功の要因については、チームが何をしたら成功するのか、またチームによって成功するためのやり方が違うことを説明し、そのことについて話し合う。

### (2)二回目のチームミーティング

二回目のミーティングの前には、一回目のミーティングで話し合ったチームにとって必要なことや何をすれば成功するかのベスト5の要因をチームに報告する準備をする。また、チームで決めたことを印刷し

たものを準備する。ここでは自分（個人）が成功するための要因を書くための用紙を準備する。二回目のミーティングでは選手に以下のような質問をする。(a)一回目のミーティングで全員が決めた大切なベスト5の成功要因に同意するかどうか？ (b)チームで決めたベスト5の大切な成功要因の一つひとつに意識を集中できるか？ (c)成功するための要因を実行するプランを認識しているか？

(3) **事後指導**

選手に対しては、チームミーティングという方法で心身における大切な成功要因を認識させ、具体的にこのようにすれば成功するということからやる気を持たせる。このようにしてシーズンを通して、チームの大切な成功要因に意識を集中できると同時に、選手に対して実施内容を定期的に聞くことができる。このやり方は、選手にシーズン前やシーズン中に、身体面のトレーニングとメンタルトレーニングについて意識を集中させることができる。またシーズンが近づくにつれて、パフォーマンスに対して、重要だということを認識してほしいし、成功要因を意識させることもできる。

**◉自己評価をする**

選手が試合でやってみたいと考えることとやしなくてはいけないと考えることの自己評価をすることは、メンタルトレーニングの始めの段階でよく行われる。また自己評価を始める時の大切な点は、「スポーツ選手の集中力検査法」などの評価をすることである（第12章249頁参照）。この精神的強さを養うことを始める時の重要な点は、シーズン途中で、選手が集中力を高める計画、パフォーマンス前のルーティン、気持ちを切り替える方法を使えるようにすることである。

## 5．心理的スキルを意識する ―プログラムを使う―

チームに対してのメンタルトレーニングを始める時に効果的な方法を選択することは、あなたが指導したいプログラムを作る時に大きな助けとなる。すばらしいプログラムとは、あなたが指導するチームのメンタルトレーニングの目的を理解した上で、これらの心理的スキルを実践させることである。

メンタルトレーニングのプログラムは、何気なく使うより、系統的にプログラム化して使うほうがより効果的である。選手がいつどんな状況で、どのようにリラクセーションを使うかを知らなくては、選手に身体をどうリラックスするかの方法だけを教えても効果が少ないはずである。選手のトレーニングの過程で、試合の前に身体のマイナス要因をどうコントロールするかが、どんな役に立つかを指導することや、リラクセーションをどう使うかの指導計画も必要である。また試合で集中力を高めるための呼吸法を、パフォーマンス前のルーティンとして使うことも指導計画に入れることが必要である。メンタルトレーニングのプログラムを何となく使うことは、効果的に精神面の強化ができないばかりか、時間の無駄になる。以下に心理的スキルの「三大スキル」について示す。

### ◉集中する

#### (1)目標設定

①効果的で最適な目標は、試合で必要な集中力を高めてくれる。
②個人の目標設定をする（試合に対して最適な集中をするためにどんな目標が必要かを考える）。

③目標への意識は、選手が結果目標を考えることで最適な集中ができなくなり、自分がコントロールできない状態に陥った時、自分をコントロールできることに意識を集中させることができる。
④課題を作ることで目標に意識を集中させることは、試合で集中するための重要な点になる。

## (2)三つの良い思考

①集中させることで選手は、良い考え方をすることになる（三つの良い思考―三つの悪い思考）
②プログラムのすべての局面における三つの良い思考の見通しを準備する（コーチングスタッフも行う）。
③選手は、自己分析のために自己反省や分析を書き終わること。

## (3)試合に対する集中のための計画を作る

①試合への集中のための計画を作る。
②気持ちの切り替え（集中の回復）計画を作る。
③自分独自の簡単で、確実に集中ができるパフォーマンス前のルーティンを作る。
④毎日の練習の中で、集中する時や気持ちを切り替える時にイメージを使う。

## (4)選手の集中力を高めるのがコーチの大切な役目である

①練習の中で集中力がなくなった時に指導する。
②選手に、いろいろな試合の状況でどんな集中をするかを指導する。
③いろいろな試合の状況でチームとしてどんな集中が必要なのかを準備する。
④いろいろな試合の状況で最適な集中の準備をする。
⑤毎日の練習の中で、最適な集中をすることで、またメンタルトレーニングによって集中できるように

し、何が起こっても集中を維持できるという自信をつける。

**◉活力・元気（エネルギー）」の養成に意識を集中させる**

**(1)競技のための「活力・元気」の重要な概念**

①競技のための「活力・元気」は誰もが持っているので、その使い方を学べば有益である。
②ストレスは、プラスの「活力・元気」となる、ストレスがプラスになるものだと考える、ストレスを歓迎する、プレッシャーを利用する。
③優秀な選手は、自分の効果的な「活力・元気」のコントロールをしている。
④チームでの話し合いを効果的な「活力・元気」にしている。

**(2)最適「活力・元気」を養成する**

①誰もが違ったタイプの「活力・元気」である最適な精神状態を持っていることを理解する。
②自分の最適な「活力・元気」について思い出し、分析し、実行し、試合で使えるようにする。
(a)最高のパフォーマンスが発揮できた時の最適な「活力・元気」の状態を思い出す。
(b)その時の気持ちや感情を紙に書いて分析してみる。
(c)練習で最適な「活力・元気」が出るようにトレーニングし、試合で使えるようにする。
③選手は、試合ごとに最適な「活力・元気」のチェックをして、うまくできたか記録をとる。
④選手は、自分の最高の心理状態を作るために、最適な「活力・元気」の方法を洗練させる。
⑤コーチは、選手が自分を進歩させ、トレーニングによって最適な「活力・元気」を高めているか、ま

た試合に対する準備をしているかを確認する。

### (3) 目標設定

①効果的で最適な目標は、「活力・元気」を養う基礎を作る。

②個人的な目標設定をする（この時の重要な点は、どのような目標を立て、その目標を達成する状況に対して、いつまでに最適なエネルギーを作るかである）。

③目標への意識は、選手がプレッシャーのもとで「活力・元気」をコントロールできる見通しを作らせることである。

④目標に意識を集中させることは、試合で最適な「活力・元気」の状態にもっていくことになる。

### (4) 集中力を高めるプランを作ることや個人の最適な「活力・元気」の状態を紙に書くことを継続する

①試合に対して最適な「活力・元気」の状態を紙に書くことは、試合への集中する計画を作ることになる。

②最適な状態からはずれた時の気持ちの切り替え計画を作る。

③簡単な計画を作り、最適な「活力・元気」を作り出す個人のパフォーマンス前のルーティンを作る。

④集中力を高め、また気持ちを切り替えるために、毎日イメージトレーニングをする。

⑤最適な状態からはずれた時に使う簡単な身体のリラクセーション法を作る。

### (5) コーチの指導における重要な点は、集中に対する「活力・元気」を養成することである

①最適な「活力・元気」をコントロールするには、自分の独特の最適な「活力・元気」の状態を紙に書くことである（突発的なことを避け、緊張する原因を与えないこと）。

②試合で予期しないことが起きた時の心身の準備をする。

③試合に対して、あまり熱くならないようにし、最適な状態に入れるように集中することを認識する。
④選手にトレーニングする時から、最適な状態をコントロールできるようにさせる（プレッシャーの想定、練習でゾーンに入るようにする）。
⑤選手が効果的に「活力・元気」をコントロールできるように強化する。

## ◉自信

### (1) 自信をつける

①自信があるということと自信がないということについて話し合いをする。
②自信がある時の選手のプレーの例と自信がない時のプレーの例をあげる。
③自信がある選手の例を引き合いに出し、解説をする。
④自信がある時はチームに対してどんな効果があるか話し合う。

### (2) 目標設定

①効果的で最適な目標設定は、自信をつけることができる。
②いつまでに何を達成するかが目標設定の重要な点である。
③目標設定の目的は、選手がプレッシャーの下でも自信を維持できるかどうかである。
④試合用の目標設定をし、それが試合中でも使えるようにする。

### (3) 三つの良い思考

①満足と成功は、プラス思考から生まれる（三つの良い思考―三つの悪い思考）。

②すべてのプログラムの状況で、三つの良い思考が役に立つことを理解させる。
③選手に自己反省や分析をさせる。

### (4) 自信を持つことに意識を集中させるための計画を立てる

①自己反省や分析からの内容を踏まえ、試合で集中すべきことに対する計画を立てる。
②自己反省や分析からの内容を踏まえ、気持ちの切り替えに対する計画を立てる。
③選手独自のパフォーマンス前のルーティンをできるだけ簡単に作る。

### (5) 自信への集中とその反応をリハーサルする

①集中力を高める、また気持ちを切り替える計画を毎日のイメージトレーニングとして実行する。
②試合で起こることを予想して、イメージトレーニングと身体面のトレーニングをして準備する。
③自信を失いかけた場合や自信をなくして気持ちを切り替えたい場合を想定して心理的準備をする。

### (6) 自信を持つためには、コーチの指導が重要な役割を持っている

①プレッシャーのかかる場面での練習を繰り返し実施する。
②選手の長所（強点）を強調し、短所（弱点）についてはそれを克服させる。
③選手が正しいことをしていることを理解させ、強調し、自信を持たせる。
④ミスをした理由を正しく理解させ、その弱点を強化し自信を持たせる。
⑤プレッシャーの下での自信のある決断力、三つの良い思考、そして選手の自信についての例をあげる。

## 6. 身体面とメンタル面の年間計画の例

**◉シーズンオフ**

①プログラム作成、集中すべきこと、目標を決める時の重要な哲学を明確にする。
②短期目標ややるべきことにおけるプログラムの計画を明確にする。
③このチームに対する大切な成功要因を明確にするための、チームに重要な目標設定をする。
④シーズンオフにおける選手の身体面のコンディショニングのプログラムを処方する。
⑤シーズンオフにおける選手のメンタルトレーニングのプログラムを処方する。
⑥キャプテンに会い、コミュニケーション、理解、期待を高める。

**◉シーズン前**

①選手に、哲学、展望、期待を伝える（三つの良い思考とプレー）。
②チームワークを高めるために、話し合う、期待をする（チーム内の三つの良い思考）。
③自己反省と分析を最初に書く。
④メンタルトレーニングの重要なことに意識を集中するための心理的スキルを紹介する。
⑤心理的準備を通して、選手を段階的に導く。
・目標設定の五つの原則は、効果的な集中を導いてくれる。
・目標設定をする（チームと個人）。

・選手に身体面とメンタル面の一週間の目標設定をさせる。
・選手が試合に集中するための計画を作ることを指導する（最初は簡単に）。
・選手に集中力を高める計画をイメージトレーニングとして行うように指導する。
・選手に気持ちの切り替えの方法を指導する。
・選手に練習で気持ちの切り替えのトレーニングをするように指導する。
⑥プレッシャーのかかる場面、集中力が必要な場面、気持ちの切り替えが必要な場面での身体面のトレーニングをする。

### ◉シーズン中

①試合に対する心身の準備をする。
②試合に対するチャレンジをさせ、目標に集中する。
③試合に対するイメージトレーニングを指導する。
④試合に対する集中力を高める計画をイメージトレーニングとして実施する。
⑤試合に対する気持ちの切り替え計画をイメージトレーニングとして実施する。

（訳 高妻容一）

# 第16章　心理的課題を持った選手への指導

本章は、他の章では述べられていない特別な問題を対処する時の参考となる。あなたが直面すると考えられる二つの具体的な問題は、バーンアウト（燃え尽き）とケガをした選手に対するメンタルトレーニングである。その他にも、スランプ、堅実さの欠如、完全主義、ひたむきさ（コミットメント）などがある。

## 1．バーンアウトに陥った選手

「コーチ、何だかバーンアウトに陥っているような感じがします」選手から何回このようなことを聞いたことがあるだろうか？　バーンアウトとは何だろうか？　ストレスと同じこと？　本当に起こる？　これはメンタル面の強さが足りないから起こるのだろうか？　選手がバーンアウトを避けるためにコーチとしてどのようなことができるのだろうか？　また、バーンアウトに陥っている選手を助けるには、何ができるのだろうか？

バーンアウトは実際に起こり、次のようなはっきりとした特徴がある。

①精神状態、情動、そして身体的な消耗を感じる。

②消耗が、抑うつや失望のような否定的な気分や感情を導き、皮肉な態度、チームメートからの孤立、共感性の欠如など、他者への反応を悪化させる。

③達成感をあまり感じられず、パフォーマンスの水準や自尊心が低下する。

④バーンアウトに陥ったジュニアのトップテニス選手の「もう絶対に練習したいと思いません。もうこれ以上したくないと感じています。自分の人生を無駄にしているだけです。その場所にいるのも嫌で、頑張ろうという気持ちになれません」という言葉からもわかるように、スポーツへの参加に幻滅することである。

## ◉なぜ選手はバーンアウトに陥るのか

選手はなぜバーンアウトに陥るのか、という質問に対する答えは、一つだけではない。バーンアウトは、選手の主なパーソナリティの特性と、レベルの高いスポーツでみられる社会的、または環境的なストレスの相互作用で起こる。どのように、そして選手になぜバーンアウトが起こるのか理解するために図16・1を参考にしてみよう。

### (1)トレーニングと試合における要求

ストレスは必ずしも選手に悪いものではなく、成長のために必要な刺激でもある。図16・1でトレーニングと試合における要求（ストレス）から矢印が右上に向いているように、選手がトレーニングと試合のストレスに適応する時、パフォーマンスは向上される。しかしながら、ストレスから矢印が右下に向かうと、選手は、自分に課されたトレーニングや試合のストレスに適応できない時がある。これは、不適切な休み、回復、葛藤、生活でのさまざまな要求、メンタル面でのプレッシャー、疲労など、多くの原因によって起こる。選手がこれらのさまざまな要求に適応できず、対処できない時に、バーンアウトは時間をかけて進展していく。

### (2)無気力（ステイルネス）

図16・1でみられるように、選手がストレスにうまく適応できない時、まず初めに無気力となる。選手は、レベルの高いパフォーマンスに必要とされている、退屈でごく普通の反復練習に飽きた時、もしくは疲れた時、無気力になる。無気力は、一時的に起こる状

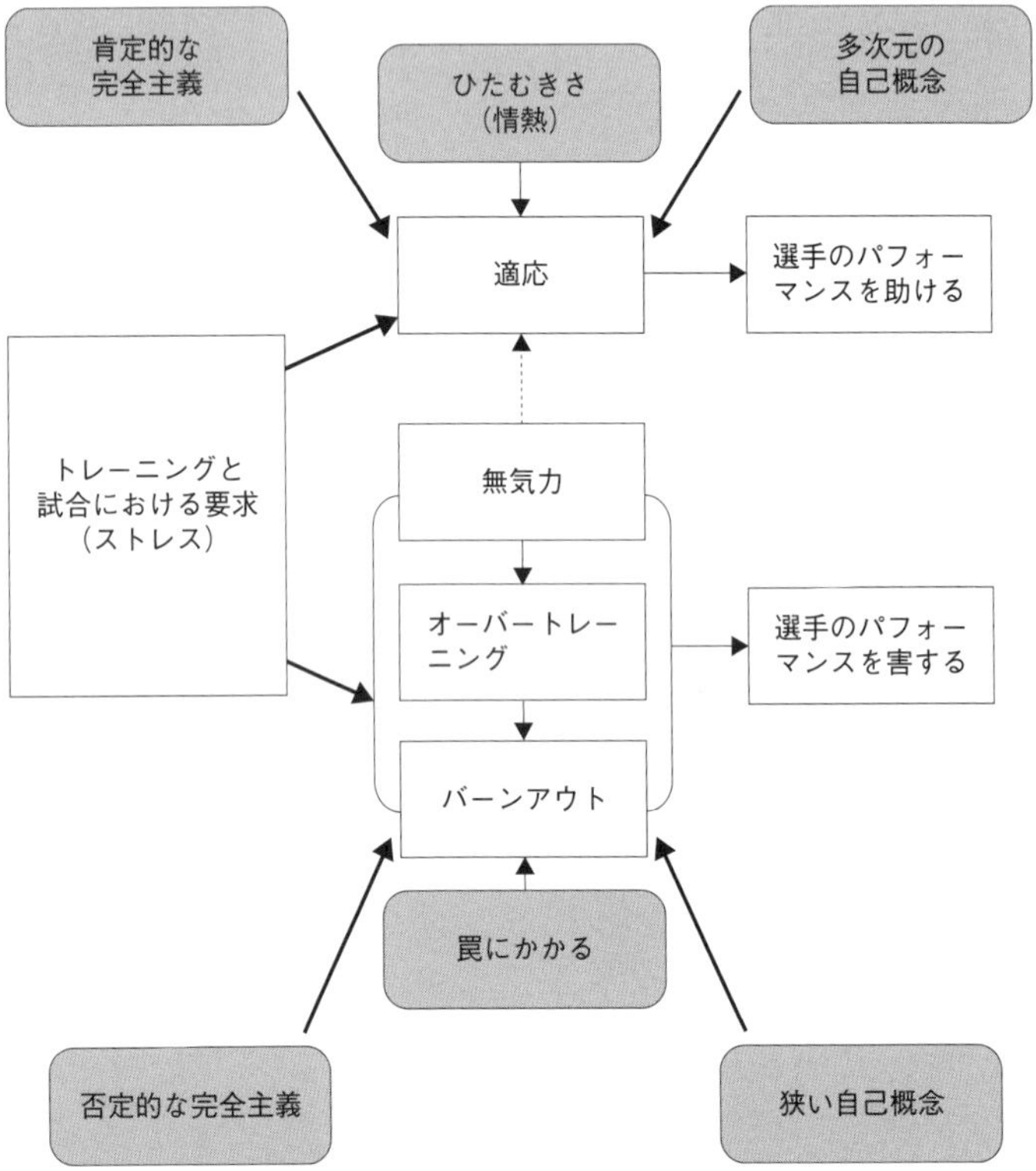


▲図16.1：競争における要求への肯定的な適応と否定的な適応

態であり、選手は長い一日、もしくは一週間の練習の後によく経験する。実際に、選手が無気力と感じている時、パフォーマンスの停滞期をたびたび経験する。そして、持続して上達していくために、このような停滞期を乗り越えてトレーニングをしなくてはいけないため、無気力から適応の方向に向かうこともできる。

### (3) オーバートレーニング

もし選手が休みをとってもストレスに適応できなかった場合、無気力が続き、オーバートレーニングとなる。オーバートレーニングは、選手が最大の利益を得るために理想とされている基準を超えてトレーニングする時に起こる。オーバートレーニングにより、トレーニングの効果が長期間表れず、選手のパフォーマンスに悪影響を与える。

### (4) 最終的な結果としてのバーンアウト

図16・1で示したように、ストレスに適応できていない否定的な下降は、無気力からオーバートレーニング、バーンアウトへと移行する。このように、バーンアウトは一夜で起こることではない。選手はよくバーンアウトのためにスポーツをやめてしまう選手もいるが、その一方で多くの選手は、バーンアウトに陥っているにもかかわらず、スポーツを続けており、バーンアウトによる心身の否定的な兆候により、パフォーマンスや総合的な健康を損なっている。

## ●なぜ、バーンアウトになりやすい選手がいるのか

ストレスはバーンアウトの要因であるが、選手がこの悪い状態を経験する理由は、単にストレスのため

だけではない。ある研究では、ある特定の選手がバーンアウトになりやすいと述べられており、図16・1の下部で示されているように、バーンアウトになりやすい選手には三つの特徴がある。

### (1)罠に捕らわれている感じがする

第一の特徴は、スポーツへ参加することに束縛されていると感じている選手は、自分が決断して好きでスポーツをしている選手より、バーンアウトになりやすいことである。選手が、家族からのプレッシャー、自分自身への期待、大学の奨学金、また翌年の奨学金のためにスポーツを続けなくてはいけないと感じる時、この「罠に捕らわれている」という経験をする。反対に、スポーツへの情熱的な「ひたむきさ」、もしくはスポーツへの愛情は、選手に課された厳しいトレーニングやメンタル面の要求に耐えるのを助ける。

### (2)否定的な完全主義

第二の特徴は、否定的な完全主義である。完全主義とは、成功の基準が高く、効果的に組織化できるなど、肯定的な特質である。しかし、選手が必要以上にミスを気にしたり、完璧なパフォーマンスを求めるため非現実的な期待をした時、完全主義は悪影響を及ぼす。このような否定的な完全主義は、バーンアウトになりやすい選手に多くみられる。

### (3)狭い自己概念

第三の特徴は、狭い自己概念である。バーンアウトに陥った青年期の選手は、スポーツに参加するため、とても狭く、束縛された生活を送っていることが明らかにされている。もし選手の唯一の独自性（アイデンティティ）が、単にスポーツの成功によるのであれば、選手にかかる要求、プレッシャー、ストレスは大きく、バーンアウトしやすいことは明らかなようである。スポーツ以外の活動を通して得られる客観性やこころの回復は、スポーツトレーニングの抑制された性質やパフォーマンスの期待から解放し、選手にいくらか安らぎを与える。スポーツだけを狭く、専門的に行っており、他に何もしていない選手は、過度のプレッシャーを受け、バーンアウトになりやすい。

### ◉選手がバーンアウトを避けることや対処することを助ける

人生の中で誰しもがバーンアウトを経験することがあるだろう。したがって、コーチとして、選手のバーンアウトを防ぐことができる、防ぐべきだ、と考えるのは現実的ではない。それよりも、コーチの目標は、まずバーンアウトがどのように起こるか理解することである。次に、バーンアウトしやすい選手が、自らの生活を管理できるように指導し、バーンアウトに捕らわれないように援助することである。以下に、コーチとして、選手がバーンアウトを避けることや対処することを助けるための四つの提案をする。

#### ⑴挑戦や多様性のあるトレーニングを用いて、無気力に立ち向かう

反復練習は技術の向上に必要だが、選手が動機づけを高め、無気力を避けられるように、コーチは挑戦的で革新的な方法で選手を鍛えなくてはいけない。そのため、軽い練習と厳しい練習のバランスをとったり、軽い練習と厳しい練習を一週間ごとに入れたりするインターバルトレーニングが役に立つ。選手に休みと回復の大切さを説明し、そのために十分な時間を与える。スポーツに参加することは大事であり、胸がワクワクすることであるように、環境を整えよう。これは、すべての練習を楽しくしなくてはいけないということではない。なぜなら、最高のパフォーマンスには、勤勉で厳しいトレーニングが必要だからである。チームの目標を達成することに意義を追及して夢中になっている時には、選手は無気力になりにく

い。

## (2)オーバーロード（荷重負荷）とオーバートレーニングを混乱させない

コーチとして最も難しい決定は、選手をどのくらい追い込むかである。残念ながら、何が最適であるか、そして何がやりすぎであるか示す法則はない。トレーニング理論の基礎では、オーバーロードはパフォーマンスを向上させるのに大切であるが、ある地点でオーバーロードがオーバートレーニングに変わり、トレーニングの恩恵が途絶え、効果が期待できない。選手への要求を高くすればするほど、ケガをする確率が急上昇し、疲労骨折や腱炎などのケガを招く。バーンアウトは、長期間のオーバートレーニングによりメンタル面が疲労して起きたケガである。コーチは、選手が身体的な健康とメンタル面の集中を保てるように、質の高いトレーニングに焦点を当てなくてはいけない。

## (3)他の活動を除外して、一つのスポーツだけに情熱を注ぐことを重視しない

高校スポーツは、選手のすべての能力を一つのスポーツに注がせようとする傾向にある。これは、選手の技術を向上させるために一番好ましい方法で、大学の奨学金を得る機会を与えるというが、これは選手のためではなく、コーチがプログラムで恩恵を得るために要求しているのが事実である。もし、あなたが一つのスポーツを選択している選手を指導する時、少なくとも、選手にその他の活動にも参加するよう勧めるべきである。選手が、さまざまな興味や専門分野、そして多様なアイデンティティや自己概念を持つことは大切である。私は、個人のパイを作ることを勧めている。選手は円を描き、その円を分割し、一切れずつに、自分はどのような人か、また自分にとって大切なことは何かを表すようにする。例えば、各選手は、自分自身がテニス選手、よい学生、友達と楽しい時間を共にしている自分を表すパイを描くかもし

れない。一切れのパイの大きさが、個人のアイデンティティの一部として、どれくらい重要であるかを表している。もし選手が、パイの大部分に選手というアイデンティティを示したならば、彼らはバーンアウトに陥りやすい。多くの領域に優れ、関心を向け、同様に自分の視点やバランスを養うのに必要なさまざまな生活活動をして、多様性のある個人のパイを持てるように援助する。

### (4) バーンアウトになりやすい性格や生活環境にいる選手に介入する

私たちはひたむきな選手を好む。しかし、もしその「ひたむきさ」が否定的な完全主義に基づいているならば、選手自身がミスを気にしすぎたり、非現実的なパフォーマンスに期待することが、選手のストレスになることに注意しなければならない。そのため、選手に練習や試合でミスを避けるよりも、上手にプレーをすることに集中させるように、あなたが選手のミスを受容するようにしよう。選手が試合に関わる前向きな気持ちを作り、否定的な気持ちに対処できるように、最適な「活力・元気」の書き込み用紙を作成するのを援助しよう。また、試合に向けて、集中の計画や最適な「活力・元気」の感情を精神的にリハーサルするために、イメージを利用することができる。

### ◉コーチとバーンアウト

コーチは選手よりもバーンアウトになりやすい。コーチがバーンアウトになる多くの理由は、選手がバーンアウトになるのと同じである。水泳のコーチが、どのような理由にせよ、コーチという仕事に捕らわれていると感じていた場合は、バーンアウトのリスクは高かったが、コーチという仕事に前向きに関わっていた場合は、バーンアウトのリスクは低かった。選手と同じように、コーチという仕事を好きで行っている場合は、バーンアウトの原因となるストレスを受けにくい。バーンアウトになりやすいコーチには、過大な負担や自分のプログラムへのコントロール感の不足がストレスやバーンアウトの一因となっている。そのため、もしあなた自身が自らの健康や幸せのために時間を使わなければ、コーチとして効果的に指導することはできない。自らの「活力・元気」を回復させ、客観性が持てるように、リラックスしたり、コーチの仕事から離れたりする対応策を持とう。

## 2. 受傷した選手

二つ目の精神的強さを養うコーチングの特別な方法は、受傷選手のケガの回復や試合への復帰を促進するために、選手が心理的スキルを身につけられるようにサポートすることである。選手がケガをした時、身体の回復に焦点が置かれるが、ある研究では、ケガからのメンタル面の回復も同様に大切であると報告している。そのため、精神的な強さを養うコーチングでは、以下の三つの大切な任務があげられる。①心理的スキルとケガの関係についての理解、②選手のケガやリハビリテーションでの努力に対する応対、③リハビリテーション中にメンタルトレーニングの方略を提供するような援助である。

### ◉心理的スキルは選手のケガの発生を軽減する

生活面のストレスをより多く経験し、このようなストレッサーをあまり効果的に対処できない選手は、ストレスを上手に対処でき、ストレスが低い選手よりケガを多くする。反対に、集中力があり、リラックスをしている選手は、精神状態が生産的ではない選手よりもケガをしにくい。このような心理的スキルとケガの発生との関係は、次に示すようにある程度予測できる。

①リラックスした体はケガをしにくいが、筋肉の緊張はケガをする危険性を高める。

②ストレスと不安は、選手の注意の焦点を狭くし、周辺部の危険に反応する能力を低下させる。

③注意力の散漫は、選手が試合の場において、自分の周りで起きていることを意識するという任務への集中を低くする。

④選手がメンタルトレーニングを行っている場合、ケガの危険性が減る。例えば、シーズン中に、リラクセーションとイメージトレーニングを行った水泳選手では、ケガの発生が52%減少し、アメリカンフットボール選手では、33%減少した。

⑤メンタル面で、「活力・元気」の養成スキルをトレーニングした体操選手は、そのトレーニングを行わなかった選手よりもケガの発生が少なかった。

## ◉受傷選手のメンタルトレーニング

選手がケガをした時、周りのすべての人による生産的な心理面での取り組みが重要である。選手の自信や回復能力における考えは、トレーナーやコーチとの相互作用に影響される。コーチは、「膝の調子はどう?」というケガに対してだけの質問ではなく、「どのように感じていますか?」というように、選手を一人の人間として応じるべきである。どのようにケガが治るのかに焦点を当てるのではなく、選手の気持ちや考えに焦点を当てる共感性は、リハビリテーションの初期段階では特に重要である。受傷選手は孤立していて、チームと繋がっているという感覚をなくしているので、できるだけ受傷選手がチームの活動を一緒に行えるようにする。可能であれば、受傷選手はトレーニングに参加したり、周辺に立っているよりも、タイムを計ったり、フィードバックを送ったり、コーチから教えられた新しい戦略を学んだりするべきである。特に、受傷選手は、身体を動かすことができないこの時期に、できる限りメンタルリハーサルを行うべきである。自分自身が練習でプレーをしているのをイメージして、完璧なパフォーマンスの反応を鮮やかに感じ、想像したほうがよい。

## ◉ケガに対する選手の反応

選手は、重いケガに対処する時、多くの種類のマイナス思考や「活力・元気」を経験する。メンタル面での大きな二つの障害は、チームからの孤立感とケガの再発への恐れである。しかしながら、選手が試合で最適な「活力・元気」の状態を作るために不快な感情を利用するように、ケガの回復を向上するために不快な感情を利用することが、ある研究で報告されている。怒り、いらだち、そして欲求不満のような感情は、受傷後、競技に復帰する際に経験する選手の切迫感に関係しており、長く、そして難しいリハビリテーションの過程の間、肯定的な「活力・元気」として利用されることがある。トップ選手たちは、ケガやリハビリテーションでの苦痛な経験にもかかわらず、選手として大切なスキルや観点を明らかに得ることができたと報告している。これらは、シーズンを棒に振る重いケガをしたスキー選手の次のような言葉からも理解できる。「私は、逆境やケガなしでは成功しなかった。なぜなら、私にはメンタル面を鍛える時間が必要だったからだ。それは、私を強くしてくれた。そのような経験は、忙しい私にメンタル面を鍛える時間を取らせてくれた。これから私は何をしていくのか準備をするために、一人で考える時間が必要だった。そのような経験は、どのように逆境を乗り越えるのか、どのように勝つのか、そしてもう一度勝つ方法を教えてくれた」。これらの言葉は、否定的な経験を組み立て直す以上のことを表している。私は人生の中で逆境を経験した人は、逆境を経験していない人より、内面的な強い物を持っているといつも信じている。

**◉受傷選手のためのメンタル的な戦略**

ある研究では、選手のケガの回復を促進するのに、メンタルトレーニングが効果的であることが明らかにされている。特に、メンタルトレーニングは、気分を向上させ、最適な努力を引き出し、回復を促進し、痛み、ストレス、そして不安を減らす。選手がソーシャルサポートを得るために他人に頼るより、「活力・元気」の養成、集中のための計画、そしてイメージのようなメンタルトレーニングに積極的に取り組んだ場合には、さらに良好な回復を経験する。コーチやアスレチックトレーナーは、リハビリテーションの目標の組織的な計画を作り、ケガの回復のための目的の意図を定義することから始め、重要な段階での秘訣、挑戦、集中の目標を含めて選手を援助することができる。痛みをコントロールしたり、選手の体をリラックスさせたり活気づけるために、呼吸法や意識的な筋肉のコントロールの練習が効果的である。

ケガのリハビリテーションの最後の障害は、選手が試合へ復帰することである。この段階では、身体が心よりも先に準備されていることがよくある。選手が復帰する時、いつもより、疑い深くなり、ケガの再発への恐怖、不安、自信のなさなどを感じることは普通であると教えよう。復帰するために目標の組織的な計画を用いて、復帰を一時的なものではなく、過程としてみるとよい。重いケガから復帰した選手が、十分にパフォーマンスに集中でき、ケガをした部分に自信を持ち、ケガの再発という考えや恐怖心に惑わされないようになるには、復帰してから6週間はかかると報告されている。選手は、この時期、正確な目標に焦点を置き、非現実的な期待をしないようにするとよい。回復の過程は完璧ではないが、最適なコンディションに向かって徐々に回復していくことにより、完治していくことを理解すべきである。

## 3．スランプに陥った選手

メンタルトレーニングの相談に応じる専門家に助けを求めにくる選手の悩みは、パフォーマンスのスランプであることが多い。スランプは、ある一定期間、パフォーマンスの低下を経験することであり、それは選手にとって普通ではないことである。選手がスランプに陥ると、多くの質問が出てくる。スランプは身体面によるものか、それともメンタル面によるものか？　もっと厳しいトレーニングをするべきか、それとも軽くするべきか？　スランプについて選手と話すべきか、それとも一人にしておくべきか？　ここでは、選手がスランプを乗り切るための五つの案を紹介する。

### ◉自然に起こり、避けられないこととして、スランプを正常化する

もし、あなたが選手ならば、フローや最高のパフォーマンスを経験する一方で、まったく駄目なパフォーマンスやスランプも経験するだろう。そのために、心理的スキルがとても大切となる。スランプは

普通のことで、一時的な後退で、永遠に続かないことを選手に理解させる。重要なことは、それを受け入れ、適切に反応することである。

## ◉スランプはさまざまなことから起こる

スランプへの一般的な反応は、なぜスランプが起きているのか、早急に、そして熱心に探すことである。新しい用具に順応する時にスランプになった場合、選手は単に慣れていない新しい用具によるパフォーマンスの後退としてスランプを受け入れる。パフォーマンスの低下が重要な技術面のエラーから起こる時、エラーに気づき、それを訂正することでパフォーマンスは改善する。その他に、家族の問題や学業のプレッシャーなどの生活上のストレッサーがスランプに影響する。

## ◉パフォーマンスに対する選手のメンタル面の反応は、スランプを対処するのに、最も大切である

多くの要素がスランプの一因となるが、選手はスランプや調子の悪い日に、生産的に対応することが一番大切であることを理解しなくてはいけない。例えば、心理的に間違った対処をすると、パフォーマンスの悪いところを強調しようとしたり、調子の悪い日を調子の悪い日として受け入れなかったりして、自分自身をスランプに導くことがある。逆に自信がある場合には、選手は調子の悪い日を受け入れ、生産的に考えられるようになる。

## ◉スランプという言葉を使わない

スランプをスランプとして考えないこともよい方法である。パフォーマンスが微妙にずれている、上手にプレーすることに苦しんでいる、もしくは一時的に堕落しているようなことは、自然で、普通で、予期され、よく起こることだろう。スランプと呼んだり、スランプに執着したりして、スランプに捕らわれてはいけない。2003年のタイガー・ウッズ（プロゴルファー）のパフォーマンスが良い例である。2003年、彼がメジャーに勝てないということから、メディアは彼のスランプについて取り上げるようになった。しかし、ウッズは自分がスランプであるという考えを何度も嘲笑し、スランプであることを認めなかった。皮肉にも、ウッズは世界で一番良いスコアで2003年のシーズンを終了し、賞金ランキングで二位となり、年間の最優秀選手に選ばれた。

## ◉選手は自らの自動操縦装置に取り組み、従事するために、集中のプランと集中の目標を用いるべきである

まったく駄目な最悪のパフォーマンスのように、選手はスランプの時、コントロールされた作業を逆戻りさせる傾向がある。選手は集中のための計画を作成して使用し、障害に対しても再び集中できるように、心理面での練習を行うべきである。

コーチは、スランプを経験している選手が休みを取り、リラックスするべきか、もしくはトレーニングを続けるべきか私によく質問する。私は通常、心理面では休息をとることに焦点を置き、身体面では反復トレーニングを継続するという組み合わせを勧めている。スランプの時に、質の良い身体面のトレーニングを継続することや、メンタル的に集中して生産性を保つことを選手に要求するのは難しい。それでもや

はり、選手に求めよう。今、彼らに何が起こっているかは、起こっていることにどう対応するかほど重要ではないことを、選手に念を押して言おう。

## 4. 堅実なパフォーマンスができない選手

### ◉堅実さが重要であることを強調する

パフォーマンスの堅実さは、華やかな世界である21世紀のスポーツでは目立たないメンタルや動作の技術である。テレビで放映される試合のハイライトは、堅実なプレーではなく、華麗なプレーを称賛する。しかしながら、すべてのスポーツのコーチは、試合中の堅実なパフォーマンスが成功の秘訣であることを知っている。例えば、野球ではホームランが強調されるが、守備、ピッチング、そして堅実な攻撃の結果、優勝することができる。選手が堅実なプレーができるようになる前に、彼らは、堅実さとは何か、そして、スポーツにおいて、最も重要とされる堅実なパフォーマンスの種類は何かということを理解しなくてはいけない。

### ◉堅実さの意味

堅実なパフォーマンスは、堅実な考え、集中、感情、そして行動が必要であり、堅実なメンタル面と身体面の準備を必要としている。選手がゲームプランから逸れたり、いつも自分がしていないことをしようとしたりする時、堅実さがなくなる。堅実さは、各選手が効果的にパフォーマンスを発揮できる領域として定義され、努力、感情、自信、思考、そして集中などを含む。

### ◉堅実でないことに対応すること

これは逆説的となるが、選手は、自分の堅実でないプレーに対して、堅実に対応することを学ばなくてはいけない。何が選手の堅実さを妨げているのか、選手に整理させよう。そして、試合で経験する堅実な「活力・元気」や感情が、堅実なパフォーマンスを導いていることを理解させ、自分自身にとって最適な「活力・元気」の輪郭表を選手に記録させるべきである。

### ◉一定のレベルでプレーをする

堅実さがない選手の共通点は、「試合のレベルに合わせてプレーをしていること」である。選手、もしくはチームが自分より弱い相手と戦う時、彼らのパフォーマンスが落ち、強い相手と戦う時、堅実なパフォーマンスができない。選手はどんな相手に対しても、最適な「活力・元気」の領域や油断のないメンタル面の集中を作らなくてはいけない。試合において、「活力・元気」や集中力が高く、またあまりにも低くならないよう一定になることを援助し、試合に向けて堅実な心身の対応を維持し、試合で起こることに対して、堅実で生産的な反応をするように訓練する。

## 5. 完全主義の選手

### ◉肯定的と否定的な完全主義

完全主義には、肯定的と否定的という二つのタイプがあることが明らかにされている。肯定的な完全主義とは、高い個人の達成基準を持つ選手が、成功することに打ち込み、自分のベストを尽くすことに高く動機づけられ、目標を追及する努力から喜びを得ることである。また、肯定的な完全主義者は、自分が常に完璧にプレーできないことを受け入れ、パフォーマンスの逆境を乗り越える。一方で、否定的な完全主義者は、高い達成基準を持つが、失敗を避けることに集中し、ミスを許さず、必要以上に自分のパフォーマンスを批判的に評価し、最大限の努力をしている時でさえ、自分のパフォーマンスを良く感じることはめったにない。スポーツにおいて良い成績をおさめるには、リスクを覚悟して、無心でパフォーマンスを実現することが必要である。否定的な完全主義者は、失敗を避ける方向に焦点を合わせるので成長が妨げられる。また、否定的な完全主義は、選手に競争的な不安、バーンアウト、社会的体型不安、そして摂食習慣の障害さえ導くこともある。

### ◉否定的な完全主義者を把握すること

否定的な完全主義の選手をみつけるのは容易である。彼らはミスをした後、早めにあきらめ、プレッシャーの場面を避けるかもしれない。そして、否定的な完全主義が高い選手は、いつも「私は完璧にプレーをしなくてはいけない」という受身的な考えに没頭しているため、コーチは「完璧にプレーをしなくてはいけないという考えは、どのようにあなたを助けていますか」というような論理的情動行動療法に似た質問を用いて、選手の非現実的、そして非合理的な考えに反論するべきである。

**◉否定的な完全主義者を指導すること**

否定的な完全主義者の選手が集中するための計画を作成する時、彼らが避けたい動きに集中させるのではなく、彼らが行うであろう具体的な動作に集中させるべきである。

## 6. ひたむきなパフォーマンスを目指す選手

コーチは、選手が「ひたむきさ」とは何であるかを理解できるように、「ひたむきさ」を定義しなくてはいけない。それは、時間を守ること、コーチが見ていない時でも一生懸命練習すること、よく調整された状態でシーズンに入ることに個人で責任を持つことを含む。あなたは、いかなる場合でも選手に「ひたむきさ」を強制することはできないが、選手に対しひたむきさとはどのようなことであるかを理解させることや、「ひたむきさ」を進展させ、深める方法を指示することはできる。

（訳　直井 愛里）

Wegner, D. M., Ansfield, M., & Pilloff, D. (1998). The putt and the pendulum: Ironic effects of the mental control of action. *Psychological Science, 9*, 196-199.

Weinberg, R., Gould, D., & Jackson, A. (1979). Expectations and performance: An empirical test of Bandura's self-efficacy theory. *Journal of Sport Psychology, 1*, 320-331.

Weiner, B. (1986). *An attribution theory of motivation and emotion*. New York: Springer-Verlag.

Weiss, M. R., Ebbeck, V., & Horn, T. S. (1997). Children's self-perceptions and sources of physical competence information: A cluster analysis. *Journal of Sport & Exercise Psychology, 19*, 52-70.

Weiss, M. R., & Petlichkoff, L. M. (1989). Children's motivation for participation in and withdrawal from sport: Identifying the missing links. *Pediatric Exercise Science, 1*, 195-211.

Wells, C. M., Collins, D., & Hale, B. D. (1993). The self-efficacy-performance link in maximum strength performance. *Journal of Sport Sciences, 11*, 167-175.

Wertheim, L. J. (2003, November 10). Andy Roddick is just like you. *Sports Illustrated*, pp. 72-76.

White, A., & Hardy, L. (1998). An in-depth analysis of the uses of imagery by high-level slalom canoeists and artistic gymnasts. *The Sport Psychologist, 12*, 387-403.

Wiese-Bjornstal, D. M., Smith, A. M., Shaffer, S. M., & Morrey, M. A. (1998). An integrated model of response to sport injury: Psychological and sociological dynamics. *Journal of Applied Sport Psychology, 10*, 46-69.

Wilcox, S., & Trudel, P. (1998). Constructing the coaching principles and beliefs of a youth ice hockey coach. *Avante, 4*, 39-66.

Williams, A. M., & Davids, K. (1998). Visual search strategy, selective attention, and expertise in soccer. *Research Quarterly for Exercise and Sport, 69*, 111-128.

Williams, A. M., & Elliott, D. (1999). Anxiety, expertise, and visual search strategy in karate. *Journal of Sport & Exercise Psychology, 21*, 362-375.

Williams, J. M., & Harris, D. V. (2001). Relaxation and energizing techniques for regulation of arousal. In J. M. Williams (Ed.), *Applied sport psychology: Personal growth to peak performance* (4th ed., pp. 229-246). Mountain View, CA: Mayfield.

Williams, J. M., Hogan, T. D., & Andersen, M. B. (1993). Positive states of mind and athletic injury risk. *Psychosomatic Medicine, 55*, 468-472.

Williams, J. M., & Krane, V. (2001). Psychological characteristics of peak performance. In J. M. Williams (Ed.), *Applied sport psychology: Personal growth to peak performance* (4th ed., pp. 162-178). Mountain View, CA: Mayfield.

Williams, J. M., Rotella, R. J., & Scherzer, C. B. (2001). Injury risk and rehabilitation: Psychological considerations. In J. M. Williams (Ed.), *Applied sport psychology: Personal growth to peak performance* (4th ed., pp. 456-479). Mountain View, CA: Mayfield.

Williams, J. M., & Widmeyer, W. N. (1991). The cohesion-performance outcome relationship in a coacting sport. *Journal of Sport and Exercise Psychology, 13*, 364-371.

Wilson, P. (1995). *Instant calm*. New York: Penguin.

Wilson, P., & Eklund, R. C. (1998). The relationship between competitive anxiety and self-presentational concerns. *Journal of Sport & Exercise Psychology, 20*, 81-97.

Wise, J. B., & Trunnell, E. P. (2001). The influence of sources of self-efficacy upon efficacy strength. *Journal of Sport & Exercise Psychology, 23*, 268-280.

Wolff, A. (1996a, August 12). Power grab. *Sports Illustrated*, pp. 58-61.

Wolff, A. (1996b, July 22). Roadshow. *Sports Illustrated*, pp. 94-97.

Wolff, A. (1997, December 22). Fanfare for an uncommon man. *Sports Illustrated*, pp. 32-48.

Wooden, J. (1988). *They call me coach*. Chicago: Contemporary Books.

Wooden, J. (1997). *Wooden*. Chicago: Contemporary.

Wright, R. J. (1997). *Beyond time management: Business with purpose*. Boston: Butterworth.

Wrisberg, C. A., & Anshel, M. H. (1997). The use of positively-worded performance reminders to reduce warm-up decrement in the field hockey penalty shot. *Journal of Applied Sport Psychology, 9*, 229-240.

Wrisberg, C. A., & Pein, R. L. (1992). The preshot interval and free throw shooting accuracy: An exploratory investigation. *The Sport Psychologist, 6*, 14-23.

Yukelson, D. (1997). Principles of effective team building interventions in sport: A direct services approach at Penn State University. *Journal of Applied Sport Psychology, 9*, 73-96.

Zielinski, D. (1998, February). Bringing out the actor within: How to find your authentic stage presence. *Presentations*, pp. 41-52.

Zimmerman, P. (1979, November 26). All dressed up: Nowhere to go. *Sports Illustrated, 51*, 38-40.

Smith, D. K. (1999). *Make success measurable! A mindbook-workbook for setting goals and taking action.* New York: Wiley.
Smith, D. M. (1997). *The practical executive and leadership.* Lincolnwood, IL: NTC Business Books.
Smith, G. (2003, September 22). The secret life of Mia Hamm. *Sports Illustrated*, pp. 58-73.
Smith, R. E., & Christensen, D. S. (1995). Psychological skills as predictors of performance and survival in professional baseball. *Journal of Sport and Exercise Psychology, 17*, 399-415.
Smith, R. E., Schutz, R. W., Smoll, F. L., & Ptacek, J. T. (1995). Development and validation of a multidimensional measure of sport-specific psychological skills: The athletic coping skills inventory-28. *Journal of Sport and Exercise Psychology, 17*, 379-398.
Smith, R. E., & Smoll, F. L. (1990). Self-esteem and children's reactions to youth sport coaching behaviors: A field study of self-enhancement processes. *Developmental Psychology, 26*, 987-993.
Smith, R. E., Smoll, F. L., & Curtis, B. (1979). Coach effectiveness training: A cognitive behavioral approach to enhancing relationship skills in youth sport coaches. *Journal of Sport Psychology, 1*, 59-75.
Smoll, F. L., Smith, R. E., Barnett, N. P., & Everett, J. J. (1993). Enhancement of children's self-esteem through social support training for youth sport coaches. *Journal of Applied Psychology, 78*, 602-610.
Sorenstram stronger, relaxed, and prepared to play her best. (2003, May 22). *Cincinnati Enquirer*, pp. A1, A10.
Spence, J. T., & Spence, K. W. (1966). The motivational components of manifest anxiety: Drive and drive stimuli. In C. D. Spielberger (Ed.), *Anxiety and behavior.* New York: Academic Press.
Spink, K. S. (1990). Group cohesion and collective efficacy of volleyball teams. *Journal of Sport & Exercise Psychology, 12*, 301-311.
Starke, J. L., & Ericsson, K. A. (Eds.) (2003). *Expert performance in sports.* Champaign, IL: Human Kinetics.
Starkes, J. L., Helsen, W., & Jack, R. (2001). Expert performance in sport and dance. In R. N. Singer, H. A. Hausenblas, & C. M. Janelle (Eds.), *Handbook of sport psychology* (2nd ed.; pp. 174-201). New York: Wiley.
Summitt's spoof motivates team. (2004, April 2). *Cincinnati Enquirer*, p. C10.
Swift, E. M. (1992). All that glitters. *Sports Illustrated, 77* (December 14), pp. 70-80.
Tammen, V. V. (1996). Elite middle and long distance runners' associative/dissociative coping. *Journal of Applied Sport Psychology, 8*, 1-8.
Taylor, J. (1988). Slumpbusting: A systematic analysis of slumps in sport. *The Sport Psychologist, 2*, 39-48.
Taylor, P. (1995). Resurrection. *Sports Illustrated, 82* (March 27), pp.18-22.
Templin, D. P., & Vernacchia, R. A. (1995). The effect of highlight music videotapes upon game performance of intercollegiate basketball players. *The Sport Psychologist, 9*, 41-50.
Tharp, R. G., & Gallimore, R. (1976, January). Basketball's John Wooden: What a coach can teach a teacher. *Psychology Today*, pp. 75-78.
Theeboom, M., De Knop, P., & Weiss, M. R. (1995). Motivational climate, psychological responses, and motor skill development in children's sport: A field-based intervention study. *Journal of Sport and Exercise Psychology, 17*, 294-311.
Thelwell, R. C., & Greenlees, I. A. (2001). The effects of a mental skills training package on gymnasium triathlon performance. *The Sport Psychologist, 15*, 127-141.
Thomas, P. R., & Over, R. (1994). Psychological and psychomotor skills associated with performance in golf. *The Sport Psychologist, 8*, 73-86.
Thompson, J. (2003). *The double-goal coach.* New York: HarperCollins.
Thomsen, I. (2000). Heavenly ascent. *Sports Illustrated, 93* (July 24), pp. 40-48.
Tour tips. (2003, March/April). How to stop the bleeding. *Golf for Women*, p. 86.
Tracey, J. (2003). The emotional response to the injury and rehabilitation process. *Journal of Applied Sport Psychology, 15*, 279-293.
Treasure, D. C., Monson, J., & Lox, C. L. (1996). Relationships between self-efficacy, wrestling performance, and affect prior to competition. *The Sport Psychologist, 10*, 73-83.
Tuckman, B. W. (1965). Developmental sequence in small groups. *Psychological Bulletin, 63*, 384-399.
Udry, E., Gould, D., Bridges, D., & Beck, L. (1997). Down but not out: Athlete responses to season-ending injuries. *Journal of Sport & Exercise Psychology, 19*, 229-248.
Vallerand, R. J., & Fortier, M. S. (1998). In J. L. Duda (Ed.), *Advances in sport and exercise psychology measurement* (pp. 81-101). Morgantown, WV: Fitness Information Technology.
Van Schoyck, S. R., & Grasha, A. F. (1981). Attentional style variations and athletic ability: The advantages of a sport-specific test. *Journal of Sport Psychology, 3*, 149-165.
Vealey, R. S. (1986). Conceptualization of sport-confidence and competitive orientation: Preliminary investigation and instrument development. *Journal of Sport Psychology, 8*, 221-246.
Vealey, R. S. (1994). Current status and prominent issues in sport psychology interventions. *Medicine and Science in Sports and Exercise, 26*, 495-418.
Vealey, R. S., Armstrong, L., Comar, W., & Greenleaf, C. A. (1998). Influence of perceived coaching behaviors on burnout and competitive anxiety in female college athletes. *Journal of Applied Sport Psychology, 10*, 297-318.
Vealey, R. S., & Greenleaf, C. A. (2001). Seeing is believing: Understanding and using imagery in sport. In J. M. Williams (Ed.), *Applied sport psychology: Personal growth to peak performance* (4th ed., pp. 247-283). Mountain View, CA: Mayfield.
Vealey, R. S., & Knight, B. J. (2002, October). Conceptualization and measurement of multidimensional sport-confidence. Paper presented at the Association for the Advancement of Applied Sport Psychology Conference, Tucson.
Vealey, R. S., Udry, E. M., Zimmerman, V., & Soliday, J. (1992). Intrapersonal and situational predictors of coaching burnout. *Journal of Sport & Exercise Psychology, 14*, 40-58.
Viesturs, E. (2000). Each mountain a collection. In B. McDonald & J. Amatt (Eds.), *Voices from the summit* (pp. 72-77). Washington, D. C.: Adventure Press.
Wahl, G., & Wertheim, L. J. (2003, December 22). A rite gone terribly wrong. *Sports Illustrated*, pp. 68-77.
Walton, D. (1989). *Are you communicating?* New York: McGraw-Hill.
Walton, G. (1992). *Beyond winning: The timeless wisdom of great philosopher coaches.* Champaign, IL: Human Kinetics.
Wanlin, C. M., Hrycaiko, D. W., Martin, G. L., & Mahon, M. (1997). The effects of a goal-setting package on the performance of speed skaters. *Journal of Applied Sport Psychology, 9*, 212-228.
Warner, B. (1999). It might as well be me! In J. Naber (Ed.), *Awaken the Olympian within* (pp. 85-94). Torrance, CA: Griffin.
Watson, C. B., & Chemers, M. M. (1998). *The rise of shared perceptions: A multilevel analysis of collective efficacy.* Paper presented at the Organizational Behavior Division for the Academy of Management Meeting, San Diego, CA.
Watson, D., Clark, L. A., & Tellegen, A. (1985). Towards a consensual structure of mood. *Psychological Bulletin, 98*, 219-235.
Wegner, D. M. (1994). Ironic processes of mental control. *Psychological Review, 101*, 34-52.

Pates, J., Cummings, A., & Maynard, I. (2002). The effects of hypnosis on flow states and three-point shooting performance in basketball players. *The Sport Psychologist, 16*, 34-47.

Patrick, T. D., & Hrycaiko, D. W. (1998). Effects of a mental training package on an endurance performance. *The Sport Psychologist, 12*, 283-299.

Pelletier, L. G., Fortier, M. S., Vallerand, R. J., Tuson, K. M., Briere, N. M., & Blais, M. R. (1995). Toward a new measure of intrinsic motivation, extrinsic motivation, and amotivation in sports: The sport motivation scale (SMS). *Journal of Sport and Exercise Psychology, 17*, 35-53.

Pelletier, L. G., & Vallerand, R. J. (1996). Supervisors' beliefs and subordinates' intrinsic motivation: A behavioral confirmation analysis. *Journal of Personality and Social Psychology, 71*, 331-340.

Perkos, S., Theodorakis, Y., & Chroni, S. (2002). Enhancing performance and skill acquisition in novice basketball players with instructional self-talk. *The Sport Psychologist, 16*, 368-383.

Perman, S. (2002). The agony (not to mention the public humiliation, financial disappointment and long-term psychological trauma) of defeat. *Sports Illustrated for Women, 4* (February), pp. 78-83.

Posner, M. I., & Bois, S. J. (1971). Components of attention. *Psychological Review, 78*, 391-408.

Perkins, D., Wilson, G. V., & Kerr, J. H. (2001). The effects of elevated arousal and mood on maximal strength performance in athletes. *Journal of Applied Sport Psychology, 13*, 239-259.

Perry, M. (2002). Five questions with Carlos Boozer. *Cincinnati Enquirer* (January 12), p. D4.

Raedeke, T. D. (1997). Is athlete burnout more than just stress? A sport commitment perspective. *Journal of Sport & Exercise Psychology, 19*, 396-417.

Raedeke, T. D., Granzyk, T. L., & Warren, A. (2000). Why coaches experience burnout: A commitment perspective. *Journal of Sport & Exercise Psychology, 22*, 85-105.

Ravizza, K. (1977). Peak experiences in sport. *Journal of Humanistic Psychology, 17*, 35-40.

Ravizza, K. (1993). An interview with Peter Vidmar, member of the 1994 U.S. Olympic gymnastics team. *Contemporary Thought in Performance Enhancement, 2*, 93-100.

Ravizza, K., & Hanson, T. (1995). *Heads-up baseball: Playing the game one pitch at a time*. Chicago: Masters Press.

Ravizza, K., & Osborne, T. (1991). Nebraska's 3 R's: One-play-at-a-time preperformance routine for collegiate football. *The Sport Psychologist, 5*, 256-265.

Ready, Set, Go. (2004, May/June). *Golf for Women*, p. 118.

Reilly, R. (1995). Goodness gracious, he's a great ball of fire. *Sports Illustrated, 83* (March 27), pp. 62-72.

Riley, P. (1993). *The winner within: A life plan for team players*. New York: Putnam's Sons.

Ripoll, H., Kerlirzin, Y., Stein, J. F., & Reine, B. (1995). Analysis of information processing, decision making, and visual strategies in complex problem solving sport situations. *Human Movement Science, 14*, 325-349.

Roberts, W., & Vealey, R. S. (1992, October). *Attention in sport: Measurement issues, psychological concomitants, and the prediction of performance*. Paper presented at the Association for the Advancement of Applied Sport Psychology Conference, Colorado Springs.

Rodgers, W., Hall, C., & Buckolz, E. (1991). The effect of an imagery training program on imagery ability, imagery use, and figure skating performance. *Journal of Applied Sport Psychology, 3*, 109-125.

Rohnke, K., & Butler, S. (1995). *Quicksilver: Adventure games, initiative problems, trust activities and a guide to effective leadership*. Dubuque, IA: Kendall/Hunt.

Rosen, K. (1998, January/February). Who's the Olympic favorite? *Olympian*, pp. 16-18.

Rosenfeld, L. B., & Richman, J. M. (1997). Developing effective social support: Team building and the social support process. *Journal of Applied Sport Psychology, 9*, 133-153.

Rotella, R. J. (1992, September)). How to use - not lose - your temper. *Golf Digest*, pp. 78-80.

Rotella, R. J. (1995). *Golf is not a game of perfect*. New York: Simon & Schuster.

Rushall, B. S., Hall, M., Roux, L., Sasseville, J., & Rushall, A. S. (1988). Effects of three types of thought content instructions in skiing performance. *The Sport Psychologist, 2*, 283-297.

Rushall, B. S., & Shewchuk, M. (1989). Effects of thought content instructions on swimming performance. *The Journal of Sports Medicine and Physical Fitness, 29*, 326-334.

Rushin, S. (1994, December 19). Out of the shadows. *Sports Illustrated*, pp. 72-80.

Russell, B., & Branch, T. (1979). *Second wind: The memoirs of an opinionated man*. New York: Random House.

Ryan, E. D. (1980). Attribution, intrinsic motivation, and athletics: A replication and extension. In C. H. Nadeau, W. R. Halliwell, K. M. Newell, & G. C. Roberts (Eds.), *Psychology of motor behavior and sport - 1979* (pp. 19-26). Champaign, IL: Human Kinetics.

Sackett, R. S. (1934). The influences of symbolic rehearsal upon the retention of a maze habit. *Journal of General Psychology, 13*, 113-128.

Sampras, P. (1997, November). You can come through at crunch time. *Tennis*, pp. 36-38.

Saporito, B. (2003, September 29). Ten questions for Lance Armstrong. *Time*, p. 8.

Scanlan, T. K., Russell, D. G., Beals, K. P., & Scanlan, L. A. (2003). Project on elite athlete commitment (PEAK): II. A direct test and expansion of the sport commitment model with elite amateur sportsmen. *Journal of Sport & Exercise Psychology, 25*, 377-401.

Scanlan, T. K., Russell, D. G., Wilson, N. C., & Scanlan, L. A. (2003). Project on elite athlete commitment (PEAK): I. Introduction and methodology. *Journal of Sport & Exercise Psychology, 25*, 360-376.

Scheier, M. F., & Carver, C. S. (1992). Effects of optimism on psychological well-being: Theoretical overview and empirical support. *Cognitive Therapy and Research, 16*, 201-228.

Schomer, H. H. (1986). Mental strategies and perceptions of effort of marathon runners. *International Journal of Sport Psychology, 17*, 41-59.

Schneider, W., Dumais, S. T., & Shiffrin, R. M. (1984). Automatic and control processing and attention. In R. Parasuraman & R. Davies (Eds.), *Varieties of attention* (pp. 1-27). Orlando, FL: Academic Press.

Scott, L. M., Scott, D., Bedic, S. P., & Dowd, J. (1999). Need title. *The Sport Psychologist, 13*, 57-68.

Seligman, M. E. P. (1998). *Learned optimism*. New York: Free Press.

Sexton, J. (1998, March 6-8). "I don't mind being tough." *USA Weekend*, p. 20.

Short, S. E., Bruggeman, J. M., Engel, S. G., Marback, T. L., Wang, L. J., Willadsen, A., & Short, M. W. (2002). The effect of imagery function and imagery direction on self-efficacy and performance on a golf-putting task. *The Sport Psychologist, 16*, 48-67.

Silva, J. M. (1990). An analysis of the training stress syndrome in competitive athletics. *Journal of Applied Sport Psychology, 2*, 5-20.

Simons, J. (2000). Doing imagery in the field. In M. Andersen (Ed.), *Doing sport psychology* (pp. 77-92). Champaign, IL: Human Kinetics.

Singer, R. N. (2002). Preperformance state, routines, and automaticity: What does it take to realize expertise in self-paced events? *Journal of Sport & Exercise Psychology, 24*, 359-375.

Sirak, R. (2003). Passion to be perfect. *Golf for Women* (March/April), pp. 116-123.

Lazarus, A. (1984). *In the mind's eye: The power of imagery for personal enrichment.* New York: Guilford.

Lee, M. J., Whitehead, J., & Balchin, N. (2000). The measurement of values in youth sport: Development of the youth sport values questionnaire. *Journal of Sport and Exercise Psychology, 22,* 307-326.

Lewthwaite, R. (1990). Threat perception in competitive trait anxiety: The endangerment of important goals. *Journal of Sport & Exercise Psychology, 12,* 280-300.

Liao, C., & Masters, R. S. W. (2002). Self-focused attention and performance failure under psychological stress. *Journal of Sport & Exercise Psychology, 24,* 289-305.

Lieber, J. (1999). USA won't kick habit of believing. *USA Today,* July 6, pp. 1c-2c.

Locke, E. A., & Latham, G. P. (1990). *A theory of goal setting and task performance.* Englewood Cliffs, NJ: Prentice-Hall.

Loehr, J. E. (1984, March). How to overcome stress and play at your peak all the time. *Tennis,* pp. 66-76.

Loehr, J., & Schwartz, T. (2001, January). The making of a corporate athlete. *Harvard Business Review,* pp. 120-128.

Lowe, R., & McGrath, J. E. (1971). *Stress, arousal and performance: Some findings calling for a new theory* (Report No. AF1161-67). Washington, D. C.: Air Force Office of Strategic Research.

Lyle, J. (2002). *Sports coaching concepts.* New York: Routledge.

Lynn, A. B. (2002). *The emotional intelligence activity book.* New York: Amacom.

Maddux, J. E., & Lewis, J. (1995). Self-efficacy and adjustment: Basic principles and issues. In J. E. Maddux (Ed.), *Self-efficacy, adaptation, and adjustment* (pp. 37-68). New York: Plenum.

Males, J. R., Kerr, J. H., & Gerkovich, M. M. (1998). Metamotivational states during slalom competition: A qualitative analysis using reversal theory. *Journal of Applied Sport Psychology, 10,* 185-200.

Mallett, C. J., & Hanrahan, S. J. (1997). Race modeling: An effective cognitive strategy for the 100m sprinter? *The Sport Psychologist, 11,* 72-85.

Marks, D. F. (1983). Mental imagery and consciousness: A theoretical review. In A. A. Sheikh (Ed.), *Imagery: Current theory, research and application* (pp. 96-130). New York: Wiley.

Martens, R. (1974). Arousal and motor performance. In J. H. Wilmore (Ed.), *Exercise and sport science reviews.* New York: Academic Press.

Martens, R. (1978). *Joy and sadness in children's sports.* Champaign, IL: Human Kinetics.

Martens, R. (1987). *Coaches guide to sport psychology.* Champaign, IL: Human Kinetics.

Martens, R. (1990). *Successful coaching.* Champaign, IL: Human Kinetics.

Martens, R., Vealey, R. S., & Burton, D. (1990). *Competitive anxiety in sport.* Champaign, IL: Human Kinetics.

Martin, G. L., & Toogood, A. (1997). Cognitive and behavioral components of a seasonal psychological skills training program for competitive figure skaters. *Cognitive and Behavioral Practice, 4,* 383-404.

Martin, K. A., Moritz, S. E., & Hall, C. R. (1999). Imagery use in sport: A literature review and applied model. *The Sport Psychologist, 3,* 245-268.

Massimo, J. (1973). *A psychologist's approach to sport.* Presentation to New England Gymnastic Clinic, Newton, MA.

Maxwell, J. C. (1998). *The 21 irrefutable laws of leadership: Follow them and people will follow you.* Nashville: Nelson.

Maynard, I. W., Warwick-Evans, L., & Smith, M. J. (1995). The effects of a cognitive intervention strategy on competitive state anxiety and performance in semiprofessional soccer players. *Journal of Sport & Exercise Psychology, 17,* 428-446.

McCallister, S. G., Blinde, E. M., & Weiss, W. M. (2000). Teaching values and implementing philosophies: Dilemmas of the youth sport coach. *The Physical Educator, 57,* 35-45.

McCallum, J. (2004, May 24). It's that time again. *Sports Illustrated,* pp. 54-65.

McCann, S. (1998, Spring). High expectations: Blessing or curse. *Olympic Coach,* p. 9.

McCann, S. (1998, Summer). The perfect performance vs. trying to be perfect. *Olympic Coach,* p. 9.

McCann, S. (2003, Fall). So you want to be a great "big event coach"? *Olympic Coach,* pp. 11-13.

McKay, M., Davis, M., & Fanning, P. (1983). *Messages: The communication book.* Oakland: New Harbinger.

McPherson, S. L. (2000). Expert-novice differences in planning strategies during collegiate singles tennis competition. *Journal of Sport & Exercise Psychology, 22,* 39-62.

Mears, P., & Voehl, F. (1994). *Team building: A structured learning approach.* Delray Beach, FL: St. Lucie Press.

Meeker, L. (1994). *Experiential activities for high performance teamwork.* Amherst, MA: HRD Press.

Mellalieu, S. D., Hanton, S., & Jones, G. (2003). Emotional labeling and competitive anxiety in preparation and competition. *The Sport Psychologist, 17,* 157-174.

Miller, A., & Donohue, B. (2003). The development and controlled evaluation of athletic mental preparation strategies in high school distance runners. *Journal of Applied Sport Psychology, 15,* 321-334.

Miller, S. C., Bredemeier, B. J. L., & Shields, D. L. L. (1997). Sociomoral education through physical education with at-risk children. *Quest, 49,* 114-129.

Moore, K. (1996). The man. *Sports Illustrated, 85* (August 12), pp. 26-32.

Morgan, W. P., & Pollock, M. L. (1977). Psychological characterization of the elite distance runner. *Annals of the New York Academy of Sciences, 301,* 382-403.

Moritz, S. E., Martin, K. A., Hall, C. R., & Vadocz, E. (1996). What are confident athletes imaging?: An examination of image content. *The Sport Psychologist, 10,* 171-179.

Murphy, A. (2001). Magnifique! *Sports Illustrated, 95* (August 6), pp. 34-39.

Naber, J. (1999). No deposit, no return. In J. Naber (Ed.). *Awaken the Olympian within* (pp. 55-64). Torrance, CA: Griffin.

Nack, W., & Munson, L. (2000). Out of control. *Sports Illustrated, 93* (July 24), pp. 86-95.

Nakamura, R. M. (1996). *The power of positive coaching.* Boston: Jones and Bartlett.

Newburg, D., Kimiecik, J., Durand-Bush, N., & Doell, K. (2002). The role of resonance in performance excellence and life engagement. *Journal of Applied Sport Pschology, 14,* 249-267.

Nicklaus, J. (1974). *Golf my way.* New York: Simon & Schuster.

Nideffer, R., & Sagal, (2001). Concentration and attention control training. In J. M. Williams (Ed.), *Applied sport psychology: Personal growth to peak performance* (4th ed., pp. 312-332). Mountain View, CA: Mayfield.

Orlick, T. (1986a). *Psyching for sport.* Champaign, IL: Human Kinetics.

Orlick, T. (1986b). *Coaches training manual to psyching for sport.* Champaign, IL: Human Kinetics.

Orlick, T. (1990). *In pursuit of excellence* (2nd ed.). Champaign, IL: Human Kinetics.

Orlick, T. (1998). *Embracing your potential.* Champaign, IL: Human Kinetics.

Orlick, T. (2000). *In pursuit of excellence* (3rd ed.). Champaign, IL: Human Kinetics.

Orlick, T., & Partington, J. (1988). Mental links to excellence. *The Sport Psychologist, 2,* 105-130.

Park, S. (2003). Anticipation and acquiring processes of visual cues on a spiker's attack patterns and directions as a function of expertise in volleyball players. *International Journal of Applied Sport Sciences, 15,* 51-63.

Hogshead, N. (1999). Success is a learned skill. In J. Naber (Ed.), *Awaken the Olympian within* (pp. 132-140). Torrance, CA: Griffin.

Hollander, D. B., & Acevedo, E. O. (2000). Successful English Channel swimming: The peak experience. *The Sport Psychologist, 14,* 1-16.

Holmes, P. S., & Collins, D. J. (2001). The PETTLEP approach to motor imagery: A functional equivalence model for sport psychologists. *Journal of Applied Sport Psychology, 13,* 60-83.

Horn, T. S. (2002). Coaching effectiveness in the sport domain. In T. S. Horn (Ed.), *Advances in sport psychology* (2nd ed., pp. 309-354). Champaign, IL: Human Kinetics.

Horn, T. S., Glenn, S. D., & Wentzell, A. B. (1993). Sources of information underlying personal ability judgments in high school athletes. *Pediatric Exercise Science, 5,* 263-274.

Horn, T. S., & Harris, A. (1996). Perceived competence in young athletes: Research findings and recommendations for coaches and parents. In F. L. Smoll & R. E. Smith (Eds.), *Children and youth in sport: A biopsychosocial perspective* (pp. 309-329).

Horn, T. S., Lox, C. L., & Labrador, F. (2001). The self-fulfilling prophecy theory: When coaches' expectations become reality. In J. M. Williams (Ed.), *Applied sport psychology: Personal growth to peak performance* (pp. 63-81). Mountain View, CA: Mayfield.

Horn, T., & Weiss, M. R. (1991). A developmental analysis of children's self-ability judgments in the physical domain. *Pediatric Exercise Science, 3,* 310-326.

Huish, J. (1999). It's time for a change. In J. Naber (Ed.), *Awaken the Olympian within* (pp. 242-250). Torrance, CA: Griffin.

Isaac, A. R. (1992). Mental practice - does it work in the field? *The Sport Psychologist, 6,* 192-198.

Isaacson, M. (1990, February 4). The final bows: Doc and the shoe say so long. *Chicago Tribune,* pp. 3-1, 3-10.

Jackson, S. (1992). Athletes in flow: A qualitative investigation of flow states in elite figure skaters. *Journal of Applied Sport Psychology, 4,* 161-180.

Jackson, S. A. (2000). Joy, fun, and flow state in sport. In Y. L. Hanin (Ed.), *Emotions in sport* (pp. 135-155). Champaign, IL: Human Kinetics.

Jackson, S. A., Mayocchi, L., & Dover, J. (1998). Life after winning gold: II. Coping with change as an Olympic gold medallist. *The Sport Psychologist, 12,* 137-155.

Jackson, S. A., Thomas, P. R., Marsh, H. W., & Smethurst, C. J. (2001). Relationships between flow, self-concept, psychological skills, and performance. *Journal of Applied Sport Psychology, 13,* 129-153.

Janelle, C. M. (1999). Ironic mental processes in sport: Implications for sport psychologists. *The Sport Psychologist, 13,* 201-220.

Janelle, C. M., Hillman, C. H., Apparies, R. J., Murray, N. P., Meili, L., Fallon, E. A., & Hatfield, B. D. (2000). Expertise differences in cortical activation and gaze behavior during rifle shooting. *Journal of Sport & Exercise Psychology, 22,* 167-182.

Janelle, C. M., Singer, R. N., & Williams, A. M. (1999). External distraction and attentional narrowing: Visual search evidence. *Journal of Sport & Exercise Psychology, 21,* 70-91.

Janis, I. L. (1972). *Victims of groupthink.* Boston: Houghton Mifflin.

Jansen, D. (1994, July 15-17). Winning big. *USA Weekend,* pp. 4-7.

Jansen, D. (1999). There's more to life than skating around in a circle. In J. Naber (Ed.), *Awaken the Olympian within* (pp. 3-14). Torrance, C A: Griffin.

Janssen, J.(2002). *Championship team building.* Cary, NC: Winning the Mental Game.

Janssen, J. (2004). *The team captain's leadership manual.* Cary, NC: Winning the Mental Game.

Jones, G., & Hanton, S. (1996). Interpretation of competitive anxiety symptoms and goal attainment expectancies. *Journal of Sport & Exercise Psychology, 18,* 144-157.

Jones, R., Armour, K., & Potrac, P. (2004). *Sports coaching cultures.* London: Routledge.

Kane, T. D., Baltes, T. R., & Moss, M. C. (2001). Causes and consequences of free-set goals: An investigation of athletic self-regulation. *Journal of Sport and Exercise Psychology, 23,* 55-75.

Kelley, B. C., Eklund, R. C., & Ritter-Taylor, M. (1999). Stress and burnout among collegiate tennis coaches. *Journal of Sport & Exercise Psychology, 21,* 113-130.

Kelley, H. H., & Thibaut, J. W. (1969). Group problem solving. In G. Lindzey & Arconson (Eds.), *The handbook of social psychology* (2nd ed., Vol. 4, pp. 1-101). Reading, MA: Addison-Wesley.

Kendall, G., Hrycaiko, D., Martin, G. L., & Kendall, T. (1990). The effects of an imagery rehearsal, relaxation, and self-talk package on basketball game performance. *Journal of Sport & Exercise Psychology, 12,* 157-166.

Kerr, G., & Goss, J. (1996). The effects of a stress management program on injuries and stress levels. *Journal of Applied Sport Psychology, 8,* 109-117.

Kerr, J. H. (1997). *Motivation and emotion in sport: Reversal theory.* East Sussex, UK: Psychology Press.

Kingston, K. M., & Hardy, L. (1997). Effects of different types of goals on processes that support performance. *The Sport Psychologist, 11,* 277-293.

Kiraly, K. (1999). Making winners out of nobodies. In J. Naber (Ed.), *Awaken the Olympian within* (pp. 202-210). Torrance, CA: Griffin.

Kirschenbaum, D. S., Owens, D., & O'Connor, E. A. (1998). Smart golf: Preliminary evaluation of a simple, yet comprehensive, approach to improving and scoring the mental game. *The Sport Psychologist, 12,* 271-282.

Klawans, H. L. (1996). *Why Michael couldn't hit.* New York: Freeman.

Kobasa, S. (1979). Stress life events, personality, and health: An inquiry into hardiness. *Journal of Personality and Social Psychology, 37,* 1-11.

Kotter, J. P. (1996). *Leading change.* Boston: Harvard Business School Press.

Kramer, J. (1968). *Instant replay.* Evanston, IL: Holtzman Press.

Krzyzewski, M. (2000). *Leading with the heart.* New York: Warner.

Lambert, S. M., Moore, D. W., & Dixon, R. S. (1999). Gymnasts in training: The differential effects of self- and coach-set goals as a function of locus of control. *Journal of Applied Sport Psychology, 11,* 72-82.

Landers, D. M., & Arent, S. M. (2001). Arousal-performance relationships. In J. M. Williams (Ed.), *Applied sport psychology: Personal growth to peak performance* (pp. 206-228). Mountain Grove, CA: Mayfield.

Landers, D. M., Han, M. Salazar, W., Petruzzello, S. J., Kubitz, K. A., & Gannon, T. L. (1994). Effects of learning on electroencephalographic and elecrocardiographic patterns in novice archers. *International Journal of Sport Psychology, 25,* 313-330.

Landers, D. M., Wang, M. Z., & Courtet, P. (1985). Peripheral narrowing among experienced and inexperienced rifle shooters under low and high stress conditions. *Research Quarterly for Exercise and Sport, 56,* 122-130.

Lang, P. J. (1979). A bio-informational theory of emotional imagery. *Psychophysiology, 16,* 495-512.

Latane, B., Williams, K. D., & Harkins, S. G. (1979). Many hands make light the work: The causes and consequences of social loafing. *Journal of Personality and Social Psychology, 37,* 823-832.

Layden, T. (2004, March 29). The upset. *Sports Illustrated,* pp. 70-80.

Glenn, S. D., & Horn, T. S. (1993). Psychological and personal predicators of leadership behavior in female soccer athletes. *Journal of Applied Sport Psychology, 5*, 17-34.

Goleman, D. (1995). *Emotional intelligence.* New York: Bantam.

Goleman, D. (1998). *Working with emotional intelligence.* New York: Bantam.

Goodell, B. (1999). Fear and doubt: The evil twins. In J. Naber (Ed.), *Awaken the Olympian within* (pp. 174-182). Torrance, CA: Griffin.

Gordon, D. (2001). The dominator. *Newsweek, 137* (June 18), 42-47.

Gould, D. (2001). Goal setting for peak performance. In J. M. Williams (Ed.), *Applied sport psychology: Personal growth to peak performance* (4th ed., pp. 190-205). Mountain View, CA: Mayfield.

Gould, D., Dieffenbach, K., & Moffett, A. (2002). Psychological characteristics and their development in Olympic champions. *Journal of Applied Sport Psychology, 14*, 172-204.

Gould, D., Eklund, R. C., & Jackson, S. A. (1992a). 1988 U.S. Olympic wrestling excellence: I. Mental preparation, precompetitive cognition and affect. *The Sport Psychologist, 6*, 358-362.

Gould, D., Eklund, R. C., & Jackson, S. A. (1992b). 1988 U.S. Olympic wrestling excellence: II. Thoughts and affect occurring during competition. *The Sport Psychologist, 6*, 383-402.

Gould, D., Eklund, R.C., & Jackson, S.A. (1993). Coping strategies used by U.S. Olympic wrestlers. *Research Quarterly for Exercise and Sport, 64*, 83-93.

Gould, D., Finch, L. M., & Jackson, S. A. (1993). Coping strategies used by national champion figure skaters. *Research Quarterly for Exercise and Sport, 64*, 453-468.

Gould, D., Greenleaf, C., Guinan, D., & Chung, Y. (2002). A survey of U.S. Olympic coaches: Variables perceived to have influenced athlete performances and coach effectiveness. *The Sport Psychologist, 16*, 229-250.

Gould, D., Greenleaf, C., Lauer, & Chung, Y. (1999, Summer). Lessons from Nagano. *Olympic Coach*, pp. 2-5.

Gould, D., Guinan, D., Greenleaf, C., Medbery, & Peterson, K. (1999). Factors affecting Olympic performance: Perceptions of athletes and coaches from more and less successful teams. *The Sport Psychologist, 13*, 371-394.

Gould, D., Hodge, K., Peterson, K., & Giannini, J. (1989). An exploratory examination of strategies used by elite coaches to enhance self-efficacy in athletes. *Journal of Sport & Exercise Psychology, 11*, 128-140.

Gould, D., Jackson, S. A., & Finch, L. M. (1993). Life at the top: The experiences of U.S. national champion figure skaters. *The Sport Psychologist, 7*, 354-374.

Gould, D., Tuffey, S., Udry, E., & Loehr, J. (1996). Burnout in competitive junior tennis players: II. Qualitative analysis. *The Sport Psychologist, 10*, 341-366.

Gould, D., Tuffey, S., Udry, E., & Loehr, J. (1997). Burnout in competitive junior tennis players: III. Individual differences in the burnout experience. *The Sport Psychologist, 11*, 257-276.

Gould, D., & Udry, E. (1994). Psychological skills for enhancing performance: Arousal regulation strategies. *Medicine and Science in Sports and Exercise, 26*, 478-485.

Gould, D., Udry, E., Bridges, D., & Beck, L. (1997a). Coping with season-ending injuries. *The Sport Psychologist, 11*, 379-399.

Gould, D., Udry, E., Bridges, D., & Beck, L. (1997b). Stress sources encountered when rehabilitating from season-ending ski injuries. *The Sport Psychologist, 11*, 361-378.

Gould, D., Udry, E., Tuffey, S., & Loehr, J. (1996). Burnout in competitive junior tennis players: I. A quantitative psychological assessment. *The Sport Psychologist, 10*, 322-340.

Grandjean, B. D., Taylor, P. A., & Weiner, J. (2002). Confidence, concentration, and competitive performance of elite athletes: A natural experiment in Olympic gymnastics. *Journal of Sport & Exercise Psychology, 24*, 320-327.

Greenleaf, C., Gould, D., & Dieffenbach, K. (2001). Factors influencing Olympic performance: Interviews with Atlanta and Nagano U.S. Olympians. *Journal of Applied Sport Psychology, 13*, 154-184.

Gregg, L. (1999). *The champion within.* Burlington, NC: JTC Sports.

Greenspan, M. J., & Feltz, D. L. (1989). Psychological interventions with athletes in competitive situations: A review. *The Sport Psychologist, 3*, 219-236.

Grove, J. R., & Heard, N. P. (1997). Optimism and sport confidence as correlates of slump-related coping among athletes. *The Sport Psychologist, 11*, 400-410.

Guilar, J. D. (2001). *The interpersonal communication skills workshop.* New York: Amacom.

Haase, A. M., Praavessis, H., & Owens, R. G. (2002). Perfectionism, social physique anxiety and disordered eating: A comparison of male and female elite athletes. *Psychology of Sport and Exercise, 3*, 209-222.

Hackfort, D., & Schwenkmezger, P. (1993). Anxiety. In R. N. Singer, M. Murphy & L. K. Tennant (Eds.), *Handbook of research on sport psychology* (pp. 328-364). New York: Macmillan.

Hall, E. G., & Erffmeyer, E. S. (1983). The effect of visuo-motor behavior rehearsal with videotaped modeling on free throw accuracy of intercollegiate female basketball players. *Journal of Sport Psychology, 5*, 343-346.

Halliwell, K. (1990). Providing sport psychology consulting services in professional hockey. *The Sport Psychologist, 4*, 369-377.

Hamachek, D. E. (1978). Psychodynamics of normal and neurotic perfectionism. *Psychology, 15*, 27-33.

Hamm, M., & Heifetz, A. (2000). *Go for the goal: A champion's guide to winning in soccer and life.* New York: Quill.

Hanin, Y. L. (1997). Emotions and athletic performance: Individual zones of optimal functioning model. *European Yearbook of Sport Psychology, 1*, 29-72.

Hanin, Y. L. (Ed.). (2000a). *Emotions in sport.* Champaign, IL: Human Kinetics.

Hanin, Y. L. (2000b). Individual zones of optimal functioning (IZOF) model. In Y. L. Hanin (Ed.). *Emotions in sport* (pp. 65-89). Champaign, IL: Human Kinetics.

Hanin, Y. L. (2000c). Successful and poor performance and emotions. In Y. L. Hanin (Ed.) *Emotions in sport* (pp. 157-187). Champaign, IL: Human Kinetics.

Hanton, S., & Connaughton, D. (2002). Perceived control of anxiety and its relationship to self-confidence and performance. *Research Quarterly for Exercise and Sport, 73*, 87-97.

Hanton, S., & Jones, G. (1999). The effects of a multimodal intervention program on performers: II. Training the butterflies to fly in formation. *The Sport Psychologist, 13*, 22-41.

Hardy, L. (1996). Testing the predictions of the cusp catastrophe model of anxiety and performance. *The Sport Psychologist, 10*, 140-156.

Hardy, L., & Callow, N. (1999). Efficacy of external and internal visual imagery perspectives for the enhancement of performance on tasks in which form is important. *Journal of Sport & Exercise Psychology, 21*, 95-112.

Hardy, J., Gammage, K., & Hall, C. (2001). A descriptive study of athlete self-talk. *The Sport Psychologist, 15*, 306-318.

Hardy, L., Jones, G., & Gould, D. (1996). *Understanding psychological preparation for sport: Theory and practice of elite performers.* Chichester: Wiley.

Hargrove, R. (1995). *Masterful coaching.* San Francisco: Jossey-Bass.

Hecker, J. E., & Kaczor, L. M. (1988). Application of imagery theory to sport psychology: Some preliminary findings. *Journal of Sport & Exercise Psychology, 10*, 363-373.

Heermann, B. (1997). *Building team spirit.* New York: McGraw-Hill.

Covey, S. R. (1989). *The seven habits of highly effective people.* New York: Simon & Schuster.

Critical coaching behaviors that an Olympic coach must do to perform well at the games. (2003, Spring). *Olympic Coach,* p. 12.

Csikszentmihalyi, M. (1990). *Flow: The psychology of optimal experience.* New York: Harper & Row.

Cumming, J., & Hall, C. (2002). Athletes' use of imagery in the off-season. *The Sport Psychologist, 16,* 160-172.

Cupal, D. D. (1998). Psychological interventions in sport injury prevention and rehabilitation. *Journal of Applied Sport Psychology, 10,* 103-123.

Curry, L. A., & Snyder, C. R. (2000). Hope takes the field: Mind matters in athletic performance. In C. R. Snyder (Ed.), *Handbook of hope: Theory, measures and applications* (pp. 243-259). San Diego: Academic Press.

Daggett, T. (1999). How bad do you want it? In J. Naber (Ed.), *Awaken the Olympian within* (pp. 143-150). Torrance, CA: Griffin.

Dale, G. A. (2000). Distractions and coping strategies of elite decathletes during their most memorable performances. *The Sport Psychologist, 14,* 17-41.

Davis, J. O. (1991). Sports injuries and stress management: An opportunity for research. *The Sport Psychologist, 5,* 175-182.

Davis, M., Eshelman, E. R., & McKay, M. (2000). *The relaxation & stress reduction workbook* (5th ed.). Oakland, CA: New Harbinger.

Deci, E. L., & Ryan, R. M. (1985). *Intrinsic motivation and self-determination in human behavior.* New York: Plenum.

Deford, F. (1999, May 10). The ring leader. *Sports Illustrated,* pp. 96-114.

Deford, F. (2003, November 24). Geno Auriemma + Diana Taurasi = Love, Italian style. *Sports Illustrated,* pp. 124-133.

Diaz, J. (1999b). A year beyond his years. *Sports Illustrated, 91* (November 15), pp. 46-49.

Diaz, J. (1999a). Peace be with him. *Sports Illustrated, 90* (June 28), p. G56.

Dicicco, T., Hacker, C., & Salzberg, C. (2002). *Catch them being good.* New York: Penguin.

Dieffenbach, K., Gould, D., & Moffett, A. (2002). The coach's role in developing champions *Olympic Coach, 12,* 2-4.

Dorfman, H. A., & Kuehl, K. (1995). *The mental game of baseball* (2nd ed.). South Bend, IN: Diamond.

Dorrance, A., & Averbuch, G. (2002). *The vision of a champion.* Ann Arbor, MI: Huron River Press.

Dugdale, J. R., & Eklund, R. C. (2002). Do *not* pay any attention to the umpires: Thought suppression and task-relevant focusing strategies. *Journal of Sport & Exercise Psychology, 24,* 306-319.

Dugdale, J. R., Eklund, R. C., & Grodon, S. (2002). Expected and unexpected stressors in major international competition: Appraisal, coping, and performance. *The Sport Psychologist, 16,* 20-33.

Durand-Bush, N., & Salmela, J. H. (2002). The development and maintenance of expert athletic performance: Perceptions of world and Olympic champions. *Journal of Applied Sport Psychology, 14,* 154-171.

Durand-Bush, N., Salmela, J. H., & Green-Demers, I. (2001). The Ottawa mental skills assessment tool (OMSAT-3*). *The Sport Psychologist, 15,* 1-19.

Easterbrook, J. A. (1959). The effect of emotion on cue utilization and the organization of behavior. *Psychological Review, 66,* 183-201.

Elko, P. K., & Ostrow, A. C. (1991). Effects of a rational-emotive education program on heightened anxiety levels of female collegiate gymnasts. *The Sport Psychologist, 5,* 235-255.

Ellis, A. (1996). *Better, deeper, and more enduring brief therapy: The rational emotive behavior therapy approach.* Bristol, PA: Brunner/Mazel.

Ellis, A., & MacLaren, C. (1998). *Rational emotive behavior therapy: A therapist's guide.* Atascadero, CA: Impact.

Ericsson, K. A. (2003). Development of elite performance and deliberate practice: An update from the perspective of the expert performance approach. In J. S. Starkes & K. A. Ericsson (Eds.), *Expert performance in sports* (pp. 49-83). Champaign, IL: Human Kinetics.

Eruzione, M. (1999). It wasn't a miracle on ice. In J. Naber (Ed.), *Awaken the Olympian within* (pp. 252-263). Torrance, CA: Griffin.

Eubank, M, Collins, D., & Smith, N. (2000). The influence of anxiety direction on processing bias. *Journal of Sport & Exercise Psychology, 22,* 292-306.

Evans, L., Hardy, L., & Fleming, S. (2000). Intervention strategies with injured athletes: An action research study. *The Sport Psychologist, 14,* 188-206.

Eysenck, M. W., & Calvo, M. G. (1992). Anxiety and performance: The processing efficiency theory. *Cognitive and Emotion, 6,* 409-434.

Farrey, T. (2004, March 20). The power to motivate positively. *ESPN Outside the Lines.* Retrieved from http://espn.go.com/ nba/s/2003/0313/1523176.html

Feinstein, J. (1986). *A season on the brink: A year with Bobby Knight and the Indiana Hoosiers.* New York: Simon & Schuster.

Feinstein, J. (1999). *The majors.* Boston: Little, Brown.

Feldman, D. A. (1999). *The handboo k of emotionally intelligent leadership.* Fall Church, VA: Leadership Performance Solutions.

Feltz, D. L., Chase, M. A., Moritz, S. E., & Sullivan, P. J. (1999). Development of the multidimensional coaching efficacy scale. *Journal of Educational Psychology, 91,* 765-776.

Feltz, D. L., & Lirgg, C. D. (1998). Perceived team and player efficacy in hockey. *Journal of Applied Psychology, 83,* 557-564.

Feltz, D. L., & Lirgg, C. D. (2001). Self-efficacy beliefs of athletes, teams, and coaches. In R.N. Singer, H. A. Hausenblas, & C. M. Janelle (Eds.), *Handbook of sport psychology* (2nd ed.; pp. 340-361). New York: Wiley.

Fenz, W. D., & Epstein, S. (1967). Gradients of physiological arousal of experienced and novice parachutists as a function of an approaching jump. *Psychosomatic Medicine, 29,* 33-51.

Fitzsimmons, P. A., Landers, D. M., Thomas, J. R., & van der Mars, H. (1991). Does self-efficacy predict performance in experienced weightlifters? *Research Quarterly for Exercise and Sport, 62,* 424-431.

Fosbury, D. (1999). Maybe you're right and everyone else is wrong. In J. Naber (Ed.), *Awaken the Olympian within* (pp. 62-73). Torrance, CA: Griffin.

Flynn, G. (Ed.). (1973). *Vince Lombardi on football.* New York: New York Graphics Society.

Freeman, C. (1998). *The wisdom of women's golf.* Nashville, TN: Walnut Grove Press.

Garfield, C. A., & Bennett, H. Z. (1984). *Peak performance: Mental training techniques of the world's greatest athletes.* Los Angeles: Tarcher.

George, T. R. (1994). Self-confidence and baseball performance: A causal examination of self-efficacy theory. *Journal of Sport & Exercise Psychology, 16,* 381-399.

Gibbons, T.,& Forster, T. (2002). A landmark study: The path to excellence. *Olympic Coach, 12,* 6-7.

Gilbert, W. D., & Trudel, P., & Haughian, L. (1999). Interactive decision making factors considered by coaches of youth ice hockey during games. *Journal of Teaching in Physical Education, 18,* 290-311.

Gill, D. L. (2000). *Psychological dynamics of sport and exercise* (2nd ed.). Champaign, IL: Human Kinetics.

Gladwell, M. (2000). The art of failure: Why some people choke and others panic. *The New Yorker* (August 21), 1-10.

# ◉文献


Abernathy, B. (2001). Attention. In R.N. Singer, H.A. Hausenblas, & C.M. Janelle (Eds.), *Handbook of sport psychology* (2nd ed., pp. 53-85). New York: Wiley.

Albrecht, R. R., & Feltz, D. L. (1987). Generality and specificity of attention related to competitive anxiety and sport performance. *Journal of Sport Psychology, 9*, 231-248.

Allen, J. B., & Howe, B. L. (1998). Player ability, coach feedback, and female adolescent athletes' perceived competence and satisfaction. *Journal of Sport & Exercise Psychology, 20*, 280-299.

Amorose, A. J., & Horn, T. S. (2000). Intrinsic motivation: Relationships with collegiate athletes' gender, scholarship status, and perceptions of their coaches' behavior. *Journal of Sport and Exercise Psychology, 22*, 63-84.

Andersen, M. B. (2001). When to refer athletes for counseling or psychotherapy. In J.M. Williams (Ed.), *Applied sport psychology: Personal growth to peak performance* (pp. 401-415). Mountain View, CA: Mayfield.

Anderson, M. P. (1959). What is communication? *The Journal of Communication, 9*, 5.

Annesi, J. J. (1998). Applications of the individual zones of optimal functioning model for the multimodal treatment of precompetitive anxiety. *The Sport Psychologist, 12*, 300-316.

Apter, M. J. (1982). *The experience of motivation: The theory of psychological reversals.* London: Academic Press.

Armstrong, L. (2001). *It's not about the bike.* New York: Berkley.

Atkinson, J. W. (1974). The mainstream of achievement-oriented activity. In J.W. Atkinson & J. O. Raynor (Eds.), *Motivation and achievement* (pp. 13-41). New York: Halstead.

Bakker, F. C., Boschker, M. S. J., & Chung, T. (1996). Changes in muscular activity while imagining weight lifting using stimulus or response propositions. *Journal of Sport & Exercise Psychology, 18*, 313-324.

Bandura, A. (1997). *Self-efficacy: The exercise of control.* New York: Freeman.

Barnett, N. P., Smoll, F. L., & Smith, R. E. (1992). Effects of enhancing coach-athlete relationships on youth sport attrition. *The Sport Psychologist, 6*, 111-127.

Baumeister, R. F. (1984). Choking under pressure: Self-consciousness and paradoxical effects of incentives on skillful performance. *Journal of Personality and Social Psychology, 16*, 361-383.

Becker, B. (1998, March). The price of greatness. *Tennis*, pp. 50-55.

Beilock, S. L., Afremow, J. A., Rabe, A. L., & Carr, T. H. (2001). "Don't miss!" The debilitating effects of suppressive imagery on golf putting performance. *Journal of Sport & Exercise Psychology, 23*, 200-221.

Bendaly, L. (1996). *Games team play: Dynamic activities for tapping work team potential.* New York: McGraw-Hill.

Bennett, J. G., & Pravitz, J. E. (1987). *The profile of a winner: Advanced mental training for athletes.* Ithaca, NY: Sport Science International.

Bergandi, T. A., Shryock, M. G., & Titus, T. G. (1990). The Basketball Concentration Survey: Preliminary instrument development and validation. *The Sport Psychologist, 4*, 119-129.

Best Tip. (2004, February). *Golf Digest*, p. 14.

Bird, L. (1989). *Drive: The story of my life.* New York: Bantam.

Bird, A. M., & Horn, M. A. (1990). Cognitive anxiety and mental errors in sport. *Journal of Sport & Exercise Psychology, 12*, 217-222.

Biro, B. D. (1997). *Beyond success.* New York: Perigee.

Blank, W. (1995). *The 9 natural laws of leadership.* New York: Amacon.

Blatt, S. J. (1995). The destructiveness of perfectionism: Implications for the treatment of depression. *American Psychologist, 50*, 1003-1020.

Blatnick, J. (1999). Escape, counter, and attack. In J. Naber (Ed.), *Awaken the Olympian within* (pp. 44-53). Torrance, CA: Griffin.

Bloom, B. S. (1985). *Developing talent in young people.* New York: Ballantine.

Bloom, G. A., Durand-Bush, N., & Salmela, J. H. (1997). Pre- and postcompetition routines of expert coaches of team sports. *The Sport Psychologist, 11*, 127-141.

Botterill, C., & Patrick, T. (2003). Understanding and managing emotions in team sports. In R. Lidor & K. P. Henschen (Eds.), *The psychology of team sports* (pp. 115-130). Morgantown, WV: Fitness Information Technology.

Boutcher, S. H. (2002). Attentional processes and sport performance. In T.S. Horn (Ed.), *Advances in sport psychology* (2nd ed., pp. 441-457). Champaign, IL: Human Kinetics.

Bull, S. J. (1989). The role of the sport psychology consultant: A case study of ultra distance running. *The Sport Psychologist, 3*, 254-264.

Bump, L. A. (1989). *American Coaching Effectiveness Program master series sport psychology study guide.* Champaign, IL: Human Kinetics.

Burnett, J. (1997, September/October). The lady is a champ. *Golf for Women*, pp. 20-22.

Burns, R. (2001, June 4). Top 25 (or so) truths for college coaches. *The NCAA News*, p. 4.

Burton, D. (1989). Winning isn't everything: Examining the impact of performance goals on collegiate swimmers' cognitions and performance. *The Sport Psychologist, 3*, 105-132.

Campbell, M. (1999). How to win your personal decathlon. In J. Naber (Ed.), *Awaken the Olympian within* (pp. 95-104). Torrance, CA: Griffin.

Carron, A. V., Colman, M. M., Wheeler, J. & Stevens, D. (2002). Cohesion and performance in sport: A meta analysis. *Journal of Sport and Exercise Psychology, 24*, 168-188.

Chelladurai, P. (1993). Leadership. In R. N. Singer, M. Murphey, & L. K. Tennant (Eds.), *Handbook of research on sport psychology* (pp. 647-671). New York: Macmillan.

Cleary, T. J., & Zimmerman, B. J. (2001). Self-regulation differences during athletic practice by experts, non-experts, and novices. *Journal of Applied Sport Psychology, 13*, 185-206.

Coakley, J. (1992). Burnout among adolescent athletes: A personal failure or social problem. *Sociology of Sport Journal, 9*, 271-285.

Cohn, P. J. (1991). An exploratory study on peak performance in golf. *The Sport Psychologist, 5*, 1-14.

Cohn, P. J., Rotella, R. J., & Lloyd, J. W. (1990). Effects of a cognitive-behavioral intervention on the preshot routine and performance in golf. *The Sport Psychologist, 4*, 33-47.

Compton, K. C. (1998, April). Doin' it for yourself: Why your source of motivation means the difference between fun and fear. *Women's Sports and Fitness*, pp. 60-62.

Connolly, C. T., & Janelle, C. M. (2003). Attentional strategies in rowing: Performance, perceived exertion, and gender considerations. *The Sport Psychologist, 15*, 195-212.

Courneya, K. S., & Carron, A. V. (1992). The home advantage in sport competitions: A literature review. *Journal of Sport and Exercise Psychology, 14*, 13-27.

Couture, R. T., Jerome, W., & Tihanyi, J. (1999). Can associative and dissociative strategies affect the swimming performance of recreational swimmers? *The Sport Psychologist, 13*, 334-343.

## ◉監訳者あとがき

「スポーツ選手の実力発揮を高めるにはメンタルトレーニングが必要」と叫ばれて久しくなります。その間、日本スポーツ心理学会ではメンタルトレーニングの指導者育成を組織的に検討してきました。そして、２０００年に「スポーツメンタルトレーニング指導士」の資格認定制度を発足させ、２００８年現在で、102名の資格取得者がいます。本書の翻訳者は、その資格取得者の中で、わが国のメンタルトレーニングの研究・実践面で期待される16人の中堅・若手研究者にお願いしました。

本書は、２００５年に米国オハイオ州マイアミ大学のロビン S. ビーリー博士によってまとめられた『Coaching for the Inner Edge（精神的強さを養うためのコーチング）』の翻訳です。日本語版では「コーチのために書かれたもの」「メンタルトレーニングに関する内容」ということを強調して、『コーチングに役立つ実力発揮のメンタルトレーニング』という書名にしました。

２００６年3月にA４判の407頁に及ぶ大きな著書が送られてきました。彼女は私が１９８２年（昭和57年）にイリノイ大学に留学した時に、スポーツ心理学者として有名なライナー・マートン教授のもとで、スポーツ心理学を勉強していた大学院博士課程の学生でした。その後、ＡＡＡＳＰ（応用スポーツ心理学会）の会長になるなど、米国のスポーツ心理学をリードする女性研究者に成長しました。彼女の研究やコーチ経験を生かし、メンタルトレーニングの理論、研究成果、実践例、実話などを網羅したコーチ向けの著書になっています。内容があまりにも膨大ですので、最初は翻訳書にすることを躊躇していました。しかし、米国の最新のメンタルトレーニングの内容を日本の研究者、コーチ、選手に紹介することは重要なことではないかと考え、できるだけ読みやすく、コンパクトに紹介するために、メンタルトレーニング

国際応用スポーツ心理学会（AAASP、2000、米国テネシー州ナッシュビル）にて：（前列左から）大場（訳者：第12章）、ロビン・ビーリー（著者）、徳永（監訳者）、（後列）磯貝（訳者：第3章）の各氏

の中心部分だけにしぼり、多くの内容を割愛しております。特に研究成果、引用文献、用語の解説、実話・実践例、要約などを詳しく知りたい方は、原著をみて頂ければ幸いです。

翻訳にあたっては、すでに外来語化しているエネルギー、フロー、ゾーン、ネガティブ、ポジティブ、ピーク・パフォーマンスなども、できるだけ日本語にしましたので、読みにくい部分があるかも知れません。発刊までに約2年を要しましたが、多くの研究者、コーチ、選手の方々に役立てて貰えば幸いに思います。

最後に、本書の出版にあたり、大修館書店の平井啓允取締役および沢山の翻訳者への連絡や原稿の整理・修正に至るまで辛抱強く担当して頂いた編集第三部の丸山真司氏に深く感謝申し上げます。

２００９年３月　監訳者　徳永幹雄

## ◉訳者（翻訳順。氏名、担当箇所、所属、学位）

**荒井 弘和**（第1章）
大阪人間科学大学人間科学部
博士（人間科学）

**兄井 彰**（第2章）
福岡教育大学教育学部
博士（体育学）

**磯貝 浩久**（第3章）
九州工業大学大学院情報工学研究院
博士（人間環境学）

**織田 憲嗣**（第4章）
国立スポーツ科学センタースポーツ科学研究部
スポーツ健康科学修士

**土屋 裕睦**（第5章）
大阪体育大学大学院スポーツ科学研究科
体育学修士

**大場 渉**（第6章）
沖縄大学人文学部
博士（教育学）

**村上 貴聡**（第7章）
東京理科大学理学部第一部
博士（人間環境学）

**武田 守弘**（第8章）
福山平成大学福祉健康学部
博士（教育学）

**菅生 貴之**（第9章）
大阪体育大学体育学部
教育学修士

**平木 貴子**（第10章）
国立スポーツ科学センタースポーツ科学研究部
人間環境学修士

**立谷 泰久**（第11章）
国立スポーツ科学センタースポーツ科学研究部
体育学修士

**大場 ゆかり**（第12章）
早稲田大学人間科学学術院
博士（人間環境学）

**蓑内 豊**（第13章）
北星学園大学文学部
体育学修士

**内田 若希**（第14章）
北九州市立大学基盤教育センター
博士（心理学）

**高妻 容一**（第15章）
東海大学体育学部
体育学修士

**直井 愛里**（第16章）
近畿大学健康スポーツ教育センター
Ed.D.

## ◉著者

**ロビン S. ビーリー**（Robin S. Vealey）

米国オハイオ州マイアミ大学キネシオロジー・健康学部教授。インディアナ大学で修士号、イリノイ大学で Ph.D. を取得。バスケットボールの選手・コーチ経験豊富。競技不安や自信に関する研究多数。米国のノルディックスキー、フィールドホッケーなどオリンピック代表チームにおいてコンサルタントして活躍した経験を持つ。応用スポーツ心理学会（AAASP）の元会長。スポーツ心理学の国際的な学会誌である The Sport Psychologist の編集委員も務めた。

## ◉監訳者

**徳永幹雄**（とくなが みきお）

1939年福岡県生まれ。福岡医療福祉大学人間社会福祉学部教授。九州大学名誉教授。医学博士。日本スポーツ心理学会元会長、日本スポーツメンタルトレーニング指導士会会長。

<主な著書>

『ベストプレイへのメンタルトレーニング改訂版』（単著、大修館書店、2003）、『Q&A 実力発揮のスポーツ科学』（共編著、大修館書店、2002）、『教養としてのスポーツ心理学』（編著、大修館書店、2005）、『体育・スポーツ心理尺度』（単著、不昧堂、2005）、『健康・福祉と運動の科学』（共著編、大学教育出版、2008）など著書多数。

●写真提供
アフロ

コーチングに役立《やくだ》つ 実力発揮《じつりょくはっき》のメンタルトレーニング



NDC 780 ／ 350p ／ 19cm

初版第1刷発行――2009年5月20日

著　者――ロビン S.　ビーリー
監訳者――徳永幹雄《とくながみきお》
発行者――鈴木一行
発行所――株式会社 大修館書店
〒101-8466 東京都千代田区神田錦町 3-24
電話 03-3295-6231（販売部） 03-3294-2359（編集部）
振替 00190-7-40504
［出版情報］ http://www.taishukan.co.jp

装　丁――井之上聖子
カバー／扉イラスト――村上モトヒロ
印刷所――広研印刷
製本所――司製本

ISBN978-4-469-26682-5

Printed in japan

スポーツメンタルトレーニング教本
改訂増補版

日本スポーツ心理学会(編)
B5変型判・272頁　本体2200円

バレーボールのメンタルマネジメント
精神的に強いチーム・選手になるために

遠藤俊郎(著)
四六判・210頁　本体1400円

サッカーのメンタルトレーニング

ビル・ベスウィック(著)
石井源信・加藤久(監訳)
四六判・304頁　本体1600円

ダンスのメンタルトレーニング

ジム・タイラー、セチ・タイラー(著)
里見悦郎、糟谷里美、村松香織(訳)
四六判・306頁　本体1900円